Le Siècle.

ÉLIE BERTHET.

NOUVELLES ET ROMANS CHOISIS

LA

MINE D'OR

PARIS
BUREAUX DU SIÈCLE
RUE DU CROISSANT, 16.

A. VIALON. DEL.   J. GUILLAUME. SC.

Elie Berthet.

LA MINE D'OR

I

L'HOSPICE DE LAUTARET.

Rien n'égale la majesté et la sublime horreur de cette partie des Alpes françaises qui s'élève entre Grenoble et Briançon, non loin de la frontière du Piémont, dans une contrée presque inabordable. Le curieux et l'artiste qui traversent le Dauphiné se contentent d'ordinaire de visiter la grande chartreuse ou la belle vallée du Graisivaudan, et ils s'éloignent, emportant le souvenir des sites riants de l'une, des imposantes bizarreries de la nature dans les défilés de l'autre; mais bien peu ont le courage de visiter ces redoutables montagnes qui forment comme une immense barrière de neige au delà de Grenoble. De nos jours encore, le mont Pelvoux, ce géant des montagnes françaises, a été moins exploré par nos compatriotes que les régions les plus abruptes de la Suisse et de la Savoie.

C'est donc un pays presque vierge que celui qui s'étend au nord-ouest de Briançon, et dont les vallées de la Grave et de la Guisanne sont seules connues des touristes. A chaque pas un site nouveau, un tableau pittoresque vient aviver le regard et réveiller l'admiration. Là, c'est un village enseveli dans une gorge affreuse, au fond d'un abîme où pendant six mois de l'année ne pénètre aucun rayon de soleil; plus loin au contraire les chétives constructions d'un hameau s'élèvent sur un pic aérien que l'on gravit péniblement par un escalier taillé dans le roc, et semblent toucher les nues. De toute part des montagnes superbes, les unes vertes et fleuries jusqu'au sommet, couvertes de troupeaux et de bergers, les autres stériles et désolées, déchirées par les torrens et par la foudre, ou vêtues de sapins séculaires, couronnées de neiges éternelles et de glaciers étincelans, se dressent devant le voyageur comme les dernières limites du monde; et au centre de tous ces rocs amoncelés, de toutes ces aiguilles menaçantes, au-dessus de ces étages titaniens dont chaque marche a mille mètres, le mont Pelvoux, le roi de toutes ces masses effrayantes, s'élance à quatorze mille pieds d'élévation (presque la hauteur du mont Blanc) et paraît vouloir secouer sa cime sur le mont d'O-

ROMANS CHOISIS.

lan et le mont Genèvre, ses rivaux, qui sont éloignés pourtant de plusieurs lieues.

Les voies de communication à travers ces solitudes sont fort dangereuses. Bien que le génie moderne ait fait des prodiges inouïs pour frayer un passage au milieu de ces précipices, de ces avalanches, de ces blocs indestructibles de granit, les routes ne sont pour la plupart que des sentiers où un faux pas, un moment de vertige, une pierre qui glisse sous les pieds, peuvent coûter la vie au voyageur. La route principale, celle de Grenoble à Briançon, par la Grave et le Monestier, n'est donc rien moins que sûre pendant certaines saisons. Quelquefois un torrent grossi par les orages l'inonde et l'efface du sol dans sa course furieuse; d'autres fois une avalanche l'a traversée et encombrée de glaces et de sapins brisés. Souvent, en hiver, des couches de dix pieds de neige la cachent entièrement, et alors toute communication est interrompue avec les vallées centrales, un silence de mort règne dans ces déserts.

Dans la région périlleuse qui avoisine le mont Pelvoux, la piété de nos pères a érigé un petit hospice, à l'instar de ceux du mont Saint-Bernard et du mont Cenis, où le voyageur, surpris par la tempête, peut trouver des secours et un abri. Cet hospice, qu'on appelle le Lautaret, et qui existe encore aujourd'hui, est bâti dans une vallée affreuse, au pied d'un immense glacier; il est entouré de pitons escarpés et de précipices. L'édifice, qui paraît avoir été construit dans le seizième siècle, est bas, à toiture très aiguë pour briser les avalanches; et ses épaisses murailles de pierre sont appuyées sur des contreforts qui s'enfoncent profondément dans le roc. Les fenêtres sont étroites et peu nombreuses, pour ne pas donner accès aux vents violens qui soufflent pendant toute l'année dans cette solitude. Enfin, quoique fort modeste par son apparence et son étendue, l'hospice du Lautaret semble parfaitement approprié à sa destination, celle de défendre l'homme contre les fureurs les plus indomptables des élémens.

D'après ce que nous venons de dire du petit nombre de chemins qui traversent aujourd'hui ce pays sauvage, on se fera aisément une idée de ce que devaient être ces chemins pendant le siècle dernier, puisque l'activité, la patience et les ressources de l'art moderne ont pu à peine vaincre les obstacles et les difficultés sans nombre qui semblaient devoir rendre cette contrée inaccessible. A cette époque, en effet, ces parages étaient absolument impraticables pendant huit mois de l'année ; et pendant les quatre autres mois, il n'était pas prudent de s'y engager lorsque certains vents soufflaient ou lorsque des pluies abondantes avaient fondu les neiges des cimes supérieures ; aussi l'hospice du Lautaret était-il bien plus fréquenté qu'aujourd'hui. Il était alors desservi par six moines, qui n'avaient que trop souvent l'occasion d'exercer leur dévouement et leur hospitalité. Dès qu'une tempête éclatait dans les montagnes, ils sonnaient la petite cloche de l'hospice, afin que ses tintemens décelassent au voyageur égaré le lieu où il pourrait trouver du secours. Eux-mêmes se mettaient en marche, enveloppés de leurs manteaux bruns, un bâton à la main, pour aller au-devant des malheureux qui avaient été surpris par la tourmente. Des perches placées de distance en distance leur indiquaient le chemin qu'ils devaient suivre pour retourner à l'hospice, et il était rare que ces bons religieux n'arrachassent pas chaque année un grand nombre de personnes à une mort certaine et épouvantable.

Cependant, en 1780, au mois de juillet, époque où le passage est le plus facile et le moins dangereux dans les défilés du Pelvoux, vers la fin d'une journée qui avait été fort chaude, même pour ces régions élevées, l'hospice du Lautaret ne présentait pas cet aspect sinistre et redoutable. La petite vallée dont il est le centre se trouvait entièrement déblayée de neige, et des plantes fleuries se montraient dans les crevasses des rochers de granit micacé qui jonchaient le sol ; quelques arbres fruitiers, que les solitaires avaient plantés dans la modeste jardin de l'hospice, plutôt dans un but d'agrément que d'utilité, car ils n'avaient jamais donné de fruits, s'étaient couverts d'un léger feuillage ; c'était l'été pour le Lautaret. Le soleil venait de se coucher derrière le mont Genèvre, et jetait encore aux cimes des Alpes une belle teinte rose. Excepté quelques nuages blancs à demi transparens, qui restaient immobiles aux flancs du Pelvoux, le ciel était pur et l'air d'une limpidité admirable. Tout restait calme dans la vallée ; le murmure même d'un torrent écumeux qui tombait d'une roche voisine semblait s'être amorti pour ne pas troubler le silence de ces majestueux déserts. Les seuls bruits que l'on entendît par intervalles étaient les sifflemens d'un troupeau de chamois pâturant sur le bord d'un précipice, ou ceux d'une marmotte en sentinelle qui voyait un aigle menacer du haut des airs la bande joyeuse de ses compagnes.

Malgré cette apparence pacifique, les religieux du Lautaret avaient reconnu, à certains signes, que la soirée ne se passerait pas sans orage, et ces signes, que leur expérience leur avait appris être infaillibles, éveillèrent leur charité ordinaire : la cloche de l'hospice fut mise en branle, comme pour appeler les fidèles à la prière, puis le supérieur et les frères sortirent pour aller au-devant de ceux qui pourraient se trouver surpris par la tempête prochaine. A peine s'étaient-il répandus dans le voisinage, que le mistral, ce vent si redouté dans le midi de la France, se mit à souffler avec une force toujours croissante. Dès les premières bouffées, on eût pu voir, à la douteuse clarté du crépuscule, les vapeurs suspendues aux flancs du Pelvoux se replier sur elles-mêmes, se déchirer comme une toile immense dont les lambeaux flottaient au hasard, puis s'élever, se condenser, et s'étendre sur tout l'horizon. Le vent gémit d'abord dans les vieilles forêts de sapins, puis hurla tristement dans les gorges, où il s'engouffrait aux extrémités de la vallée ; enfin, une heure après le coucher du soleil, il devint un véritable ouragan et mugit avec une épouvantable violence, déracinant les arbres, soulevant des tourbillons de neige et l'écume des torrens, accompagnant ses détonations du bruit des avalanches et du grondement lointain du tonnerre.

A l'heure dont nous parlons, et quoique la nuit fût déjà close, un seul voyageur était venu chercher asile au Lautaret, et avait pris place devant le feu qui brillait dans la salle commune. C'était un homme du pays, autant qu'on pouvait en juger par son extérieur. Il était entré seul dans l'hospice, où il semblait bien connu ; il avait conduit lui-même son cheval à l'écurie, puis il s'était installé dans la salle commune, en adressant simplement un salut familier au frère qui sonnait la cloche sous le péristyle. Cet homme était, sans aucun doute, un hôte habituel du Lautaret, et l'orage qui éclatait au dehors semblait n'avoir été pour rien dans son arrivée à son gîte ordinaire ; mais l'absence des cinq autres religieux prouvait que les hospitaliers ne désespéraient pas encore d'arracher quelques victimes aux fureurs des élémens déchaînés dans la montagne.

Le personnage qui en agissait là comme dans une auberge vulgaire était un montagnard de quarante-cinq ans environ. Il avait une mine franche et ouverte, une constitution robuste, et son costume était celui d'un habitant aisé de quelque vallée voisine. Il portait un habit large et carré en gros drap ; son gilet rayé, couvrant jusqu'à la moitié du ventre, laissait à peine apercevoir une culotte brune qui se perdait dans de gros bas attachés au-dessus du genou par des rubans de laine rouge. Ses longs cheveux blonds flottaient sur ses épaules par-dessous un grand chapeau rabattu, qu'il avait oublié sans façon sur sa tête. Malgré l'ombre que jetait ce sombrero sur le visage du voyageur, on pouvait voir, à la vague lueur du foyer, que ses traits, bronzés par l'intempérie des saisons, avaient cet air d'intelligence grave, de cordialité un peu rude qui caractérise les habitans des hautes Alpes. Somme toute, son extérieur prévenait en sa faveur ; dans un autre pays que ce canton si peu favorable au commerce de l'agriculture, on l'eût pris pour un honnête fermier revenant de quelque foire du voisinage.

La salle ou parloir, dont il était pour le moment le seul occupant, consistait en une grande pièce nue ; les murailles, blanchies à la chaux, ne présentaient d'autres ornemens qu'un crucifix de bois noir, et des cartons enfumés sur lesquels étaient imprimées ou écrites à la main des prières et des sentences tirées de l'Évangile. Près de la porte, un tronc, scellé dans la muraille, était destiné à recevoir les offrandes de ceux qui venaient chercher asile au Lautaret ; tout était d'une simplicité et d'une austérité merveilleuses , quoique la plus rigoureuse propreté donnât du charme à cette salle et à cet ameublement grossier.

Dans les premiers momens de son arrivée à l'hospice, le voyageur, tout entier au plaisir de se trouver à l'abri au moment où un violent orage éclatait au dehors, avait exposé ses gros souliers fumans à la flamme brillante du foyer, et avait paru prendre en patience l'absence des pieux cénobites qui devaient lui faire les honneurs de la maison. Cependant, après s'être suffisamment réchauffé, après avoir jeté un coup d'œil sur une lourde valise de cuir qu'il avait placée près de lui de peur d'accident dans une maison ouverte à tous venans, écouté les mugissemens du vent, le bonhomme se renversa dans son fauteuil de bois, croisa les mains sur son ventre, qui témoignait déjà d'un commencement d'embonpoint, et regarda les poutres du plafond. Il pensait sans doute que l'heure du souper était venue, et que, si le service du réfectoire devait être retardé ce soir-là à cause de la circonstance, il ne serait pas fâché du moins d'avoir près de lui quelque bon compagnon pour causer et pour lui faire prendre patience en attendant le souper.

Or, il ne devait pas compter sur les religieux qui desservaient la maison, car on sait qu'ils étaient sortis pour se mettre à la recherche des voyageurs égarés, et celui d'entre eux qui était plus spécialement chargé de recevoir les étrangers sonnait à grande volée la cloche du couvent. Certes, par la nuit sombre qui régnait alors, ce soin importait trop à la sûreté des frères disséminés dans la montagne pour que le sonneur pût songer à quitter sa besogne.

L'hôte du parloir n'avait donc d'espérance que dans les

voyageurs que l'orage obligerait à se réfugier à l'hospice, et heureusement le hasard le servit à souhait.

Au milieu du fracas de la tempête, on entendit tout à coup des chevaux s'arrêter sous le porche de pierre qui précédait la porte; quelques instans après, deux voyageurs, enveloppés de manteaux qui ruisselaient de pluie, entrèrent dans le parloir, introduits par un religieux.

Dès que les nouveaux venus se trouvèrent dans la sphère lumineuse que formait la flamme du foyer, le montagnard jeta sur eux un regard rapide et investigateur. C'étaient deux jeunes gens dont le costume simple et ambigu, ne révélant aucun rang ni aucune profession, pouvait convenir aussi bien à des bourgeois qu'à des gentilshommes en voyage. L'un, de grande taille, au teint brun, aux yeux noirs et pleins de feu, semblait beaucoup plus âgé que son compagnon, et lui servait de mentor. C'était un beau garçon, dans toute la portée du mot, et ses allures résolues, sa démarche ferme, annonçaient un homme qui ne s'intimidait pas facilement. Quand il entr'ouvrit son manteau, il laissa voir qu'il était revêtu d'un habit de coupe mondaine, d'une veste en étoffe de soie, d'une culotte de drap dont l'extrémité disparaissait dans des bottes de cavalier munies d'éperons d'acier. Ses cheveux n'étaient point poudrés, mais qu'à la légère teinte blanchâtre qu'ils avaient conservée, il fut facile de voir qu'il avait renoncé depuis peu à l'usage aristocratique de la poudre. Enfin, deux pistolets passés sans affectation à une ceinture de cuir et recouverts presque entièrement par les basques de l'habit, complétaient cet équipage qui, on le voit, pouvait exercer la sagacité de l'observateur.

Mais ce qui frappa le plus le montagnard dans cet examen rapide, furent l'attention et les soins affectueux que le personnage dont nous venons de parler donnait à son compagnon. Celui-ci était de petite taille, et si mince, si frêle, qu'on eût dit d'un enfant à peine échappé du giron maternel; son costume était à peu près le même que celui du premier, moins les armes. Tout ce que le curieux put apercevoir de son visage caché par son chapeau rond et le collet de son manteau, était fin, délicat et d'une pâleur mortelle. Du reste, le pauvre enfant, épuisé sans doute par une longue route et transi par l'orage, semblait avoir à peine la force de se soutenir; il marchait en chancelant, appuyé sur le bras de son compagnon, qu'il serrait dans une étreinte convulsive.

Le religieux, avant de les laisser s'approcher du feu, les conduisit en face du grand crucifix de bois qui ornait une des murailles, et leur fit signe qu'ils devaient saluer cette image révérée du Sauveur des hommes. Lui-même s'agenouilla dévotement et sembla remercier Dieu par une oraison mentale de lui avoir fait la grâce d'être utile à ses semblables dans cette affreuse nuit. Le plus âgé des deux jeunes gens s'inclina assez légèrement devant le christ, plutôt pour ne pas désobliger son hôte que par un sentiment de piété; mais l'autre resta immobile pendant quelques secondes, regarda fixement la croix, puis, tombant à genoux à côté de l'hospitalier, il éclata en larmes et en sanglots, et murmura d'une voix étouffée:

— Dieu ne le voulait pas! c'est Dieu qui nous punit!

Son ami le releva vivement par le bras, lui dit quelques mots à voix basse d'un air suppliant, puis l'entraîna doucement vers la cheminée, en continuant de lui adresser des consolations que personne ne pouvait entendre. Le petit jeune homme refoula avec peine la douleur qui venait d'éclater d'une manière si subite, et, poussant de profonds soupirs, se laissa conduire près du feu, où ils prirent place tous les deux à côté du voyageur inconnu.

Cette scène s'était passée en moins de temps qu'il n'en a fallu pour la lire. Les deux jeunes gens, revenus de l'émotion qu'elle leur avait causée, jetèrent enfin autour d'eux un regard inquiet, et les yeux du plus âgé rencontrèrent ceux du montagnard fixés sur lui. Cet examen, bien naturel cependant, sembla n'être pas de son goût; il fronça

légèrement le sourcil; puis, se tournant vers l'hospitalier, il lui dit d'un ton de politesse exquise:

— Mon révérend père, vous voyez combien mon jeune frère est accablé par la fatigue. Serait-ce abuser de votre bonté que de vous prier de faire préparer sur-le-champ chambre que vous lui destinez? J'irais moi-même prendre un peu de nourriture avec lui, si toutefois les règles de cette maison ne s'opposent pas à ma demande.

Le moine s'inclina en signe d'assentiment, et sortit aussitôt pour satisfaire ce désir, laissant les voyageurs seuls dans le parloir.

Il y eut un moment de silence pendant lequel les nouveaux venus semblaient reprendre haleine. Assis de l'autre côté de la cheminée, le montagnard ne les perdait pas de vue. Enfin, ne pouvant plus résister à sa curiosité, il dit d'un ton affectueux au plus âgé de ces jeunes gens:

— Votre frère était bien faible, monsieur, pour s'engager ainsi dans les défilés du Pelvoux, et il ne me paraît guère habitué à voyager.

Celui dont il était question ne fit pas un mouvement et n'ouvrit pas la bouche pour répondre; mais l'aîné, se tournant brusquement, toisa le montagnard, comme s'il eût été irrité de sa familiarité. Cependant, le sentiment de sa position sembla réprimer ce mouvement de colère; il répondit d'un ton sec qui signifiait que toute conversation lui serait désagréable pour le moment:

— En effet, monsieur, il voyage aujourd'hui pour la première fois.

Ce laconisme n'admettait pas de réplique; mais le montagnard ne se laissait pas réduire au silence pour si peu.

— Eh bien! sauf votre respect, reprit-il tranquillement de l'air d'un homme qui veut parler à tout prix, malgré les rebuffades qu'il peut attirer sur lui, il faut que vous ayez eu de bien fortes raisons pour entreprendre un pareil voyage avec ce joli petit garçon qui paraît si délicat. Vous avez dû courir plus d'un danger dans le passage du Casset, et c'est un miracle que vous en soyez échappés par ce temps abominable.

— Oui, oui, dit le jeune homme avec chaleur, oubliant peut-être à qui il parlait, c'est vraiment un miracle! Je n'avais pas cru jusqu'ici qu'on pût avoir à craindre à la fois la neige, la pluie, le tonnerre et le vent, comme dans cette infernale gorge qui conduit ici. Mon pauvre frère a été jeté à bas de son cheval, et, sans ce digne religieux qui nous a donné à notre secours, je ne sais ce qui serait advenu de nous, car j'avoue franchement que, dans cet épouvantable chaos, j'avais tout à fait perdu la tête. Mais il est mieux maintenant, continua-t-il en se tournant avec affection vers son compagnon; n'est-ce pas, Ernest, que tu es mieux?

Ernest balbutia quelques mots que le montagnard ne put comprendre; il remarqua seulement que la voix d'Ernest était douce et légère comme celle d'un enfant de chœur. Sans s'arrêter à cette observation, le bonhomme reprit avec cordialité:

— Oh! ce ne sera rien; une nuit de sommeil, et demain il n'y paraîtra plus. Ma foi! ces bonnes gens de religieux rendent de grands services dans le pays, et, sans leur secours, il y en a plus d'un entre la Grave et Briançon qui ne mangerait plus de pain aujourd'hui. Aussi je ne passe jamais devant le Lautaret sans m'y arrêter, et ces honnêtes moines ne sont pas fâchés de mes visites. Le père trésorier, rien qu'à voir ce tronc qui est là (et il désignait le coffret aux aumônes), devinerait quand Martin-Simon a couché à l'hospice.

En même temps, Martin-Simon, puisque tel était le nom du montagnard, sourit d'un air de complaisance que ses compagnons ne remarquèrent pas, tant ils étaient préoccupés de leurs propres affaires. Le brave homme, qui eût mieux aimé parler tout seul que de ne pas parler du tout, continua sans s'offenser de l'inattention de ses auditeurs:

— Ah çà! mes camarades, vous me semblez complétement étrangers à nos montagnes. Y aurait-il de l'indiscrétion à vous demander de quel côté vous comptez vous diriger demain ?

— Que vous importe ! répliqua le frère aîné avec impatience.

— Ah ! voici : l'orage de cette nuit a bouleversé les routes, et il serait possible que deux jeunes gens de la ville, tels que vous, fussent un peu embarrassés demain pour se rendre à Briançon. Aussi, comme je vais de ce côté, nous pourrions voyager ensemble, et peut-être ne seriez-vous pas fâchés de vous trouver en compagnie de quelqu'un qui connaît ces montagnes.

Cette proposition parut frapper vivement le frère d'Ernest ; cependant un sentiment de défiance vint se mêler à la joie qu'elle lui inspirait peut-être.

— Je vous remercie de vos bonnes intentions, l'ami, reprit-il ; et je commence à croire qu'un guide expérimenté ne nous serait pas inutile dans un pays diabolique où l'hiver et l'été, le chaud et le froid font bacchanal ensemble... On me l'avait bien dit à Grenoble, mais je ne pouvais pas le croire ; sans cela, au risque de... au risque de tout, j'aurais pris un autre chemin, à cause de ce pauvre enfant que voici. Mais, dites-moi, mon cher, est-ce l'usage, dans ce pays, d'offrir ainsi ses services à des gens qu'on ne connaît pas ?

— C'est l'usage, monsieur, dit Martin-Simon avec rudesse ; et quand deux jeunes étourdis s'engagent ainsi dans notre pays impraticable, c'est notre devoir, à nous autre montagnards, de leur offrir secours, ou des avertir du danger qu'ils ignorent ; vous pouvez cependant déjà voir à quoi vous vous êtes exposés.

— Il est vrai, dit le jeune homme d'un air pensif, que nous avons été imprudens de prendre cette route plutôt que toute autre pour nous rendre en Piémont ; mais nous n'avons pas été maîtres du choix.

Le montagnard releva la tête.

— Vous allez en Piémont ? demanda-t-il.

— Oui, et si vous pouvez nous y conduire par des chemins détournés, peu fréquentés, vous comprenez... il y aura pour vous une bonne récompense.

Ce fut le tour de Martin-Simon de montrer de la défiance.

— Vous voulez quitter la France, mes jeunes amis ? demanda-t-il avec sévérité ; vous voulez passer à l'étranger secrètement et sans accomplir à la frontières les formalités d'usage ?... Il m'est impossible de vous aider dans un pareil projet, mais je le pourrais que je n'y consentirais pas sans savoir quels motifs vous obligent à prendre de telles précautions ; je craindrais trop, malgré votre air comme il faut, d'avoir affaire à des...

Il se mordit les lèvres ; le jeune homme fit un geste de colère.

— Pour qui nous prend ce rustre ? s'écria-t-il avec impétuosité. Avons-nous donc l'air de voleurs de grands chemins ?

Son frère le retint par le bras.

— De grâce, Marcellin, ne vous emportez pas, dit-il de sa voix douce avec l'accent de la prière ; et vous, monsieur, continua-t-il en tournant vers le montagnard ses grands yeux bleus pleins de larmes, n'ayez pas trop mauvaise opinion de nous parce que nous sommes réduits à nous cacher et à fuir comme des malfaiteurs. Nous sommes plus dignes de pitié que de haine, et, croyez-moi, monsieur, un honnête homme n'aura jamais à se repentir de nous avoir rendu service.

Cette manière de supplier parut faire impression su Martin-Simon ; il allait sans doute répondre selon le vœu des jeunes gens, lorsque l'hospitalier qui était allé préparer la cellule d'Ernest entra dans le parloir. Marcellin porta vivement un doigt à ses lèvres pour ordonner le silence au montagnard.

— J'espère, mon brave homme, que nous nous reverrons demain matin au moment du départ, dit-il à voix haute en se levant ; nous serons charmés de voyager en votre compagnie jusqu'à Briançon.

— A votre service, messieurs, répliqua Martin-Simon avec un sourire d'intelligence.

Les jeunes gens se levaient, et ils allaient suivre le moine qui devait les conduire à leurs cellules respectives, lorsqu'un bruit de voix et un piétinement de chevaux se firent entendre de nouveau sous le porche extérieur, malgré le fracas de la tempête. Les deux frères tressaillirent et restèrent immobiles. Au même instant, deux cavaliers de la maréchaussée et un homme vêtu de noir, qui semblait être un officier de justice, entrèrent dans la salle commune, accompagnés par les hospitaliers qui leur avaient servi de guides.

A la vue de ces nouveaux hôtes, les deux frères pâlirent ; l'aîné porta la main à sa ceinture, comme pour y chercher ses pistolets ; Ernest fit un violent effort pour retenir un cri ; il chancela et retomba sur le siége qu'il occupait un moment auparavant. Tous ces signes d'effroi n'échappèrent point au montagnard, qui sentit renaître des soupçons peu favorables à ses nouveaux amis.

L'individu vêtu de noir, que nous avons désigné comme un homme de loi, s'avança en boitant, soutenu par deux cavaliers de la maréchaussée qui semblaient être sous ses ordres. C'était un homme de taille moyenne, de cinquante ans environ, aux yeux gris et pénétrans, et qui, dans les circonstances ordinaires, pouvait ne pas manquer d'une certaine dignité magistrale ; mais le désordre de son costume officiel excluait en ce moment toute gravité. Il portait des culottes courtes et des bas de soie qui avaient laissé ses jambes exposées à tous les outrages de la pluie. Les boucles de sa perruque retombaient en mèches humides sur son petit manteau noir, qu'elles avaient marbré de veines blanchâtres. Evidemment ce personnage n'avait pas eu le loisir, en partant, de se prémunir contre les inconvéniens possibles d'une longue traite, contrairement à l'usage de tous les gens de justice qui voyagent ; et sa précipitation, l'avait mis dans la nécessité de braver un orage des Alpes en costume de palais. Aussi était-il dans un état à exciter à la fois le rire et la pitié. Des éperons, attachés à ses souliers ornés de grandes boucles d'argent, s'empêtraient dans ses jambes et le faisaient broncher à chaque pas ; il grelottait sous ses vêtemens légers imbibés de neige fondue, et il laissait à travers le parloir un filet d'eau qui s'écoulait de toute sa personne. Enfin il était si piteux, si ahuri, et en même temps si ridicule, que les cavaliers de la maréchaussée, sur lesquels il s'appuyait, ne pouvaient s'empêcher de jeter sur lui des regards moqueurs.

Un fonctionnaire dans un pareil état ne paraissait pas bien redoutable : cependant, lorsqu'il s'approcha de la cheminée pour se réchauffer un peu, les deux frères reculèrent précipitamment, en apparence pour faire place aux derniers venus, mais en réalité pour se réfugier dans le coin le plus sombre de la salle.

— C'est le procureur Michelot, l'âme damnée de mon père, murmura Ernest à l'oreille de son frère ; nous sommes perdus !

Marcellin lui prit brusquement la main et voulut l'entraîner, mais le pauvre Ernest était si accablé qu'il lui fut impossible de faire un mouvement pour se lever ; force fut donc aux deux jeunes gens de rester en présence de celui qu'ils avaient sans doute raison de redouter.

Cependant le procureur Michelot avait été assis, plutôt qu'il ne s'était assis lui-même, dans un grand fauteuil de bois, devant le feu. D'abord il resta morne, immobile et comme insensible à tout ce qui se passait autour de lui mais lorsque les moines lui eurent fait avaler quelques gouttes d'un cordial souverain dont ils avaient le secret, et lorsqu'il eut ressenti l'effet bienfaisant de la chaleur, il sortit peu à peu de la profonde atonie dans laquelle il était plongé. Il écarta lentement les mèches humides de sa perruque, qui couvraient son visage, il releva avec effort la tête. A peine achevait-il de reprendre connaissance que ses yeux effarés et encore hagards se fixèrent sur Martin-Simon, qui était le plus près de lui. Il tressaillit et balbutia en le désignant de son doigt maigre et crochu :

— Qui est cet homme ? assurez-vous de lui !

Ce seul trait peint le personnage ; il eût rendu des points à Perrin Dandin, l'interminable jugeur.

Les cavaliers de la maréchaussée, surpris de cet ordre extraordinaire, hésitèrent à obéir. Pendant ce temps, le procureur se ravisa et reprit d'une voix faible :

— Non, non, un instant... procédons avec mesure. Ceux que je cherche auraient bien pu se réfugier ici ; voyons à qui nous avons affaire. Holà ! bonhomme, qui es-tu ? d'où viens-tu ? où vas-tu ?

— Qui êtes-vous vous-même ? demanda le montagnard d'un ton fier, et de quel droit m'interrogez-vous ?

— De quel droit ? dit le pauvre procureur, qui luttait vainement contre sa faiblesse et qui continuait de grelotter d'une pitoyable manière dans ses habits mouillés, je te trouve bien hardi !... Je suis... je suis délégué par monsieur le lieutenant civil et criminel de Lyon pour arrêter... Enfin, ça ne te regarde pas ; contente-toi de répondre à mes questions... Hélas ! mon Dieu, mes révérends pères, s'interrompit-il en se renversant sur la chaise, donnez-moi encore une goutte de votre élixir ; je sens que je vais me trouver mal.

Les hospitaliers s'empressèrent de secourir le malencontreux voyageur, qui eut besoin de quelques instans pour se remettre, mais il ne perdait pas sa mission de vue, et dès que la voix lui revint, il reprit avec instance :

— Allons, parleras-tu, drôle ? je te demande qui tu es.

— Je ne suis pas un drôle, dit le montagnard, que ce seul mot avait rendu l'ennemi de l'insolent procureur. Je suis Martin-Simon, propriétaire au village du Bout-du-Monde, à quelques lieues d'ici : ces révérends pères, continua-t-il en désignant les moines qui l'entouraient, me connaissent bien, et ils peuvent vous affirmer que je ne suis pas tout à fait un aventurier.

Le prieur des hospitaliers, qui était présent, s'avança au milieu du cercle que formaient les interlocuteurs.

— Monsieur le magistrat, dit-il avec assurance, il faut que vous soyez étranger, non-seulement au pays, mais encore à tout le Dauphiné, pour ne pas connaître le nom de monsieur Martin-Simon. Mes frères et moi, nous nous portons garans pour monsieur Martin-Simon, pour le bienfaiteur de cette pieuse maison, pour celui que l'on surnomme...

— Assez ! assez, mon père, dit le montagnard d'un air d'autorité que tempérait néanmoins un sourire de satisfaction ; l'homme de loi n'a pas besoin de connaître le surnom que me donnent les bonnes gens de nos vallées ; il lui suffit de savoir ce que je ne suis pas ; que lui importe ce que je suis ?

Le prieur s'inclina respectueusement et prononça quelques mots à voix basse, qui semblaient être d'humbles excuses.

Tel était son état de fièvre et de souffrance, que l'officier de justice n'avait pas compris parfaitement les explications qui venaient de lui être données ; il sentait seulement que Martin-Simon se trouvait à l'abri de ses atteintes, et il fit des efforts inouïs pour continuer son interrogatoire.

— Mille pardons, monsieur, dit-il en s'arrêtant à chaque mot pour pousser un gémissement ou un soupir, je sais bien que vous n'êtes pas un de ceux que je cherche ; je voulais seulement... je voulais vous demander de quel côté vous veniez en arrivant ici ?

— De Grenoble, où m'avaient appelé mes affaires, répondit sèchement Martin-Simon.

Ce mot de Grenoble sembla rendre au procureur quelque énergie.

— Ah ! vous venez de Grenoble ? Eh bien ! n'auriez-vous pas rencontré, par hasard, un jeune homme, un gentilhomme, bien mis, de haute taille ; oui, je crois qu'il est haut de taille... à la contenance fière, aux yeux noirs ? Ses yeux sont-ils noirs ? continua-t-il en s'adressant à lui-même ; enfin, n'importe la couleur... et avec lui une jolie

demoiselle, petite, l'air délicat, vêtue d'une robe de satin vert, je crois, ou bleu, ou rose, enfin de satin quelconque ? Ils voyagent en voiture, ou en litière, ou à cheval, ou à pied, car ce point n'est pas bien éclairci... Enfin, avez-vous rencontré deux personnes dont le signalement se rapporte à celui-là ?

— Parbleu ! il est clair, votre signalement, dit le montagnard avec bonne humeur ; il peut s'adresser à tous les passans. Mais, pour ce qui est de votre jeune muguet et de votre petite coureuse en robe de satin, soyez assuré qu'on ne trouvera rien de pareil dans les gorges du Pelvoux cette nuit. Ce n'est pas un endroit assez agréable, au moment où nous sommes, pour que les amoureux s'y donnent rendez-vous.

— Je ne le sais que trop ! s'écria Michelot involontairement ; c'est un affreux pays, et je ne survivrai pas à ce douloureux voyage. Pourvu que mon maître ne se plaigne pas de mon zèle à le servir ! Depuis vingt-quatre heures je n'ai pris aucune nourriture, afin de courir après ces maudits jeunes gens ; je ne les ai manqués que d'une heure à Grenoble, et... Mais qu'est-ce que je dis là ? reprit le bonhomme qui perdait la tête ; je ne sais plus ce que je fais, ni où je suis, ni à qui je parle !

Il poussa un nouveau gémissement, et, après un moment de silence, il demanda encore :

— Ainsi donc, vous ne les avez pas vus ?

— On irait bien loin sans trouver dans nos montagnes des gens tels que vous nous les dépeignez. Croyez-moi, monsieur, un jeune gentilhomme et une jeune demoiselle n'oseraient pas s'engager dans le voisinage du Pelvoux quand le mistral souffle comme ce soir ; et, s'ils l'ont fait, certainement ils ont péri.

— Cela serait bien possible ? répliqua le procureur, et, si cela était, j'aurais perdu mes peines... mais...

En ce moment, ses regards se fixèrent sur les deux frères, qui étaient assis à l'angle de la salle.

— Qui sont ces voyageurs ? demanda-t-il avec agitation ; approchez, messieurs ; qui êtes-vous ? d'où venez-vous ?

Ils ne bougèrent pas ; Marcellin, sous son manteau, arma un de ses pistolets ; tandis qu'Ernest, qui était le plus près de Martin-Simon, lui dit d'une voix défaillante :

— Sauvez-nous !

Le montagnard resta stupéfait. Michelot, dont les soupçons se confirmaient par le silence des jeunes gens, s'agita sur son siège et les désigna aux gendarmes.

— S'ils ne veulent pas répondre, s'écria-t-il, emparez-vous de leurs personnes ! Ce sont des amis du chevalier, sans doute... ils savent quelque chose : saisissez-les.

Les cavaliers hésitèrent ; cet ordre leur paraissait être l'effet de la fièvre qui tourmentait déjà le pauvre procureur. Le premier qui eût avancé était mort, car l'aîné des deux frères avait pris tout à coup une attitude énergique. Martin-Simon, revenu de son étonnement, retrouva enfin sa présence d'esprit.

— Eh bien, eh bien ! monsieur le juge, ou quel que soit votre titre, que vous ont fait mes neveux pour qu'on les arrête ainsi comme des malfaiteurs ? Par la bonne Vierge d'Embrun, je ne le souffrirai pas ! Je suis un peu homme de loi moi-même, et je sais bien que mes neveux...

— Vos neveux ! répéta le procureur.

Les hospitaliers et les jeunes gens eux-mêmes firent un mouvement de surprise.

— Eh ! certainement, reprit Simon avec un aplomb imperturbable, les fils de Jean, mon beau-frère, deux braves garçons qui n'avaient jamais quitté le village, et que j'ai amenés hier à Grenoble pour la première fois... Qui ne les connaît pas à six lieues à la ronde ? Tenez, continua-t-il en jetant un regard oblique sur les moines, demandez aux révérends pères.

Il fallait que le pouvoir mystérieux de cet homme fût bien grand, puisqu'aucun sentiment de réprobation ne se montra sur les austères visages de ceux qu'il associait ainsi à son hardi mensonge. Le prieur fit même entendre un grondement qu'on pouvait prendre pour une affirmation.

Michelot donna assez bien dans le panneau; peut-être, s'il eût été moins accablé par ses souffrances, et s'il eût eu sa finesse d'esprit ordinaire, la fable inventée par Martin-Simon eût-elle eu moins de succès près de lui; mais il se contenta de demander, en se penchant en arrière:

— Eh bien! alors, pourquoi ne parlent-ils pas?

— Pardieu! s'ils ne parlent pas, répondit gaillardement le montagnard, c'est qu'ils ont de bonnes raisons pour cela; ils n'entendent pas un mot de français, et ils ne savent parler que le patois de notre village. D'ailleurs, les pauvres diables sont exténués de fatigue, et, s'ils étaient à la ferme, ils seraient couchés depuis deux heures. Ne voyez-vous pas qu'ils s'endorment devant toute la compagnie, comme de vrais malappris qu'ils sont? Ils allaient se retirer lorsque vous êtes arrivés. Si vous le permettez, je prierai un de ces bons moines de nous conduire aux cellules que l'on nous a préparées, et je veillerai moi-même à ce que les petits drôles ne manquent de rien; après quoi je reviendrai pour souper avec ces braves messieurs les militaires, qui me paraissent tout aussi bien disposés que moi à casser une croûte et à goûter le vin des révérends.

En même temps, il poussa rudement ses prétendus neveux vers la porte, en leur adressant quelques mots en patois qu'ils n'avaient garde de comprendre. Le procureur conservait pourtant des soupçons; car, en voyant Martin-Simon sortir avec les deux frères, il étendit le bras comme pour les retenir, et murmura d'une voix tremblante:

— Ceci n'est pas clair; il faut savoir... je veux... je les interrogerai moi-même... demain!

Mais la violence qu'il s'était faite avait achevé d'user ses forces; la fatigue et la fièvre l'emportèrent sur le zèle de l'intrépide légiste, et il retomba dans un anéantissement profond de toutes ses facultés. Les religieux lui prodiguèrent les soins que l'expérience leur avait appris être le plus convenables en pareille circonstance, et on le transporta sur un lit dans un état assez alarmant.

II

L'AVEU.

Cependant Martin-Simon avait fait signe au prieur de le précéder avec une lampe, et avait entraîné les deux jeunes gens vers un corridor le long duquel étaient disposées les cellules réservées aux voyageurs qui s'arrêtaient au Lautaret. Le prieur obéit, et les introduisit en silence dans la petite chambre destinée au plus jeune des frères; puis il se retira, après avoir échangé quelques mots à voix basse avec Martin-Simon. Celui-ci alla fermer soigneusement la porte derrière lui, afin de n'avoir à redouter la visite d'aucun indiscret.

La cellule où ils venaient d'entrer était d'une simplicité toute monastique; les murs étaient blanchis à la chaux, sans sculptures et sans ornemens; une mince couchette de bois blanc, une chaise, un prie-Dieu, une table sur laquelle était ouvert un livre de prières, composaient l'ameublement. Mais ni le montagnard, ni les deux fugitifs ne songèrent à examiner ces détails. Ernest alla se jeter sur un siège, et, se cachant le visage dans ses mains, il donna cours à ses larmes longtemps contenues. Marcellin était encore tout frémissant de la terrible extrémité à laquelle il se serait trouvé réduit sans l'intervention de son nouvel ami.

Martin-Simon, après s'être assuré que personne ne pourrait venir les surprendre, s'avança rapidement vers eux.

— Vous n'êtes pas sauvés encore! dit-il à demi-voix;

c'est vous que l'on cherche, je n'en ai nul doute. Mais avant de me compromettre davantage pour vous rendre service, il faut absolument que je sache...

Ernest saisit la large main du montagnard et la pressa contre ses lèvres.

— Oh! vous saurez tout! s'écria-t-il en sanglotant; nous devons mettre en vous toute notre confiance, car, sans votre présence d'esprit, sans votre générosité, nous étions perdus. Marcellin, continua-t-il en se tournant vers son frère, nous ne devons plus rien cacher à cet excellent homme; il peut certainement nous tirer de l'abîme où nous nous sommes jetés avec tant d'imprudence. Dites-lui la vérité, je le veux.

— C'est aussi mon désir, reprit Marcellin avec vivacité, sans lui j'allais peut-être verser le sang de ce misérable Michelot ou de quelqu'un de ses compagnons, ce qui eût fort compliqué nos affaires... Eh bien! oui, ajouta-t-il en s'adressant au montagnard, vous nous avez rendu un service immense et dont je vous récompenserai, je le jure; c'était nous que l'on cherchait ici, et, sans nul doute, nous allions être découverts lorsque votre ruse audacieuse a trompé nos ennemis.

— Mais, au nom de Dieu! qu'avez-vous donc fait, demanda Martin-Simon, pour que l'on vous poursuive avec tant d'acharnement? Il me semblait avoir entendu dire à cette espèce d'homme de loi qui est en bas, qu'une jeune demoiselle...

— C'est moi, murmura Ernest.

Au même instant le prétendu frère de Marcellin ôta son chapeau et laissa voir les traits purs et corrects d'une jeune fille toute rouge de confusion, et que cette pudeur rendait plus charmante encore. Ses cheveux blonds se déroulaient en longues boucles sur ses épaules, et, malgré son déguisement, il n'était plus possible de s'y méprendre; ses allures timides, ses larmes, sa douce voix étaient expliquées.

— Vous devinez notre secret maintenant, reprit Marcellin avec chaleur; nous ne sommes plus des frères, mais deux amans, deux époux fuyant des parens impitoyables qui refusaient de les unir. Je suis sûr que vous n'aurez même pas la pensée de blâmer notre action désespérée.

— Nous pourrions ne pas nous entendre à cet égard, dit Martin-Simon d'un ton sec; cependant, continua-t-il en s'asseyant, je ne demande pas mieux que de vous trouver dignes d'indulgence. Parlez.

Le personnage que nous avons désigné jusqu'ici sous le simple nom de Marcellin ne parut pas extrêmement flatté de l'air d'autorité et de sévérité avec lequel un homme d'un extérieur si simple se constituait son juge et celui de sa compagne. Aussi, afin de faire sentir jusqu'à un certain point à Martin-Simon quels égards leur étaient dus, il s'empressa de dire avec une sorte de complaisance:

— Mademoiselle s'appelle Ernestine de Blanchefort, et elle est fille unique du marquis de Blanchefort, lieutenant civil et criminel de Lyon. Quant à moi, je suis le chevalier Marcellin de Peyras, seul rejeton d'une famille riche et considérée dans le Lyonnais.

Ce pompeux étalage de titres produisit sur son auditeur un effet plus prompt et plus grand encore que ne l'avait espéré le jeune gentilhomme. Martin-Simon bondit sur son siège et le regarda avec des yeux effarés.

— Le chevalier de Peyras! s'écria-t-il avec agitation. Oh! sans doute vous êtes le fils de Philippe de Peyras, dont le frère aîné... Mais répondez-moi, jeune homme: êtes-vous fils de Philippe Peyras?

— Je le suis, répondit Marcellin. Mais puis-je savoir, monsieur, comment le nom de feu mon père est venu à votre connaissance? — Le montagnard continua de l'examiner d'un air agité sans répondre. — Monsieur, reprit Marcellin, je vous demande si, comme je puis le supposer à votre étonnement, vous vous êtes jamais trouvé en relation avec quelques personnes de ma famille?

— Moi? jamais! dit brusquement Martin-Simon. Qu'y a-t-il d'étonnant que je désire savoir si vous êtes le fils d'un homme dont j'ai entendu parler quelquefois... il y a bien longtemps... Mais, continua-t-il en recouvrant son sang-froid, hâtez-vous de me dire, monsieur le chevalier, ce que je puis faire pour vous servir; n'oubliez pas que le temps presse.

Le chevalier, rappelé ainsi au souvenir de sa situation présente, n'insista pas sur l'intérêt tout particulier que l'inconnu avait paru attacher à son nom, et il reprit avec gravité :

— Notre histoire est courte, monsieur, et de la plus grande simplicité : mademoiselle Ernestine était la plus belle, la plus noble, la plus séduisante des jeunes filles de Lyon; moi je tenais alors dans la ville le rang qui m'appartient, c'est-à-dire que je faisais grande dépense, comme il convient à un gentilhomme. Vous dire comment je vis mademoiselle Blanchefort, comment je l'aimai, comment j'eus le bonheur d'être aimé d'elle, serait chose inutile. Vous saurez seulement que lorsque je demandai sa main à monsieur son père, il me la refusa, sous prétexte que j'étais un dissipateur, et que sa fortune passerait entre les mains des usuriers, comme a déjà fait la mienne. Cette crainte, je l'avoue à ma honte, était fondée jusqu'à un certain point; mais une affection non profonde ne calcule pas les obstacles. Je voulus insister auprès de monsieur de Blanchefort, il me chassa de chez lui.

» Que faire dans cette extrémité? J'avais épuisé les promesses et les menaces; Ernestine, de son côté, avait épuisé les larmes et les prières; le vieillard demeurait inflexible. C'est alors que nous avons pris la résolution que nous exécutons aujourd'hui; j'ai réalisé les débris de ma fortune, je me suis procuré une chaise de poste, et, l'avant-dernière nuit, nous avons quitté Lyon, Ernestine et moi, avec la pensée de passer en Savoie pour nous y marier. Un accident arrivé à notre voiture, et surtout la fatigue du voyage par des chemins affreux, nous avaient forcés de nous arrêter à Grenoble, lorsque ce matin j'ai vu arriver à franc étrier un domestique de confiance que j'avais laissé à Lyon pour s'informer de ce qui se passerait après notre départ. Il m'a appris que monsieur de Blanchefort était entré dans une grande colère dès qu'il avait su l'enlèvement de sa fille, qu'il avait envoyé dans toutes les directions les ordres les plus sévères pour nous arrêter. Comme on supposait que nous aurions pris la route de Savoie afin de gagner plus promptement la frontière, il avait lancé sur cette route le procureur Michelot, sa créature dévouée, et le plus fin limier de tout le bailliage de Lyon. Celui qui m'annonçait cette nouvelle ne précédait Michelot que de peu d'instants, et, sans l'avis qu'il nous donnait, nous nous serions certainement laissé surprendre à Grenoble.

» Vous devez vous faire une idée de la perplexité où nous nous sommes trouvés. Nul doute que notre projet de gagner la Savoie par Pont-de-Beauvoisin n'eût été deviné. Il fallait donc changer de route; on nous conseilla de nous rendre en Piémont par Briançon, et on nous fit espérer que nous pourrions passer la frontière de ce côté avant que l'on eût pu donner des ordres pour notre arrestation; mais on nous parlait aussi des chemins périlleux que nous allions avoir à parcourir, des cols, des défilés où nous devions nous engager. Plus la route était détournée et solitaire, moins nous avions de chance d'être poursuivis; mais comment oser suivre cette direction avec une jeune fille délicate, habituée au luxe et au bien-être? Je ne connaissais pas encore ma chère Ernestine, continua le chevalier en jetant un regard affectueux sur mademoiselle de Blanchefort, qui se cachait le visage avec embarras. C'est elle qui, avec un courage et une énergie dont je ne peux la remercier assez, m'a décidé à prendre un parti que nous croyions seul devoir nous sauver. J'ai congédié mon laquais, après lui avoir donné une forte récompense; puis, en quelques momens, nous avons vendu notre chaise, nous nous sommes procuré les costumes que nous portons, ainsi que de bons chevaux de selle; nous avons changé d'auberge afin qu'on perdît nos traces, et, enveloppés de nos manteaux, nous avons pris le plus secrètement possible la route de Briançon. Nous comptions nous

arrêter ce soir dans cette ville et franchir demain la frontière, lorsque cet affreux orage est venu nous surprendre et nous a obligés d'accepter l'hospitalité des religieux du Lautaret.

» Voilà, monsieur, toute notre histoire : vous voyez que notre situation était bien assez périlleuse, lorsque l'arrivée du procureur Michelot et des cavaliers de la maréchaussée est venue l'aggraver encore. Je ne sais comment il a pu apprendre que nous avions pris cette route de traverse et nous suivre à la piste; je soupçonne cependant que le valet dont je vous ai parlé, et qui pour de l'argent vendrait son âme au diable, aura prévenu Michelot que nous avions changé nos plans. L'incertitude des renseignemens que le procureur a donnés prouve qu'il n'est pas bien au fait de nos projets; cependant nous avons de graves sujets de nous défier de lui, car, si sa réputation n'est pas trompeuse, il est l'homme le plus capable de nous découvrir, malgré nos déguisemens; c'est un miracle qu'il ait été dupe ce soir de votre ruse improvisée, et certainement s'il nous voyait demain, après une nuit de repos, il nous serait impossible d'échapper à son œil pénétrant... Maintenant, monsieur, vous savez qui nous sommes et pourquoi nous fuyons; c'est à vous de juger si vous voulez nous continuer vos bons offices, ou si nous ne devons compter que sur nous-mêmes pour assurer notre salut.

Ces dernières paroles furent prononcées d'un ton de hauteur qui prouvait la répugnance de l'orgueilleux chevalier à implorer le secours d'un homme de condition inférieure; mais Martin-Simon ne parut pas avoir remarqué ce sentiment blessant pour lui; il avait écouté avec une grande attention le récit de monsieur de Peyras, et lorsqu'il fut terminé, il resta un moment sans répondre, comme pour réfléchir.

— Jeunes gens, dit-il enfin d'une voix ferme en se levant, vous êtes plus coupables encore que je ne pensais : en vous voyant tous les deux courir le pays, je vous prenais pour deux fils de famille qui avaient fait quelque escapade, des dettes, des folies, et j'étais assez disposé à vous servir; mais maintenant qu'il s'agit d'une jeune fille noble et estimée, qui a eu le triste courage d'abandonner son vieux père, de déshonorer pour suivre un dissipateur et un débauché, je ne puis rien, je ne dois plus rien tenter pour vous. J'en ai déjà trop fait peut-être.

Ce refus inattendu appela le rouge sur le visage du chevalier de Peyras.

— Monsieur, dit-il avec un accent de colère contenue, je suis disposé à vous pardonner beaucoup en considération du service que vous nous avez rendu; cependant...

— Oh! laissez, laissez-le parler! s'écria Ernestine; quelques sévères que soient ses reproches, ils ne peuvent égaler ceux que m'adresse ma conscience. Du moment que j'ai quitté la maison paternelle pour m'attacher à votre sort, j'ai ressenti des remords, mais jamais, avant aujourd'hui, je n'avais aussi bien compris ma faute. Vous aviez égaré mon cœur et ma raison... mais, vous, monsieur, vous que Dieu semble avoir placé sur mon chemin pour me faire entendre la voix de l'honneur et de la religion, ne m'abandonnez pas, ne me repoussez pas... Conseillez-moi, soyez mon protecteur, mon aide, mon appui..!

En même temps elle se cramponnait aux basques de l'habit du montagnard, et elle versait d'abondantes larmes. Le chevalier de Peyras la regarda d'un air mécontent.

— Que signifie ceci, mademoiselle? dit-il froidement. Est-ce que ce que vous m'aviez promis? Devais-je m'attendre qu'au plus léger obstacle qui se trouverait devant nous, vous songeriez à m'abandonner pour vous mettre sous la sauvegarde du premier venu?

— Taisez-vous, jeune homme! dit Martin-Simon avec force. Si celle que vous avez égarée se repent de sa faute et s'adresse à moi pour l'aider à la réparer, je ne souffrirai pas que personne la gêne dans l'accomplissement de son désir. Vous ne connaissez pas encore Martin-Simon; vous ne voyez en moi sans doute qu'une espèce de rustre passablement présomptueux et aussi grossier que son habit; mais ce rustre peut tout ce qu'il veut, et, s'il se mettait dans la tête d'obtenir le consentement de monsieur le lieutenant civil et criminel de Lyon à votre mariage avec sa fille, il l'obtiendrait, soyez-en sûr. Ne haussez pas les épaules d'un air de pitié, monsieur le chevalier; n'ayez pas cet air méprisant, et prenez garde que je ne vous abandonne à votre sort, qui n'est pas brillant pour le moment, vous en conviendrez.

Cette vive mercuriale, de la part d'un homme dont la condition était si basse en apparence, frappa l'impétueux Peyras d'une si grande surprise qu'il lui fut impossible de répondre. Mais, sans laisser à ses auditeurs le temps de réfléchir à la portée de ses paroles, Martin-Simon continua en s'adressant à Ernestine :

— Mademoiselle, si dans nos montagnes une jeune fille avait fait ce que vous avez fait, elle serait perdue et elle ne trouverait jamais un honnête homme qui voulût l'épouser; mais je sais que dans les villes on est souvent moins sévère, et moi-même, si ma fille Marguerite avait jamais été capable de m'abandonner pour suivre un séducteur, je sens que je n'aurais pas la force de la repousser lorsque je l'aurais vue revenir repentante et éplorée. Votre père sera de même sans doute; souffrez que je vous reconduise à lui, implorez son pardon, et peut-être alors trouverai-je moyen d'aplanir des difficultés qui vous semblent maintenant insurmontables.

— Holà! mon maître, interrompit le chevalier avec ironie, il paraît que vous comptez beaucoup sur votre éloquence, car du diable si je vois par quel autre moyen vous pourriez essayer d'apaiser la colère de monsieur de Blanchefort contre sa fille et contre moi... Je m'aperçois que vous ne savez guère de qui vous parlez... Le lieutenant criminel est un vieillard dur, impitoyable, opiniâtre, qui n'a jamais pardonné à personne dans l'exercice de ses hautes fonctions judiciaires, et qui ne pardonnerait pas davantage à sa fille, lors même qu'il la verrait se traîner sur ses genoux devant lui; un homme qui n'a d'humain que l'amour de l'or, et qui pour tout le reste est aussi insensible que le marbre. Sa dureté, sa sécheresse de cœur, son indifférence pour son unique enfant, ont décidé Ernestine, autant que mon amour et mes prières, à quitter la maison paternelle; et souvenez-vous bien que si, aujourd'hui, elle et moi nous tombions au pouvoir de monsieur de Blanchefort, nous devrions nous résigner, elle à passer sa vie dans un couvent d'une règle sévère, moi à mourir lentement dans quelque cachot de Pierre-Encise. Les ordres sont déjà donnés, et c'est Michelot, ce subalterne rusé que vous venez de voir, qui est chargée de les exécuter.

— Serait-il vrai? demanda Martin-Simon en regardant fixement Ernestine.

— Cela n'est que trop vrai, répliqua la jeune fille; mon père a toujours été inexorable, et, après une si grande faute, ni monsieur le chevalier, ni moi, nous n'aurions rien à attendre de sa pitié... Cependant, monsieur, si vous croyez que le devoir exige que je retourne auprès de lui, je n'hésiterai pas.

Le montagnard parut touché de cette résignation.

— Pauvre enfant, demanda-t-il, vous n'avez donc plus votre mère?

— Si je l'avais encore, s'écria Ernestine avec une candeur mélancolique, croyez-vous que je serais ici?

Martin-Simon ne résista plus.

— Jeunes gens, reprit-il, le récit que vous venez de faire n'excuse pas vos torts, qui sont inexcusables. Vous, mademoiselle, vous avez mal agi en abandonnant votre vieux père, quelle que fût sa conduite envers vous; vous monsieur, vous n'eussiez pas dû ravir à sa famille une jeune fille dont on vous avait refusé la main, peut-être avec raison, de votre propre aveu. Cependant je sais que, l'un et l'autre, vous avez vécu dans un monde où de pareilles actions ne semblent pas aussi répréhensibles que dans le nôtre, et je tiens compte de l'effet qu'ont pu produire sur vous l'entraînement de la jeunesse et le mauvais exemple.

Aussi je ne refuserai pas de vous servir, et j'espère encore que je n'aurai pas sujet de m'en repentir.

Ce ton de supériorité que le montagnard avait pris depuis le commencement de cette conversation avait choqué plus d'une fois, comme nous l'avons dit, l'orgueilleux chevalier. Cependant la situation périlleuse où il se trouvait lui commandait des concessions d'amour-propre qu'il crut prudent de faire, se réservant de reprendre son rang plus tard et d'humilier à son tour ce singulier protecteur, dès qu'il le pourrait sans inconvénient.

— Eh bien! conseillez-nous! s'écria-t-il; nous suivrons exactement vos avis. Quoique vous ayez été bien sévère pour mademoiselle et pour moi, vos paroles, après tout, sont d'un honnête homme... On s'épargnerait bien des fautes si l'on avait toujours près de soi un ami sage et franc tel que vous, je dois le reconnaître.

Martin-Simon ne se montra nullement insensible à ce compliment.

— Bien, jeune homme, répondit-il d'un air de satisfaction; je vois que, malgré votre éducation, qui vous a appris à vous estimer plus que le commun des hommes, il y a en vous de nobles instincts qui ne demandent qu'à se développer. Vous ne sauriez croire combien je suis heureux d'entendre le fils de Philippe de Peyras exprimer des sentimens généreux; et, souvenez-vous de mes paroles, chevalier, le bon mouvement que vous venez d'avoir vous portera bonheur.

— Comment dois-je entendre cette prophétie? demanda le gentilhomme avec curiosité.

Mais Martin-Simon, qui avait paru s'oublier un moment, redevint impénétrable.

— En ce sens seulement que le sentiment de la faute est la première garantie d'une réparation prochaine. Mais revenons à ce qui nous occupait... D'après vos propres paroles, la prudence vous défend, à cause de l'exaspération où paraît être monsieur de Blanchefort, de retourner à Lyon sur-le-champ; il faut donner au terrible père le temps de se calmer et de devenir plus raisonnable; aussi ai-je un autre plan.

— Celui de passer la frontière dont nous ne sommes plus qu'à une très petite distance?

— C'est un moyen extrême que je ne crois pas nécessaire pour le moment. Écoutez ce que j'ai à vous proposer. Je demeure à quelque lieues d'ici, dans un village perdu au milieu de montagnes sauvages et dont les communications avec les autres lieux d'habitation sont aussi rares que difficiles. Ce hameau, presque introuvable pour ceux qui sont étrangers au pays, s'appelle le Bout-du-Monde, à cause de sa situation au centre de précipices affreux, de rochers et de glaciers qui semblent être la limite de la terre. C'est là, dans ma modeste maison, que vous trouverez un asile où personne ne songera à vous troubler. Je puis dire que j'exerce un pouvoir souverain dans cet humble coin de terre; tous ses habitans ont eu part à mes bienfaits, et, si je leur en donnnais l'ordre, ils se feraient tuer jusqu'au dernier plutôt que de souffrir qu'on exerçât sur vous la moindre violence. Ma fille Margot, ou Marguerite, vous passerez le temps à lire quelque bouquins qui forment ma bibliothèque, à chasser les perdrix blanches ou à pêcher les truites dans la Guisanne. Ce ne sont pas là sans doute des occupations auxquelles vous êtes habitués l'un et l'autre, mais qu'y faire? il faut absolument que vous vous cachiez jusqu'à ce que vous ayez dérouté les limiers lancés à votre poursuite; alors j'irai moi-même à Lyon, je verrai monsieur de Blanchefort, je lui ferai des représentations convenables, et j'espère que je parviendrai à vous remettre en grâce auprès de lui. Eh bien! ce projet vous convient-il?

— Parfaitement, mon brave et généreux ami! s'écria le chevalier avec enthousiasme; nous souhaitions, Ernestine et moi, de nous trouver ainsi l'un et l'autre dans quelque tranquille retraite, et votre projet comble tous nos vœux. Seulement, sur un point, il me paraît impossible à réaliser : monsieur de Blanchefort ne consentira jamais à nous recevoir en grâce.

— Le croyez-vous ? Quels sont donc les motifs les plus sérieux de son refus ?

— Je vous l'ai dit, il est avare, et la principale objection qu'il ait faite à ma demande en mariage a été que ma terre et mon château de Peyras se trouvaient entre le mains de mes créanciers. Si je n'avais pas dissipé en folies de jeunesse la plus grande partie de mon patrimoine, peut-être eussé-je obtenu la main de ma chère Ernestine.

— Allons ! nous arrangerons tout cela, dit Martin-Simon en souriant, nous finirons par persuader ce vieillard intraitable, qui sacrifie sa fille à une raison d'intérêt. D'ailleurs, nous allons lui forcer la main. Vous sentez bien, mes enfans, que je ne puis recevoir ainsi chez moi un jeune homme et une jeune fille dont la position est aussi irrégulière que la vôtre. Quel exemple pour ma pauvre Margot ! Vous continuerez donc à passer pour frère et sœur vis-à-vis d'elle jusqu'à ce que je vous aie bien et dûment mariés, et cela ne tardera pas, je vous le promets.

— Oh ! vous prévenez mon désir le plus cher ! s'écria Ernestine d'un ton plein de reconnaissance ; je ne veux plus avoir à rougir devant personne, et je sens que je ne saurais supporter longtemps la honte qui m'accable.

— Mais sans doute, dit le chevalier, il sera bien difficile de trouver un prêtre assez hardi pour nous marier sans les formalités d'usage et sans l'assentiment de nos deux familles.

— Je m'en charge, dit Martin-Simon résolûment ; ne craignez rien, monsieur le chevalier, tous les révérends pères de ce couvent sont à mes ordres... Mais laissons cela pour le moment... Notre absence a été longue, et elle pourrait donner quelques soupçons au procureur Michelot ou à ses estafiers. Je vais descendre au réfectoire et faire acte de présence au souper. Soyez disposés à partir demain matin au lever du jour ; il faut que nous soyons déjà loin lorsque les gens de justice pourront songer eux-mêmes à se mettre en route. J'aurai soin de parler au frère servant, afin que les chevaux soient prêts de bonne heure et que nous n'éprouvions aucun retard.

Le chevalier se leva, déposa un baiser sur le front d'Ernestine, et se prépara à suivre son exigeant ami dans la cellule qui lui était destinée. Martin-Simon regarda la jeune fille avec bonté.

— Mon enfant, ajouta-t-il en souriant, prenez courage. Je veillerai sur vous.

— Oh ! soyez béni, monsieur, dit mademoiselle de Blanchefort avec attendrissement en lui pressant les mains ; vous m'avez ouvert les yeux sur ma faute et vous ne m'avez pas accablée de votre mépris ; vous avez eu pitié de ma faiblesse, vous m'avez relevée à mes propres yeux en me faisant entrevoir le prix du repentir... Dès cet instant, je vous donne sur moi les droits d'un père sur sa fille, et je me ferai gloire de vous obéir aveuglément.

Les deux hommes se retirèrent enfin pour laisser mademoiselle de Blanchefort prendre un peu de repos. Une heure après, le calme le plus profond régnait dans l'intérieur de l'hospice, où tout le monde semblait dormir, malgré les mugissemens de la tempête.

Le lendemain, aux premières lueurs du jour, lorsque la cloche du couvent sonna matines, le montagnard tenant à la main une lanterne sourde et portant sous son bras la lourde valise dont nous avons parlé, vint frapper doucement à la porte des deux jeunes gens et les avertit à voix basse que le moment du départ était arrivé. Bientôt après, Marcellin et Ernestine sortirent de leurs cellules, complétement équipés et chargés de leurs bagages. L'un et l'autre, en s'apercevant, allaient échanger quelques paroles affectueuses, lorsque Martin-Simon fit un geste impérieux :

— Paix ! murmura-t-il en désignant un corridor voi-

sin ; ils sont là, et cet enragé procureur n'est pas si mal qu'il ne puisse monter à cheval et nous poursuivre au moindre soupçon... Gardez le plus grand silence et partons.

Ils descendirent lentement et avec précaution l'escalier qui conduisait à la salle basse. Ils trouvèrent dans le parloir le père prieur, vieillard d'un aspect vénérable et distingué, qui leur offrit poliment quelque nourriture disposée à la hâte sur une petite table à côté du feu. Martin-Simon les engagea, malgré sa précipitation, à accepter cette offre, car ils ne devaient plus s'arrêter jusqu'à son village. Pendant ce temps, il se mit à charger les valises sur les chevaux qui attendaient déjà sous le porche. Il rentra et remercia le prieur de sa diligence.

— Mon fils, dit le vieux moine avec l'accent du plus grand respect, vous êtes un des bienfaiteurs de notre maison, et vous savez qu'ici vous avez droit plus que personne à l'obéissance.

— Je vous remercie, mon père ; mais souvenez-vous bien de ma recommandation : retenez ici cet homme de loi et ses cavaliers aussi longtemps que vous le pourrez. Il faut encore, s'ils vous questionnent, que vous ne démentiez pas l'histoire que vous m'avez entendu leur débiter à propos de mes prétendus neveux...

— Prenez garde, dit l'hospitalier avec une sorte de honte, que vous m'ordonnez de confirmer un mensonge ; j'ai passé toute la nuit dernière en oraison pour faire pénitence de l'assentiment que j'ai été forcé de donner hier à vos paroles.

— La fin justifie les moyens, reprit Martin-Simon en souriant, il s'agit d'une bonne œuvre, mon révérend père, et vous ne devez pas craindre de vous y associer.

Le moine le saisit par le bras et l'entraîna à quelque pas, en murmurant d'une voix basse et étouffée :

— Ne cherchez pas à me tromper par un sophisme ; j'ai commis une grande faute, mon fils, je le sais, en me faisant l'auxiliaire du mensonge ; mais savez-vous du motif qui me pousse à affronter le péché ; si, au péril de mon âme, je cherche à capter votre faveur, c'est que j'espère qu'au moment où Dieu vous appellera à lui, vous voudrez bien faire don à cette pieuse maison...

Martin-Simon laissa échapper un geste d'impatience.

— Je vous ai déjà dit, père prieur, répondit-il avec humeur, que vous étiez dans une grave erreur en ce qui me concerne, et qu'il m'était impossible de flatter vos bizarres espérances... Mais nos jeunes gens ont fini leur léger repas, et il est temps de partir.

Le prieur, avant de laisser sortir les étrangers, les conduisit devant le grand crucifix qui était le principal ornement du parloir. Il s'agenouilla dévotement lui-même ; Ernestine et Martin-Simon se signèrent, pendant que le chevalier de Peyras s'inclinait légèrement pour la forme. Cette cérémonie religieuse terminée, les hôtes du Lautaret se disposaient à prendre congé, lorsque le vieux moine leur fit faire une nouvelle station devant le tronc qui était scellé dans la muraille, près de la porte, et balbutia quelques mots latins ; les voyageurs comprirent que c'était un appel à leur charité.

Marcellin s'empressa de porter la main à la poche de sa veste, et, autant par générosité naturelle que par le désir peut-être de s'assurer la bienveillance des hospitaliers, il tira deux pièces d'or qu'il plaça ostensiblement dans le coffre. Le prieur s'inclina, mais ne donna aucune marque d'étonnement, comme le chevalier l'attendait peut-être en raison de la valeur de l'offrande.

Pendant ce temps, Martin-Simon semblait chercher sa bourse de cet avare paysan qui s'exécute à regret pour payer son écot ; il réunit dans sa main ce qu'il put trouver de monnaie dans ses poches, et vida le tout dans le tronc de l'hospice. Malgré les précautions qu'il prit pour cacher la valeur de son aumône, le reflet d'une lampe et le son du métal le trahirent : c'était une poignée d'or que ce singulier paysan venait de verser dans la boîte aux offrandes.

Le chevalier de Peyras et mademoiselle de Blanchefort se regardèrent avec stupéfaction ; mais le prieur, bien qu'il eût parfaitement observé du coin de l'œil ce qui se passait, ne parut nullement surpris et s'inclina comme il avait déjà fait pour le chevalier de Peyras.

— Mais, au nom du ciel ! qui êtes-vous donc, demanda Marcellin, vous qui payez ainsi une nuit d'hospitalité ?

— Ah ! vous avez vu ? dit le montagnard avec beaucoup de calme ; il n'y a rien là que de fort simple. J'avais fait vœu, si une certaine affaire assez chanceuse se terminait heureusement, d'offrir la moitié du produit aux révérends pères du Lautaret ; hier, j'ai terminé cette affaire à Grenoble, et aujourd'hui je m'empresse de soulager ma conscience .. Ces sortes de vœux ne sont pas rares dans nos montagnes, où, soit dit en passant, on est plus dévot que dans vos villes.

Puis, comme s'il eût voulu couper court à des questions embarrassantes, il se dirigea vers la porte, et les jeunes gens le suivirent. Les chevaux étaient prêts, et, bien que l'on fût obligé de transporter de fort loin au Lautaret les fourrages et les autres provisions qu'on y consommait, ils semblaient avoir eu une provende abondante dans les écuries de l'hospice. Les voyageurs remercièrent le prieur de son hospitalité, montèrent à cheval, et partirent au grand trot, après que Martin-Simon eût fait aux moins de nouvelles recommandations, que celui-ci écouta avec la même déférence et le même respect qu'auparavant.

III

LE MAGISTER.

Le jour commençait à poindre dans la vallée du Lautaret, lorsque les voyageurs quittèrent l'hospice. Martin-Simon, monté sur un grand cheval un peu lourd, mais d'allure douce et au pied sûr, était enveloppé d'une épaisse cape de laine, pour le préserver du froid, très vif dans ces hautes régions, malgré la saison. Ernestine et Marcellin furent bientôt forcés de l'imiter et se couvrirent aussi de leurs manteaux, humides encore de la veille. Le chevalier de Peyras éprouvait le besoin de se plier à la circonstance et de se concilier les bonnes grâces de son protecteur inconnu ; il poussa la complaisance jusqu'à porter fraternellement à ses lèvres la gourde d'eau-de-vie que lui offrit le montagnard, et le rendit après avoir avalé quelques gouttes du contenu. Martin-Simon passa légèrement son doigt sur l'orifice du flacon et toucha son chapeau pour saluer mademoiselle de Blanchefort, qui le remercia en souriant. Puis, après avoir bu assez longuement à la bouteille, il donna un coup de talon à sa monture, fit claquer ses doigts d'un air joyeux, et dit à ses compagnons :

— Courage, enfans ! tout ira bien.

Ce ton d'assurance et de sécurité ne manqua pas son effet sur les deux jeunes gens. Il y avait dans leur nouvel ami je ne sais quelle autorité mystérieuse qui leur inspirait la confiance, et ils le connaissaient assez déjà pour être sûrs qu'il n'avait pas fait de promesses sans avoir la possibilité de les réaliser. D'où provenait cette autorité ? C'était là le problème ; mais par cela même que l'origine en était mystérieuse et qu'on ne pouvait lui assigner des limites précises, ils s'en fiaient aveuglément à elle. En voyant Martin-Simon prodiguer l'or avec tant d'insouciance et offrir sa protection si fièrement, le chevalier de Peyras avait eu la pensée, un moment, que son guide était un grand personnage qui, par bizarrerie ou par tout autre motif, voulait garder l'incognito ; mais il abandonna bientôt cette conjecture. Il y avait dans le montagnard une simplicité de manières, une franchise qui ne pouvaient être affectées, et son langage annonçait une éduca-

tion plutôt solide que brillante. Aussi le chevalier, las enfin des suppositions absurdes qu'il faisait au sujet de Martin-Simon, profita-t-il de la première occasion qui se présenta de se rapprocher de lui, et lui adressa des questions détournées afin de pénétrer son secret.

Mais le bonhomme était sur ses gardes. Avant de révéler à son compagnon ce qu'il semblait lui cacher, il voulait l'étudier lui-même et s'assurer s'il était digne de sa confiance. Il parvint donc à éluder toutes les demandes de Peyras, et bientôt, intervertissant les rôles avec adresse, il se mit à questionner à son tour.

Le chevalier n'avait aucune raison de dissimuler vis-à-vis d'un homme qui lui avait déjà rendu de si grands services ; il laissa voir le fond de son caractère, singulier mélange de bonnes qualités et de brillans défauts. Le montagnard l'écoutait avec un vif intérêt, tantôt souriant avec complaisance, tantôt fronçant le sourcil et haussant les épaules, suivant qu'il approuvait ou non ce que disait son jeune compagnon. Quant à Ernestine, elle ne prenait part à la conversation qu'à de rares intervalles, lorsqu'une question précise lui était adressée par l'un ou l'autre des interlocuteurs.

Cependant on avançait péniblement, aux pâles clartés de l'aurore ; la tempête de la veille avait bouleversé la route et éparpillé des roches énormes sur le passage des voyageurs. Dans plusieurs endroits de la vallée, on voyait de longues traînées blanches qui sillonnaient des pâturages verdoyans et des forêts de pins : c'étaient les avalanches qui, la nuit précédente, étaient tombées des glaciers avec un si horrible fracas.

Bientôt le soleil monta sur l'horizon. La lumière illumina l'une après l'autre les crêtes des montagnes, en commençant par les plus hautes ; puis elle s'abaissa vers les cônes herbeux qui formaient les gradins inférieurs, et elle finit par s'étendre sur tout le paysage. L'orage avait donné à l'air une transparence remarquable ; on pouvait embrasser du regard d'immenses pays. Le chemin faisait mille détours dans la vallée, à cause des rocs et des obstacles de tout genre qu'il fallait tourner à chaque pas ; mais la distance en ligne droite n'était pas très considérable, et on pouvait voir encore distinctement les murailles sombres de l'hospice se dessiner sur le fond jaunâtre de la montagne qui le domine. En face des voyageurs s'ouvrait une fissure profonde où le chemin disputait l'espace à un torrent furieux : on eût dit que la montagne s'était fendue du haut en bas pendant un tremblement de terre, pour former cet affreux défilé.

Au moment de s'y engager, Martin-Simon jeta un regard en arrière, du côté du Lautaret, afin de s'assurer s'ils n'étaient pas poursuivis. Son œil perçant n'aperçut rien qui pût éveiller ses craintes ; aussi dit-il gaiement à ses protégés :

— En avant, mes jeunes amis ; si nous pouvons mettre entre nous et Michelot ce col que vous voyez là, et si rien ne nous fait perdre de temps, il ne sera plus nécessaire de songer à ceux qui nous poursuivent, et nous rirons du bon tour que nous leur aurons joué. Une fois sur le territoire du Bout-du-Monde, je sais bien comment je dois vous défendre. Marchons donc, et que cette demoiselle ne s'effraye pas : il n'y a pas de danger.

Cette recommandation n'était pas hors de propos ; à peine avaient-ils fait trente pas, qu'ils se trouvèrent dans une obscurité assez épaisse, relativement à la lumière dont leurs yeux étaient frappés un moment auparavant. Les parois de cet abîme n'étaient séparées que par une distance de cinquante à soixante pieds, et s'élevaient, comme des murailles, à une hauteur prodigieuse. Une étroite bande bleue et une échancrure lumineuse à l'extrémité étaient tout ce qu'on pouvait apercevoir du ciel ; un brouillard humide et glacé enveloppait les voyageurs et assombrissait encore l'atmosphère. Le bruit du torrent, répercuté mille fois par l'écho, couvrait le bruit de la voix et celui du pas des chevaux. Des pitons de rochers et des pics de glaces, suspendus à une prodigieuse élévation, menaçaient les passans d'une chute terrible. Quelques broussailles d'un vert sombre avaient pu seules enfoncer leurs racines dans les masses de granit en décomposition qui se dressaient à droite et à gauche. Ajoutez que le torrent, grossi par l'orage de la nuit précédente, avait quitté son lit pour envahir une partie du chemin, de sorte que son écume jaillissait par momens jusque sur les sabots des chevaux, et l'on conviendra que l'aspect redoutable de ces lieux était bien capable de frapper de terreur une jeune fille comme Ernestine de Blanchefort, habituée aux scènes paisibles, aux douces émotions de la vie civilisée.

Aussi la jeune voyageuse sentit-elle bientôt le froid qui régnait dans le défilé pénétrer jusqu'à son cœur. Elle jeta un coup d'œil inquiet sur Marcellin, comme pour s'assurer qu'il viendrait à son secours au besoin ; mais le chevalier lui-même éprouvait ce sentiment inexprimable d'admiration qui saisit les gens du monde à la vue des grands tableaux de la nature. Cependant, il remarqua l'émotion de sa compagne, et il s'avança pour la soutenir, en lui adressant quelques mots que le fracas d'une cascade voisine empêcha d'entendre. Heureusement cette faiblesse dura peu : Ernestine sourit à Marcellin pour le remercier, et la petite caravane continua son chemin.

Martin-Simon n'avait pas remarqué cette scène muette entre les deux jeunes gens ; toute son attention était concentrée sur un point noir et mobile, qui se montrait à l'extrémité de la gorge et semblait s'avancer vers eux.

Bientôt ce point noir devint plus distinct à mesure que la distance devenait moins grande, et il prit les proportions d'un homme de haute taille qui marchait lentement, un livre ouvert à la main. Certes, il fallait aimer passionnément l'étude pour s'y livrer dans un pareil endroit. Cependant ce goût si prononcé pour la lecture ne parut pas étonner le montagnard dès qu'il eut reconnu le personnage qui venait ainsi au-devant de lui.

— Dieu me pardonne ! s'écria-t-il, c'est Eusèbe Noël, le magister du Bout-du-monde. Pourquoi diable vient-il se promener sur Virgile, au lieu de rester tranquillement au village pour instruire ses bambins ? Peut-être a-t-il quelque chose à me dire de la part de ma fille Margot, car ses savantes promenades du matin ne l'ont jamais entraîné si loin, excepté toutefois le jour où nous l'attendions pour déjeuner, et où l'on vint nous apprendre qu'on l'avait trouvé dans les glaciers du Pelvoux, sans qu'il pût expliquer comment il était arrivé là... C'est un original si distrait, si entiché de son poète latin, qu'il pourra souvent vous donner occasion de rire à ses dépens... N'en usez pas trop, je vous prie, car ce pauvre Eusèbe est, après tout, un excellent vieillard qui a fait l'éducation de ma fille, et que le monde aime au village.

Au moment où finissait cette recommandation, on se trouvait si près du personnage en question que Marcellin et Ernestine purent l'examiner à loisir. C'était un homme de soixante ans, maigre, jaune, dont les gros yeux hébétés étaient chargés de volumineuses lunettes d'acier. Il était vêtu d'un habit et d'une culotte de drap noir, râpés et malpropres. Ses jambes, à cause sans doute de la fraîcheur de la matinée, étaient couvertes de guêtres de grosse laine bleue que portent les montagnards. Ses cheveux plats et lissés étaient poudrés économiquement avec de la farine ; trois plumes à écrire, attachées sur son vieux chapeau en guise de panache, annonçaient à tous venans, suivant l'usage encore suivi dans les hautes Alpes, que le brave maître Eusèbe Noël pouvait enseigner à la fois la lecture, l'écriture et même le latin.

Malgré ce costume hétéroclite, le pauvre instituteur avait un air de naïveté, de bonhomie qui prévenait en sa faveur et désarmait les plaisanteries. Il était tellement absorbé par sa lecture, qu'il se trouvait à trois pas des voyageurs sans les avoir aperçus, et il allait se heurter contre le cheval de Martin, qui marchait le premier, lorsque le montagnard s'écria d'une voix forte :

— Eh bien ! magister, à quoi pensez-vous donc ?

L'éclat retentissant de cette voix fit tressaillir le maître d'école, et l'arrêta court au milieu du chemin. Il laissa tomber son livre, regarda autour de lui de l'air du plus profond étonnement.

— Infandum ! s'écria-t-il ; comment suis-je venu ici ? Je croyais... je pensais...

— Vous croyez être encore à vous promener sur la place de l'Église, n'est-ce pas ? dit Martin-Simon, et vous vous trouvez dans le défilé du Lautaret, à deux lieues au moins du village. Je m'étonne que vous ayez pu arriver jusqu'ici sans vous rompre dix fois le cou.

— Que vouliez-vous, bailli ? dit tranquillement Eusèbe Noël en ramassant son bouquin et en faisant une corne à l'endroit du livre où il s'était arrêté ; je lisais le quatrième livre de l'Énéide, et certainement c'est le plus beau... Je le demande à ce jeune monsieur, qui n'a pas dû encore oublier les vers admirables du cygne de Mantoue, n'est-ce pas que le quatrième livre est le plus beau de tous ?

C'est à mademoiselle de Blanchefort que le maître d'école, trompé par son air de jeunesse, adressait cette question. Ernestine sourit, mais, avant qu'elle eût pu répondre, Martin-Simon reprit d'un ton brusque :

— Au diable le quatrième livre et tous les autres ! N'est-ce pas une honte que vous relisiez sans cesse des choses que vous savez par cœur ? Mais voyons, continua-t-il d'un ton plus doux en cherchant à fixer l'attention de son interlocuteur, rappelez vos souvenirs, mon bon Noël ; ma fille Marguerite ne vous a-t-elle pas envoyé au-devant de moi pour me porter quelque message, ou bien êtes-vous venu ici par pure distraction, comme à l'ordinaire ? Allons ! cherchez bien : Margot ne vous a-t-elle pas chargé de me dire quelque chose ?

Le bonhomme parut chercher dans sa mémoire une pensée fugitive, que les aventures du plus Énéas en avaient chassée.

— Oui, oui, dit-il avec précipitation, mademoiselle Marguerite m'avait envoyé de vous jusqu'au-devant rocher de la Quille, mais là j'ai ouvert mon Virgile pour consulter le sort, et...

Il s'interrompit tout à coup, examina soigneusement à travers les verres biconcaves de ses lunettes les deux compagnons de route de Martin-Simon, et il demanda d'un air inquiet :

— Est-ce que vous conduisez ces messieurs chez vous ?

— Eh ! quand cela serait ?

— Ne le faites pas, ne le faites pas, répéta très vite le magister en regardant tour à tour les inconnus et le montagnard ; vous vous en repentiriez tôt ou tard, et il vous arriverait malheur à cause d'eux.

— Et pourquoi cela, fou que vous êtes ? demanda Martin-Simon, qui ne pouvait s'empêcher de rire de l'air important du vieux cuistre.

— Parce que les présages sont funestes ; vous avez beau ne pas croire aux sortes virgilianæ, bailli, il n'est pas moins vrai que l'admirable poème de l'ami d'Octave a le pouvoir de prédire l'avenir. Or, ce matin, en me mettant en route pour venir au-devant de vous, j'ai ouvert le livre au hasard, comme je le fais chaque jour, et je suis tombé précisément sur ce vers : Quis novus hic nostris successit sedibus hospes ? Hein ! est-ce qu'il n'y a pas de quoi trembler ?

— Je me soucie bien de ce galimatias ! Je ne comprends rien à votre grimoire. Je vous demande...

— Ah ! vous ne comprenez pas. Je suis fâché, bailli, de ne pas vous avoir donné de leçons de latin. On dit que c'est votre père qui a dirigé votre éducation, et, s'il j'ai bonne mémoire, il n'était pas de première force sur les classiques. Eh bien ! je vais vous apprendre ce que signifie ce vers. Cela veut dire mot pour mot : « Quel est ce nouvel hôte qui vient s'asseoir à nos foyers ? » C'est clair, cela, et j'ai vu tout de suite que si, aujourd'hui, vous receviez quelque étranger chez vous, il vous arriverait indubitablement malheur.

Martin-Simon interrompit par un geste d'impatience le

pauvre diable, qui ne comprenait pas qu'on pût se jouer ainsi des *sortes virgilianæ*.

— Maître Eusèbe, reprit-il, vous êtes aussi superstitieux avec votre latin que les plus sots paysans de Queyras qui croient aux lutins et aux sorciers, et c'est une honte pour un homme aussi savant que vous... Mais il ne fait pas bon causer ici, et j'ai hâte d'arriver chez moi; dites-moi donc bien vite de quel message ma fille vous a chargé?

Pressé ainsi, le distrait pédagogue sembla scruter de nouveau sa mémoire et répondit gravement:

— On vous attendait hier au soir au village, mais la tempête qui s'est élevée tout à coup a fait supposer que vous passeriez la nuit au Lautaret et que vous n'arriveriez que ce matin.

— On avait deviné juste. Eh bien! pourquoi ma fille n'a-t-elle pas attendu mon arrivée? pourquoi vous envoie-t-elle au-devant de moi?

— Elle m'a dit... oui, c'est cela... elle m'a dit qu'elle se portait bien et qu'elle avait le plus grand désir de vous voir.

— Est-ce là tout? demanda Martin-Simon avec étonnement, n'avez-vous rien oublié? Je soupçonne que Margot ne vous eût point dérangé pour si peu.

Noël regarda en dessous les étrangers.

— C'est tout, dit-il enfin, je suis sûr qu'elle ne m'a pas chargé d'autre chose.

Vainement Martin-Simon insista-t-il pour fixer la mémoire du magister; il ne put rien obtenir de plus.

— Peste soit du fou! s'écria-t-il avec dépit, je suis sûr que ma fille lui a donné quelque commission pour moi et qu'il l'a oubliée en lisant son livre sempiternel; mais probablement il ne s'agit pas d'une chose fort importante, car elle m'eût envoyé un autre messager... Allons, il n'y a rien à tirer de cette tête fêlée; partons, car aussi bien nous avons perdu un temps précieux!... Monsieur Noël, continua-t-il tout haut, marchez devant nous et tâchez de ne pas oublier que nos chevaux seront sur vos talons.

— *Quis novus hic nostris successit...* grommela le magister.

Cependant, le mouvement des chevaux l'avertit qu'en restant en place il risquait d'être écrasé, et il se mit à faire de grandes enjambées pour précéder la petite caravane, qui se dirigea de nouveau vers l'extrémité du défilé.

Cette conversation avait rendu Martin-Simon rêveur et pensif. Comme le chemin devenait plus large et plus commode à mesure que l'on avançait, le chevalier de Peyras put adresser à son guide quelques questions polies au sujet de sa préoccupation.

— J'aime à croire, monsieur, demanda-t-il, qu'il n'y a rien dans la rencontre de cet homme qui doive vous alarmer pour votre famille et vos amis?

— Je ne sais; peut-être n'y a-t-il dans la présence du magister à cette distance du village qu'une distraction fort ordinaire de ce bon Eusèbe Noël; je pourrais en citer de lui de beaucoup plus fortes; mais peut-être aussi ma fille, qui connaît son zèle pour nos intérêts, l'a-t-elle chargé de m'apprendre quelque événement survenu pendant mon voyage... Enfin tout ceci va bientôt être éclairci: dans deux heures nous serons chez moi et nous saurons à quoi nous en tenir. Il ne faut pas croire que ce digne homme soit toujours aussi nul, aussi hébété que vous l'avez vu tout à l'heure; par exemple, il est impossible d'enseigner mieux que lui les connaissances qui sont la base de l'éducation: il a une méthode simple, claire, qui réussit avec les intelligences les plus obtuses. Lorsqu'il arriva vers Bout-du-Monde, pauvre, crotté, mourant de faim, il n'y avait personne qui sût lire dans notre vallée, excepté mon père et moi. J'étais alors occupé à former l'établissement que vous verrez bientôt, et il entrait dans mes projets de répandre un peu d'instruction parmi les montagnards; j'accueillis donc Eusèbe Noël, qui était tout jeune encore à cette époque et qui allait de village en village instruire les enfans pour un modique salaire. Je lui donnai une petite maison, un coin de terre, et il se crut le plus heureux des

hommes, en se comparant à Tityre, un berger d'autrefois, à ce qu'il paraît. C'est lui qui a appris à lire, à écrire et à compter à tout le village; mais c'est surtout à l'éducation de ma fille qu'il s'est surpassé; croiriez-vous que j'ai eu toute la peine du monde à l'empêcher d'enseigner le latin à Margot? Le brave homme me jurait qu'aujourd'hui on enseignait le latin aux jeunes demoiselles, et qu'à Paris les dames citaient Virgile à tout propos. — Un bruyant éclat de rire du montagnard fit retentir l'écho des rochers à ce plaisant souvenir. Les deux jeunes gens l'imitèrent, quoique avec réserve. Après avoir donné carrière à sa gaieté, Martin-Simon reprit avec plus de calme: — Où en étais-je donc? ah! je crois que nous parlions de ce pauvre diable que vous voyez là-bas, trottant sur ses grandes jambes maigres, les bras ballans et sa longue échine courbée en avant, comme s'il allait tomber... Je vous disais que lorsque par hasard il oublie de rabâcher son Virgile, c'est un homme d'intelligence sûre et rapide; il serait peut-être alors capable de grandes choses, si ces éclairs de raison duraient plus longtemps, et s'il ne retombait bientôt dans son péché d'habitude, la distraction. Cependant je vous avouerai que je soupçonne le magister de se servir quelquefois de son infirmité réelle pour veiller à ses propres affaires avec plus d'attention qu'on ne l'en croirait capable. Ainsi je serais disposé à croire que le manége de tout à l'heure, lorsque je l'ai interrogé en votre présence, n'était qu'une comédie.

— Alors, à quoi bon ce prétendu défaut de mémoire?

— Peut-être a-t-il à me transmettre quelques nouvelle qui me regarde seul. Quant à ces soi-disant présages, je jurerais que c'est une invention du rusé compère pour me refroidir à votre égard, car vous avez dû déjà vous apercevoir qu'il ne vous voyait pas d'un bon œil.

— Et quels motifs peut avoir un pareil homme, demanda le chevalier avec hauteur, pour nous être hostile?

— Quels motifs? répliqua le montagnard; ma foi! je l'ignore; j'ai remarqué seulement qu'il ne voyait jamais avec plaisir venir chez nous et recevoir bon accueil de ma fille ou de moi... Observez-le, continua-t-il en désignant Noël, qui, tout en marchant à vingt pas en avant, tournait souvent la tête d'un air animé vers les voyageurs, on dirait que le coquin se doute que nous parlons de lui... Allez, allez, c'est un finaud, et maintenant que nous voici dans la vallée, et qu'il pourra me tirer à l'écart, il va peut-être se raviser.

La petite troupe débouchait en effet dans un large et magnifique bassin aussi bien cultivé que le permettait l'élévation du sol au-dessus du niveau moyen du reste de la France. Il était encadré par de hautes montagnes et parsemé de vastes champs de seigle vert. Sur le flanc de ces montagnes s'étageaient des bois de noyers, de pommiers, de cerisiers, puis au-dessus des bouleaux, des érables, et enfin des sapins qui touchaient à la région des neiges éternelles. Quelques villages au toit de chaume égayaient la campagne. Des troupeaux nombreux couvraient les pâturages; des montagnards allaient et venaient dans les sentiers. Le fougueux torrent que nos voyageurs avaient côtoyé traversait tout le vallon, mais il était pur et tranquille. Cet aspect inattendu arracha au chevalier et à sa compagne un cri d'admiration. Leur guide s'arrêta complaisamment pour leur permettre d'examiner plus en détail ce site enchanteur.

— Monsieur Martin-Simon, demanda Ernestine avec empressement, est-ce là que vous demeurez?

— Pas tout à fait, ma chère demoiselle, je suis un vieil ours qui ne descend pas dans la plaine... c'est de ce côté qu'est ma demeure... — En même temps il étendit la main vers de hautes montagnes sèches et désolées qui se dressaient sur la gauche du bassin. Mademoiselle de Blanchefort poussa un soupir; Martin-Simon parut deviner sa pensée: — Ne vous désolez pas, dit-il gaiement, notre village n'est pas aussi triste, aussi misérable que ceux-ci vous le paraîtraient si vous les examiniez de plus près, et quoique nous ne puissions vous y promettre tout le luxe, toute l'abondance auxquels vous êtes habituée, vous y trouverez plus d'aisance et de bien-être qu'ici.

— *Sunt nobis castaneœ molles et pressi copia lactis*, murmura le maître d'école, qui s'était approché des voyageurs.

— Que diable murmurez-vous là, Eusèbe ? demanda Martin-Simon, qui croyait avoir trouvé une expression d'humeur dans les paroles à peu près inintelligibles pour lui du magister ; vous n'oseriez pas, je l'espère, déprécier le pays où vous avez été si bien accueilli et où vous avez été comblé de tant de bienfaits ?

— Un pays, continua Noël les yeux fixes, les traits immobiles, et en proie évidemment à cette distraction étrange dont il ne pouvait se défendre, un pays où il y a des mines d'or !...

Martin-Simon tressaillit. Il se tourna du côté des jeunes gens pour s'assurer s'ils avaient entendu cette parole du magister.

Ernestine et le chevalier étaient à quelques pas occupés à contempler le paysage. Le montagnard jeta sur Noël un regard menaçant et lui dit à voix basse :

— Etes-vous véritablement idiot, et voulez-vous donc appeler chez nous, avec de pareilles absurdités, tout ce que la France recèle de bandits ? Avez-vous oublié, vieux fou, que ces savans qui s'étaient abattus sur notre pays comme une nuée de corbeaux, ont reconnu que nos montagnes ne contenaient pas assez d'or pour faire une seule des petites croix que portent les jeunes filles de la Guisanne ?

Le magister releva vivement la tête.

— J'ai donc parlé ? murmura-t-il, j'ai donc laissé échapper... Bailli, je vous en prie, répétez-moi ce que j'ai dit.

— Vous avez prononcé des paroles imprudentes, répliqua sévèrement Martin-Simon ; mais restons-en là, et, puisque nous sommes seuls, dites-moi bien vite de quel message ma fille vous a chargé pour moi... Je suppose que la mémoire vous est enfin revenue ?

Noël sourit d'un air d'intelligence.

— Je vais vous le dire, fit-il avec volubilité ; il est certain que Raboisson a reparu dans le pays, et il peut venir au Bout-du-Monde d'un moment à l'autre.

Une malédiction s'échappa entre les dents serrées de Martin-Simon.

— Je comprends maintenant pourquoi ma fille vous a envoyé m'avertir de l'apparition de cet homme dans nos montagnes, dit-il précipitamment ; il faut que j'aille bien vite voir s'il a eu l'audace de se présenter chez moi malgré ses promesses... ma pauvre Margot pourrait se trouver dans un mortel embarras ! Vous, magister, vous allez conduire ces jeunes gens au village, le plus lentement possible ; je veux avoir le temps d'éloigner ce misérable... Surtout, maître Eusèbe, tâchez de conserver vis-à-vis d'eux autant de présence d'esprit et de lucidité que vous en avez en ce moment. Ils vont certainement vous interroger sur ce qui me regarde ; vous pouvez leur dire ce que tout le monde sait, ce que tout autre habitant du pays pourrait leur dire à votre place ; mais gardez-vous de leur en dire davantage. Prenez garde !

— Et vous, bailli, n'oubliez pas non plus mes avis. Vous persistez donc toujours à recevoir chez vous ces inconnus, malgré le présage funeste du *quis novus hic nostris...?*

Martin-Simon, sans l'écouter, rejoignit Marcellin et Ernestine, qui causaient confidentiellement à quelques pas.

— Mes bons amis, dit-il en cherchant à adoucir l'expression inquiète de son visage, je viens d'apprendre une nouvelle qui m'oblige à vous précéder au Bout-du-Monde ; je pense que maintenant vous ne courez plus aucun danger. Suivez monsieur Noël, qui vous montrera le chemin ; je vais donner des ordres pour que l'on vous reçoive dignement... Adieu, dans deux heures nous nous retrouverons ensemble.

Il porta la main à son chapeau, fit un signe impérieux au magister, et remonta la vallée avec toute la rapidité

qu'il pouvait donner à son cheval sur un chemin âpre et raboteux.

Dans le premier moment, le chevalier de Peyras et mademoiselle de Blanchefort ne savaient trop s'ils devaient se plaindre ou se féliciter du départ subit de leur protecteur. Cependant Marcellin comprit qu'avec un homme aussi distrait que l'honnête magister, il lui serait facile, avant d'accepter l'hospitalité de Martin-Simon, d'obtenir tous les éclaircissemens qu'il pourrait désirer sur ce personnage mystérieux. Ernestine éprouvait aussi un vif désir de connaître mieux qu'elle ne l'avait fait jusque-là ce généreux étranger à qui elle avait donné sur elle les droits d'un père. Ils prirent donc aisément leur parti d'un incident qui allait leur permettre enfin de satisfaire leur ardente curiosité.

De son côté le magister gardait une contenance embarrassée vis-à-vis de ces deux inconnus, dont l'arrivée au Bout-du-Monde semblait le contrarier singulièrement. Il n'osait les aborder, et marmottait quelques vers latins analogues à sa situation présente. Au même moment, le chevalier, qui sentait l'importance de se concilier l'affection du magister, cherchait aussi dans sa mémoire une bribe de son Virgile pour flatter la manie du pédagogue, et il s'approcha de lui en déclamant avec emphase :

— Allons, mon savant guide, nos coursiers s'impatientent : *Quadrupedante putrem sonitu quatit ungula campum.*

Certes, si le chevalier voulait exprimer par cette citation le piaffement de ses *coursiers*, jamais allusion n'avait été plus fausse, car les pauvres bêtes fatiguées étaient aussi immobiles que des termes, lorsqu'on ne les excitait pas du fouet et de l'éperon. En entendant parler la langue de son auteur favori, Eusèbe Noël perdit la tête. Sa figure refrognée se dérida, et, tendant au chevalier sa main osseuse, il dit avec une joie d'enfant :

— Eh mais! vous êtes donc un lettré, vous? vous savez votre Virgile? Dieu soit loué ! *Boni quoniam convenimus ambo.*

Après cet échange affectueux de latin, les deux hommes devinrent les meilleurs amis du monde. On se remit en marche à petits pas, en causant fraternellement de Virgile et même de Cicéron, gens que le chevalier n'avait jamais beaucoup connus, et avec lesquels il était brouillé depuis longtemps.

Cependant il ne perdait pas de vue son but principal, qui était toujours de mettre son guide sur le chapitre de Martin-Simon. Voyant, au bout de quelques instans, que le pédant ne semblait pas disposé à s'expliquer sur ce point sans provocation, il l'interrompit brusquement au milieu d'une tirade sur le bonheur si anciennement vanté des *agricolas*.

— A propos des *agricolas*, dit-il, est-ce que monsieur Martin-Simon, ce bonhomme qui était là tout à l'heure, serait véritablement un *agricola*, un cultivateur, comme il le dit ? Je soupçonne qu'il s'est amusé un peu de notre crédulité ; qu'en pensez-vous, docte Eusèbe ? Notre hôte n'est-il rien de plus qu'un riche paysan ?

Mais la question était trop directe et trop précise pour que Noël ne fût pas sur la défensive.

— Il est ce qu'il vous a dit, répondit-il laconiquement.

Marcellin fit un geste d'impatience, et dans son dépit il allait peut-être adresser au magister quelque parole piquante, ce qui aurait tout gâté ; mademoiselle de Blanchefort s'empressa d'intervenir :

— Monsieur Noël, demanda-t-elle de sa voix douce, si vous ne voulez pas nous parler de monsieur Martin-Simon, vous pouvez du moins nous donner quelques renseignemens sur mademoiselle Marguerite, sa fille et votre élève. Son père prétend qu'elle est aussi instruite que sage et bonne ?

C'était là d'ordinaire un sujet sur lequel ne tarissait pas la verve du maître d'école ; mais, dans la circonstance présente, cette question, adressée par une personne qu'il prenait pour un jeune et joli garçon, ne plut nullement à

Noël. Il lui jeta un regard de travers et répondit sèchement :

— Qu'est-ce que cela vous fait ?

— Prenez garde, monsieur le maître d'école... je vous parle d'une jeune fille qui doit être pour quelque temps ma compagne, et mon empressement à la connaître est fort naturel.

Eusèbe, toujours trompé par le costume masculin d'Ernestine, dressa les oreilles à ce mot de *compagne*. Son visage devint tout à coup rouge et bouffi ; ses yeux s'écarquillèrent démesurément derrière ses lunettes.

— Sa compagne ! vous ? murmura-t-il d'une voix étranglée.

Pour toute réponse, Ernestine, oubliant que Martin-Simon lui avait recommandé l'incognito, dérangea légèrement son large chapeau, comme pour se donner un peu d'air, et elle laissa voir ses longs cheveux bouclés à la mode des femmes. Le pauvre diable s'arrêta court au milieu du chemin.

— Une femme ! s'écria-t-il ; c'est une femme, et moi qui croyais...

Il éclata de rire, et il rejoignit les deux jeunes gens, qui riaient aussi de sa déconvenue. De ce moment, le magister parut beaucoup plus empressé et plus communicatif qu'auparavant.

— Excusez-moi, madame... ou mademoiselle, dit-il d'un air galant : moins heureux que le pieux Enée, je n'ai pas reconnu une divinité à sa démarche... *Non incessu patuit dea...* Il est vrai que vous êtes à cheval.

Il se rengorgeait en débitant ce madrigal burlesque, dont Virgile faisait encore les frais ; les félicitations ironiques de Marcellin vinrent augmenter son orgueil.

— *Bene ! bene !* s'écriait le malin jeune homme, qui, depuis que toute apparence de danger semblait passée, avait repris sa gaieté ; vous êtes de première force en galanterie, mon savant ami ! Et dites-moi, est-ce que vous prodiguez d'aussi belles choses à la fille de notre hôte ?

— Elle ne les comprendrait pas, répondit modestement le magister ; au lieu que cette dame... cette demoiselle...

— Voici mon mari, dit Ernestine en rougissant :

Et elle désigna Marcellin.

— Ah ! vous êtes mariés ? s'écria Eusèbe en se frottant les mains ; eh bien ! tant mieux, tant mieux, tout va bien ! L'un ou de vous ne venait donc pas pour épouser Margot ?

Les deux jeunes gens se regardèrent à la dérobée ; évidemment Eusèbe Noël pensait tout haut sans s'en apercevoir, selon son habitude. Ernestine songea sur-le-champ à tirer parti de cette circonstance.

— Eh mais ! monsieur Eusèbe, demanda-t-elle tranquillement, on croirait, à votre joie de ne pas rencontrer en nous des épouseurs pour mademoiselle Marguerite, que vous avez vous-même des prétentions ?

Eusèbe fit un saut de trois pieds de haut.

— Moi épouser Margot ! s'écria-t-il tout effaré, bon Dieu ! Regardez-moi donc... ai-je dit que j'avais eu la pensée de l'épouser ? En ce cas, je serais beaucoup plus fou qu'on ne le croit généralement, et plus que je ne le crois moi-même... Non, non, ni moi ni personne du village n'a pu avoir la pensée de demander la main de la fille du bailli. Il faudrait qu'on fût bien sûr de celui qui oserait...

— Et pourquoi cela ? Est-ce que mademoiselle Simon n'est pas belle ? Est-ce qu'elle n'est pas riche ?

— Belle ? il n'y a pas, dans toutes nos vallées, de femme dont les traits soient plus réguliers, dont la taille soit plus majestueuse, dont l'esprit soit plus orné. Riche ? n'est-elle pas la seule confidente de son père, et après lui n'aura-t-elle pas à sa disposition... Mais qu'est-ce que je dis donc là ? s'interrompit-il tout à coup en remarquant que les deux fiancés l'écoutaient avec beaucoup d'attention ; allons, ce n'est pas bien, madame, d'abuser de la faiblesse d'esprit d'un pauvre homme pour lui faire dire ce qu'il devrait garder !

En même temps il se retira un peu à l'écart, d'un air boudeur, et parut disposé à se renfermer dans un mutisme obstiné.

Les voyageurs côtoyaient en ce moment la vallée pittoresque dont nous avons parlé, et leurs regards pouvaient s'étendre à une grande distance. Ernestine observa que, à un quart de lieue environ de l'endroit où ils se trouvaient, la route formait un coude et s'enfonçait brusquement sur la gauche dans les montagnes que Martin-Simon avait désignées ; il fallait donc se hâter de faire parler le magister avant que les difficultés de la marche rendissent de nouveau la conversation impossible. Elle pria Marcellin de la laisser faire, et elle se rapprocha peu à peu du bon pédagogue, qui avait peut-être déjà oublié ce qui venait de se passer.

— Monsieur Noël, reprit-elle d'un ton amical, il n'y a, je l'espère, aucun inconvénient à vous demander si la famille de monsieur Martin-Simon est depuis longtemps dans le pays ?

— Aucun, en effet, répondit le magister, se souvenant de la permission qui lui avait été donnée. Allons, puisqu'il le faut, je vous raconterai ce que l'on dit de cette famille, sans toutefois vouloir rien garantir ou rien affirmer.

— Eh bien ! parlez, monsieur Noël.

— Vous saurez donc que monsieur Bernard, le père de monsieur Martin, paraît être venu dans ces montagnes il y a quelque soixante ans... Des bergers qui l'ont vu à cette époque racontent que c'était un petit jeune homme frêle, pâle, portant des habits autrefois magnifiques, mais en lambeaux. Il se montra pour la première fois dans la vallée où se trouve aujourd'hui le village du Bout-du-Monde, et qui était alors la plus sauvage de tout le canton. On ne savait ni d'où il venait ni qui il était ; et personne ne songea à s'en informer. Il habitait à l'endroit où est aujourd'hui l'église, une petite chaumière ; mais on ne se souciait pas d'approcher de sa demeure, car il passait pour sorcier ; on assurait qu'il allait la nuit au sabbat avec les lutins et les farfadets. Quant à moi, j'ai toujours pensé que ce monsieur Bernard avait déjà découvert à cette époque...

Le magister s'arrêta.

— Qu'avait-il découvert ? demanda Ernestine, peut-être avec trop de précipitation.

— Rien, répondit Eusèbe, qui remarqua cette fois qu'il avait été sur le point de se trahir encore.

Il reprit après un moment de silence :

— Il arriva un beau jour que monsieur Bernard s'ennuya de vivre seul comme un ours dans sa tanière. Il y avait là-bas, au pied de cette montagne ronde que vous voyez devant vous, une honnête famille de bergers qui s'était chargée, moyennant un peu d'argent, de fournir de la nourriture et des vêtements à monsieur Bernard. Tout alla tant et si bien, que l'*Esprit de la Montagne*, comme on l'appelait, devint un peu moins farouche et finit par épouser la fille de la maison, une personne simple et honnête, qui a prodigué à son mari, pendant toute sa vie, ses soins les plus touchans. De ce mariage est né le maître actuel du Bout-du-Monde, monsieur Martin-Simon, que l'on surnomme le roi du Pelvoux.

— Le roi du Pelvoux ! répéta le chevalier avec étonnement. Martin-Simon serait-il réellement celui que l'on appelle le roi du Pelvoux ?

— C'est lui-même. Auriez-vous déjà entendu parler de lui ?

— Oui, dit Marcellin en cherchant à rappeler ses souvenirs. J'ai entendu dire que c'était un riche seigneur qui s'était fait une petite royauté dans ces pays inaccessibles. On lui supposait une fortune immense, et l'on racontait sérieusement qu'il avait commerce avec le démon ; je ne sais même pas si le parlement de Grenoble n'a eu à s'occuper d'une affaire de sorcellerie où il se trouvait mêlé.

— Non, non, les choses ne sont pas allées jusque-là ;

on s'est borné à rechercher dans notre vallée une préten-due mine d'or qui n'y existe pas, et monsieur Martin-Si-mon n'a pas été plus inquiété qu'aucun autre habitant du village. Cependant, pour ce qui est de la sorcellerie, je comprends que les esprits vulgaires aient eu de quoi s'exercer. Son père, du moins, *l'Esprit de la Montagne*, était un être assez singulier, quoiqu'il se soit un peu amendé dans les derniers temps. Du reste, bien que mon-sieur Martin-Simon soit le bailli et le personnage le plus important de notre vallée, il n'a pourtant jamais pris le titre de seigneur.

— Ne disiez-vous pas tout à l'heure qu'il était maître de tout le pays?

— Non pas à la rigueur, et cependant sans lui il n'y aurait que des pierres brutes, des sapins et des fondrières à l'endroit où s'élève aujourd'hui le charmant village que vous verrez bientôt. C'est lui qui est parvenu, à force d'ar-gent, de constance et de désintéressement, à faire un sé-jour délicieux d'un endroit presque inhabitable. On m'a dit que du temps du vieux Bernard il n'y avait encore que deux maisons au Bout-du-Monde, ou plutôt deux pauvres chaumières, l'une occupée par la famille Simon, l'autre par la famille de Jean Renaud, le berger dont Bernard avait épousé la fille. Monsieur Martin-Simon commença par acquérir le sol pierreux qui environnait le hameau, ce qui ne coûta pas grand'chose, car le terrain semblait tout à fait impropre à la culture. Il fit bâtir à ses frais une petite chapelle pour y enterrer son père et sa mère, qui moururent presque en même temps, et chaque di-manche, un moine du Lautaret vient maintenant y dire la messe. Puis il construisit pour lui et pour ses valets de ferme, car il s'était mis à défricher le sol du vallon, une jolie maison de pierre, couverte en ardoises, de la forme la plus élégante. Cette maison parut si belle, qu'on venait souvent la voir par curiosité de six lieues à la ronde. Alors monsieur Martin-Simon proposa à plusieurs famil-les de leur bâtir des maisons à peu près semblables, et de leur en accorder la propriété ainsi que celle d'une certaine partie du terrain attenant, moyennant une petite rente annuelle, qui pourrait être rachetée au bout d'un temps fixe. Vous sentez bien qu'il ne manqua pas de bonnes gens pour accepter ces propositions brillantes; monsieur Martin-Simon choisit ceux qu'il connut les plus honnêtes et les plus laborieux, et il fit construire tout le village ac-tuel du Bout-du-Monde, dont il est le bienfaiteur aussi bien que le fondateur. Il n'est jamais sévère sur le cha-pitre des arrérages; souvent même, lorsqu'un pâtre ou un laboureur, chef de maison, ne peut pas payer son an-nuité, le roi du Pelvoux lui fournit encore de l'argent pour nourrir sa famille pendant l'année suivante. Il a dépensé des sommes énormes à créer le Bout-du-Monde, et cependant il semble encore plus riche que jamais. On dirait qu'il n'a d'autre pensée que de faire le bien; aussi vous pouvez croire qu'il est adoré de tout le pays.

— Permettez, monsieur Noël, reprit la jeune fille; il me semble qu'il y a dans vos paroles une grande contrac-diction; vous nous avez dit, je crois, que le père de mon-sieur Martin-Simon, ce jeune homme farouche qui avait paru tout à coup dans ces montagnes, avait une espèce de mendiant déguenillé. Comment se fait-il qu'après la mort de cet homme, qui avait épousé la fille d'un pauvre pâtre, leur héritier se soit trouvé assez fortuné pour exécuter la vaste entreprise dont vous parliez tout à l'heure?

— *Hoc opus, hic labor est*; bien peu de personnes peu-vent répondre à une pareille question, car le père et le fils ont été peu communicatifs. Ce qu'il y a de sûr, c'est que chaque année monsieur Bernard se rendait secrète-ment dans quelque ville voisine, et que, depuis sa mort, monsieur Martin-Simon a continué de faire de temps en temps des excursions hors du pays. On suppose que Gre-noble est le lieu ordinaire de ces voyages, qui se renou-vellent plus souvent qu'autrefois, depuis que le village du Bout-du-Monde a pris une extension considérable: et te-nez, aujourd'hui même, le bailli revient de l'une de ces promenades lointaines dont personne peut-être, excepté sa fille, ne connaît le véritable but.

— Tout cela est bien étrange, monsieur Eusèbe; mais est-on si enthousiaste des vertus de monsieur Martin-Si-mon qu'on ne se permette aucune supposition sur ses al-lures inexplicables?

Noël prit un air froid et grave.

— On est, comme vous pouvez le penser, répondit-il, très réservé sur tout ce qui touche le bienfaiteur com-mun; cependant, à ne vous rien cacher, on s'est demandé bien des fois où pouvaient ainsi aller le père et le fils. Les uns prétendaient que feu monsieur Bernard était un homme de haute naissance, qui, par dépit d'amour ou pour tout autre motif, avait cherché la solitude dans nos montagnes en cachant son nom et son rang. Après avoir mené quel-que temps dans la vallée du Bout-du-Monde cette vie sau-vage dont je vous ai parlé, il se souvient sans doute qu'il avait de grands biens dans un pays qui n'est pas très éloi-gné d'ici, et il se mit à en toucher régulièrement les re-venus. Quant au fils, il est probable qu'il a réalisé les biens de son père, et qu'il a employé une partie du pro-duit à bâtir le village où nous allons. Il est toujours cer-tain que jamais l'argent n'est aussi abondant et aussi fluide entre ses mains qu'après un de ces voyages, et vous-même vous avez pu observer aujourd'hui que la valise du bailli paraissait bien pesante... Pour ce qui est des au-tres fables que l'on débite sur l'origine de sa fortune, continua le magister de l'air de la plus parfaite indiffé-rence, il n'est pas nécessaire d'en parler.

Les deux jeunes gens ne remarquèrent pas l'expression forcée d'insouciance dont leur guide accompagna ces der-nières paroles.

Ce récit, dont nous avons omis à dessein les interrup-tions les moins importantes, et dont nous avons élagué surtout de nombreuses citations de Virgile, avait absorbé toute leur attention, et ils étaient arrivés, presque sans s'en apercevoir, à l'endroit où le chemin s'enfonçait de nouveau dans les montagnes. Au moment de quitter la pittoresque vallée qu'ils avaient côtoyée jusque-là, Mar-cellin jeta machinalement un regard en arrière. Tout à coup il pâlit et il serra convulsivement la bride de son cheval.

— Nous sommes perdus, murmura-t-il, on nous pour-suit!

A quelques centaines de pas du lieu où ils se trouvaient, trois cavaliers s'avançaient vers eux aussi rapidement que le permettaient les difficultés du chemin: c'étaient Miche-lot et les deux soldats de la maréchaussée, qui avaient mis à profit le temps perdu par les voyageurs.

IV

LE ROI DU PELVOUX.

En acquérant la certitude qu'ils étaient poursuivis, le chevalier de Peyras et mademoiselle de Blanchefort furent très alarmés.

— Holà! maître d'école, demanda Marcellin à Noël, où conduit ce chemin?

— Au village du Bout-du-Monde, monsieur.

— Et nulle autre part?

— Nulle autre part.

— C'est bien à nous qu'ils en veulent, dit le chevalier en regardant Ernestine avec consternation, et, qui plus est, ils nous ont vus.

— Marcellin! s'écria la jeune fille avec désespoir, ils vont s'emparer de moi et me ramener à mon père... Je ne supporterai jamais une pareille honte... Tuez-moi par pitié, tuez-moi!

Le chevalier examina rapidement les localités afin de reconnaître si elles ne lui présenteraient pas quelques moyens d'échapper à ses ennemis. Mais il s'aperçut aussitôt de l'inutilité de ses recherches; à droite et à gauche s'élevaient des rocs escarpés, devant lui s'enfonçait en serpentant le chemin ou plutôt le sentier qui conduisait chez Martin-Simon.

— Monsieur le maître d'école, reprit-il avec une grande présence d'esprit, combien y a-t-il d'ici au village?

— Virgile a dit...

— Répondez! s'écria impérieusement le jeune homme en regardant par-dessus son épaule les cavaliers qui gagnaient du terrain.

— Une demi-lieue environ.

— Vous pouvez la faire en une demi-heure... Allez bien vite annoncer à monsieur Martin-Simon que le moment est venu de nous donner les secours efficaces qu'il nous a promis... On nous poursuit, vous le voyez.

— Eh! que voulez-vous qu'il fasse contre les cavaliers de la maréchaussée? demanda naïvement le magister.

— Se serait-il donc vanté d'un pouvoir qu'il n'a pas? s'écria le chevalier avec un mélange de terreur et de colère; n'importe, partez vite... et vous, Ernestine, suivez cet homme. Je vais tâcher de les retenir ici pendant quelques instans, et peut-être les secours arriveront-ils à temps pour moi-même.

— Marcellin! s'écria la jeune fille avec énergie, je ne vous quitterai pas. Si nous devons retomber entre leurs mains, de grâce, ne tentez aucune résistance. Marcellin, songez...

— Eh bien! drôle, vous êtes encore là? dit le chevalier avec colère en levant son fouet sur le pauvre maître d'école, qui restait tout ahuri au bord du chemin. Allez dire à celui qui nous a conduits ici qu'il arme tout le village et qu'il vienne bien vite à notre aide.

Eusèbe se décida à s'enfuir de toute sa vitesse, autant pour échapper aux mauvais traitements dont le menaçait l'impétueux jeune homme que pour remplir sa mission.

— Suivez-le! s'écria Peyras d'un ton suppliant; au nom du ciel, Ernestine, laissez-moi seul ici. Votre présence embarrassera mes mouvemens et m'ôtera tout mon courage.

— Je reste, murmura la jeune fille; oubliez-vous, Marcellin, que rien ne peut nous séparer désormais?

Pendant ce rapide dialogue, ils pressaient leurs montures autant que possible, et le chevalier de Peyras regardait toujours autour de lui si les localités ne seraient pas plus favorables qu'auparavant au projet de fuite qu'il méditait. Malheureusement, plus on avançait plus la contrée devenait rude et difficile. Les voyageurs se trouvaient en ce moment sur une espèce de corniche, bordée d'un côté par une montagne à pic, de l'autre par un abîme profond, célèbre dans le pays sous le nom de *gouffre de la Grave*, et dont la vue seule donnait le vertige; il semblait impossible que les poursuivans et les poursuivis ne fussent pas avant peu côte à côte.

Michelot et ses acolytes gagnaient en effet du chemin; bientôt les jeunes gens furent à portée d'entendre la voix du procureur qui disait avec colère:

— Ce sont eux, je garantis que ce sont là les drôles qui se sont si bien moqués de moi hier au soir... Mais cette fois ils ne m'échapperont pas! Je n'ai plus de fièvre, quoique ce frocard de moine ait cherché à me persuader le contraire, et il ne sera pas facile de me donner le change.

Ces paroles prouvaient que le procureur n'était pas aussi bien instruit qu'on l'avait craint, et qu'il avait seulement des soupçons. Aussi Marcellin eut-il la pensée de payer d'audace et d'affronter un interrogatoire. Mais il connaissait trop bien de réputation la perspicacité de maître Marcellin pour essayer de ce moyen à moins d'y être rigoureusement forcé, surtout lorsqu'il entendit un des cavaliers de la maréchaussée dire avec rudesse:

vous avez remarqué, monsieur, que celui qui les

accompagnait à pied s'est mis à détaler lestement dès qu'il nous a aperçus?... Cela est louche. Que ces gens-là soient ou non ceux que vous cherchez, il faut que nous leur voyions un peu le blanc des yeux. Ils m'ont tout l'air de gibier de prison, avec leur cache-fripon et leurs chapeaux rabattus! — Puis élevant la voix, il s'écria avec force: — Holà! messieurs, un moment, je vous prie; on a un mot à vous dire de ce côté.

Les fugitifs ne se retournèrent pas et continuèrent leur route, comme si le bruit des pas des chevaux sur le rocher les avait empêchés d'entendre cet ordre.

— Au nom du ciel! Ernestine, reprit Peyras à demi-voix, ne vous obstinez pas à rester ici; à quoi vous servira ce dévouement mal entendu? Croyez-vous que si nous tombons entre leurs mains, leur premier soin ne sera pas de nous séparer? Consentez à prendre un peu d'avance pendant que je les arrêterai ici. Ne craignez pas que l'on m'entraîne hors du pays avant qu'on se soit assuré de vous; Michelot n'est pas homme à se contenter de la moitié de sa proie; en me reconnaissant, il vous devinera sous votre déguisement, il se mettra à votre poursuite, et pendant ce temps on pourra venir à notre secours.

Ces paroles décidèrent enfin mademoiselle de Blanchefort à prendre le seul bon parti que pouvaient suggérer les circonstances.

— Je cède, Marcellin, dit-elle avec émotion; je cours au-devant de notre ami le montagnard; mais, par grâce, pas de violence!

— Partez, partez, répéta le chevalier.

Ernestine lança son cheval en avant, tandis que Marcellin ralentissait l'allure du sien. Au détour du sentier, elle adressa un signe mélancolique au jeune homme et disparut rapidement.

Dès qu'ils s'aperçurent de cette manœuvre, les autres poussèrent des cris de menace et ordonnèrent impérieusement aux fugitifs d'arrêter. Tout à coup Marcellin, comme s'il eût voulu obéir à cet ordre, fit volte-face, se plaça de manière à barrer le chemin, et tirant un pistolet de sa ceinture, il cria aux gens de justice, qui n'étaient plus qu'à une courte distance:

— Si vous avancez d'un pas de plus, vous êtes morts!

Cette menace, faite d'un ton ferme et qui annonçait une sérieuse détermination, n'eût peut-être pas suffi pour intimider les cavaliers de la maréchaussée, mais elle eut un plein effet sur le procureur, qui mit la bride à son cheval et ordonna aux gendarmes de l'imiter.

— A quoi pense cet écervelé, s'écria Michelot, d'oser ainsi résister à la force publique? Voyons, mon garçon, pas de folle témérité consentez seulement à répondre franchement à nos questions, et je vous promets qu'on ne sera pas trop sévère pour vous, dans le cas où vous ne vous trouveriez pas tout à fait en règle avec la loi.

Certes, le procureur était de bonne composition, mais le chevalier ne crut pas qu'il fût temps encore d'en venir aux explications. Il jeta un regard rapide derrière lui, et répéta de sa voix menaçante:

— Si vous faites un pas de plus, vous êtes morts!

Le procureur, dont le visage pâle et les vêtemens en désordre rappelaient encore la terrible secousse de la veille, se redressa tout à coup sur sa selle, ses joues se colorèrent.

— Par tous les diables! s'écria-t-il gaiement, je connais cette voix! ou je me trompe fort, ou ce sacripant-là n'est autre que le chevalier de Peyras.

— En avant, donc! dirent les gendarmes.

Mais au premier mouvement qu'ils firent pour lancer leurs chevaux, Michelot vit la gueule du fatal pistolet se tourner vers lui.

— Un moment, un moment, s'écria-t-il avec effroi; le chevalier a mauvaise tête, et il le ferait comme il le dit... Laissez-moi parlementer avec lui et essayer les moyens de persuasion avant d'en venir aux extrémités.

Les gendarmes se décidèrent avec répugnance à rester immobiles. Le procureur toussa et prit un air majestueux, comme pour faire un long discours devant une cour de justice.

— J'espère que monsieur le chevalier, dit-il en s'inclinant, comprendra l'inutilité de la résistance, et qu'il ne m'obligera pas à employer, pour m'emparer de sa personne, comme j'y suis autorisé, des moyens qui me répugnent autant qu'à lui. Je puis assurer monsieur le chevalier qu'il sera traité avec toute la déférence que mérite un homme de sa condition.

Le procureur se tut et attendit une réponse; Marcellin resta dans la même attitude et répéta du même ton qu'auparavant :

— Si vous faites un pas de plus, vous êtes morts?

— Voilà une assez sotte logique, dit le légiste en s'agitant avec anxiété sous l'arme redoutable dirigée contre lui ; mais voyons, monsieur de Peyras, cessez de pareilles bravades ; je sais bien que vous êtes incapable de faire du mal à un honnête homme qui remplit son devoir.

— Vous un honnête homme? s'écria Marcellin d'une voix irritée. N'est-ce pas vous qui avez détourné monsieur de Blanchefort, votre patron, de me donner sa fille. Si j'ai été obligé de m'enfuir avec celle que j'aime, n'est-ce pas vous qui en êtes cause, vous que je trouve maintenant porteur d'un ordre pour m'arrêter? Prenez garde, Michelot, d'éveiller trop vivement mes souvenirs, car votre vie ne tient plus qu'à un mouvement de ma main !

Les injures parurent produire moins d'impression sur Michelot que le pistolet toujours braqué sur lui. Il tremblait qu'un mouvement convulsif du chevalier ne fît partir la détente, et de grosses gouttes de sueur perlaient sur son front. Il n'osait pas donner l'ordre aux agens de la force publique de faire leur devoir ; mais il n'eût pas été fâché qu'ils prissent l'initiative ; les gendarmes le comprirent.

— Il faut en finir, dit l'un d'eux en détachant la carabine suspendue à l'arçon de sa selle.

Son camarade l'imita, et au même instant, comme pour ne pas être en reste de moyens de défense, Marcellin releva son manteau, qui pouvait l'embarrasser dans la lutte, saisit entre ses dents la bride de son cheval, et arma sa main gauche d'un second pistolet.

Les cavaliers de la maréchaussée regardèrent tranquillement ces démonstrations menaçantes ; mais le procureur, se glissant à bas de son cheval, se mit à couvert derrière sa monture.

— Au nom du roi, bas les armes et retirez-vous!

Marcellin ne pouvait parler, mais il agita ses pistolets d'an air de défi.

Le sang allait être versé peut-être, lorsqu'une troupe de montagnards parut tout à coup dans le défilé, et une voix forte et impérieuse s'écria derrière Marcellin :

— Bas les armes, tous! malheur à celui qui portera le premier coup!

Cet ordre était donné par une personne qui semblait avoir l'habitude de commander. Les cavaliers redressèrent leur carabine, Peyras plaça un de ses pistolets à sa ceinture, sans abandonner l'autre qu'un reste de précaution, et tous regardèrent la troupe qui s'avançait rapidement vers eux. Le procureur se montra fièrement au milieu du chemin dès que la guerre parut un moment suspendue.

Le personnage qui intervenait si à propos pour Marcellin n'était autre que Martin-Simon. Il était à pied, et il portait le costume que nous connaissions déjà ; seulement, il avait remplacé son manteau de voyage par un de ces petits collets noirs qui étaient alors le signe de l'autorité dans les campagnes, comme aujourd'hui l'écharpe municipale.

Mais le digne homme avait douté peut-être de l'efficacité de ce vêtement officiel, car il avait pris soin de se faire accompagner par une vingtaine de robustes paysans, qui n'avaient pour armes que des bâtons ferrés et quelques outils de labourage, mais qui n'en paraissaient pas moins de force à exécuter les ordres de leur chef.

À la vue de ce renfort, le chevalier de Peyras se décida

à mettre pied à terre; se croyant sauvé, il alla au-devant de Martin-Simon, et lui tendit la main pour le remercier du secours qu'il lui portait. Mais, à son grand étonnement, son protecteur repoussa sa main et s'avança gravement vers le procureur, qui l'attendait avec non moins de gravité.

— Monsieur, dit Michelot, dès que Martin-Simon fut à deux pas de lui, si vous êtes, comme vous le paraissez, l'officier de justice de cette localité, je vous somme de me prêter main-forte pour.... Miséricorde! s'interrompit-il brusquement, c'est mon homme d'hier au soir, c'est le complice du chevalier!

— Oubliez ce que j'étais hier au soir, dit le montagnard avec dignité ; aujourd'hui je suis le bailli du village du Bout-du-Monde, sur les terres duquel nous nous trouvons, et j'ai le droit de vous demander en vertu de quel mandat vous agissez?

— Ah! c'est vous?... dit Michelot en souriant sans répondre immédiatement à la question qui lui était adressée. Eh bien! confrère, sans rancune ; on ne pouvait vous forcer de répondre aux questions que je vous adressais, et si j'avais deviné que vous étiez de l'état... Mais, enfin, n'en parlons plus. Aujourd'hui, je suis dans mon droit en arrêtant le chevalier de Peyras, en vertu d'un ordre dont je suis porteur, et vous requiers de me prêter votre assistance.

— Sans doute, monsieur, je ne vous la refuserai pas si votre mandat est en règle. Je vous prie donc de me le montrer, après quoi nous pourrons agir de concert.

Le chevalier fronça le sourcil.

— Auriez-vous la pensée de m'abandonner? murmura-t-il à l'oreille de Martin-Simon. Vrai Dieu! vous êtes-vous joué de moi?

Le bailli du Bout-du-Monde prit gravement le papier que lui tendait Michelot, le parcourut d'un coup d'œil, et le rendit en souriant.

— Je m'en doutais, reprit-il, ce mandat n'est pas en règle, et je ne souffrirai pas qu'on l'exécute sur le territoire de ma juridiction.

Michelot se troubla ; il savait mieux que personne ce qui manquait au mandat, mais il avait espéré en imposer à un pauvre juge de village, et il s'écria du ton d'une fausse colère :

— Que signifie ceci, monsieur le bailli? me croyez-vous assez ignare, moi, procureur près du présidial de Lyon et un des plus anciens du métier, pour me charger d'un ordre qui ne serait pas dans les formes voulues par la coutume de Bordeaux? Vous avez mal lu sans doute; examinez donc, rien n'est plus clair « Ordre à maître Théobalde-Ignace Michelot, à ce délégué par les présentes, d'arrêter partout où il les trouvera la demoiselle Ernestine de Blanchefort et le chevalier Marcellin de Peyras... mandons et ordonnons, etc. » Que diable! il n'y a rien à dire, et prenez garde, monsieur le bailli, à la responsabilité qui pèsera sur vous si vous m'empêchez de me saisir de la personne de monsieur de Peyras, ou si vous donnez asile et protection à mademoiselle de Blanchefort !

Malgré l'assurance de Michelot, Martin-Simon ne parut pas ébranlé.

— Il ne sera pas si facile que vous le pensiez peut-être, reprit-il avec malice, de me faire prendre le change, maître Michelot. Hier au soir, à l'hospice du Lautaret, je n'avais pas qualité pour m'informer de quel droit un simple procureur tel que vous se trouvait chargé d'opérer des arrestations, et j'ai dû recourir à la ruse pour protéger ceux que vous poursuiviez ; aujourd'hui, il n'en est plus de même, et si vous êtes un aussi habile homme de loi que vous le dites, vous ne devez pas ignorer que ce mandat d'amener est seulement exécutoire sur le territoire du ressort du présidial de Lyon ; que hors ce territoire il est de nul effet ; qu'enfin, pour qu'il soit valable ici, dans le Dauphiné, sur les terres du bailliage du Bout-du-Monde, il faut au moins qu'il soit muni du *pareatis* du président du parlement de Grenoble, dont nous ressortissons ; et vous avez traversé Grenoble si vite, mon pauvre confrère, que vous avez oublié de remplir cette indispensable formalité.

Plusieurs fois Michelot, dans le cours de son voyage, s'était reproché l'oubli que le bailli relevait avec tant de justesse ; cependant il ne voulut pas encore se déclarer battu.

Nous savons déjà qu'il était tout à la dévotion du lieutenant criminel, et dans une affaire où son patron se trouvait personnellement intéressé, il croyait devoir montrer trois fois plus de zèle et de constance que dans les cas ordinaires. Aussi semblait-il bien disposé à ne lâcher prise qu'à la dernière extrémité.

— Le *pareatis* du président du parlement de Grenoble n'est pas nécessaire dans l'espèce ! s'écria-t-il avec résolution ; dans le cas d'urgence, on peut se passer du visa de l'autorité judiciaire sur le ressort de laquelle s'opère l'arrestation, sauf à remplir cette formalité plus tard, après que l'ordre a eu son effet. *Ergo*, je vous somme encore une fois de me prêter aide et assistance.

— Et moi je ne souffrirai pas qu'une illégalité s'accomplisse sous mes yeux, répliqua Martin-Simon en s'animant à son tour ; ni vous ni les gens qui vous accompagnent ne porterez la main sur ce jeune homme, tant que vous n'aurez pas montré des pouvoirs qui vous y autorisent suffisamment. *Ergo*, je vous déclare que je repousserai la force par la force, si vous tentez aucune violence sur le chevalier de Peyras ou sur toute autre personne, désignée par votre mandat, qui se trouverait sur les terres de ma juridiction.

En même temps il se rapprocha de ses compagnons, qui semblaient bien résolus à charger Michelot et ses agens sur un signe de leur maître. Le procureur était fort embarrassé ; il se retourna vers les gendarmes, comme pour les consulter. En ce moment, Marcellin prit la main du bailli par un mouvement chaleureux.

— Je vous avais mal jugé, murmura-t-il, et vous avez loyalement tenu votre parole. Mais, de grâce, dites-moi ce que fait Ernestine ?

— Elle est en sûreté près de ma fille, à qui il a bien fallu révéler son sexe ; vous allez la revoir ; souvenez-vous seulement que, vis à vis de Margot, vous devez passer pour frère et sœur jusqu'à nouvel ordre.

Il fut interrompu par Michelot, qui l'entraîna à l'écart d'un air mystérieux et lui dit avec une bonhomie affectée :

— Voyons, bailli, ne nous cherchez pas de mauvaises chicanes ; puis un colloque vif, mais toujours à voix basse, s'engagea entre eux. Au bout de quelques minutes, ils revinrent vers les spectateurs, et on jugea à l'expression triomphante de ces deux satanés jeunes gens, que l'on ne trouvera moyen de vous faire payer cher un ridicule entêtement... ce qui est sûr, continua-t-il plus bas, que l'on ne regretterait pas une centaine de pistoles pour vous décider à fermer les yeux sur le vice de formalité que vous reprochez au mandat. — Le bailli sourit d'un air de dédain, et il se mit à parler à son tour d'une voix si basse, que ceux qui se trouvaient le plus près des interlocuteurs ne purent entendre un seul mot. Cependant on remarqua bientôt que le plus profond étonnement se peignait sur les traits du procureur à mesure qu'il écoutait Martin-Simon ; puis un colloque vif, mais toujours à voix basse, s'engagea entre eux. Au bout de quelques minutes, ils revinrent vers les spectateurs, et on jugea à l'expression triomphante de leurs visages que leur querelle était terminée à la satisfaction des deux partis. Le chevalier regarda encore son champion d'un air de défiance, mais sa crainte ne fut pas de longue durée. — Messieurs, dit le procureur aux gendarmes, qui attendaient l'issue de cette scène, le vice de forme qui vient d'être découvert dans mes pouvoirs, et certaines explications que m'a données monsieur le bailli du village du Bout-du-Monde, me décident à renoncer à l'exécution du mandat dont je suis porteur. Vous pouvez vous retirer à votre résidence ; je prends sur moi toute la responsabilité de cette mesure, et, en signe

de réconciliation, j'accepte l'hospitalité que le roi du Pelvoux a daigné m'offrir.

Cette résolution était si inattendue, que les cavaliers ne pouvaient y croire. Ils firent quelques difficultés avant de déférer aux ordres du procureur ; mais deux ou trois louis que Martin-Simon leur glissa dans la main, et une décharge positive que Michelot leur écrivit au crayon, sur une pierre voisine, les satisfirent pleinement ; alors seulement ils n'hésitèrent plus à tourner bride.

Les montagnards poussèrent un bruyant hourra qui fit retentir l'écho des rochers. Marcellin ne revenait pas de sa surprise, et il ne pouvait comprendre comment ce modeste fonctionnaire de village était parvenu à apaiser si subitement la colère son persécuteur acharné. D'un autre côté, la présence de Michelot lui était peu agréable, et il cherchait à deviner quels motifs avaient pu décider Martin-Simon à le retenir.

Le procureur remonta à cheval pour se rendre au village, comme il y avait été invité. Le roi du Pelvoux allait donner le signal du départ, lorsque Marcellin lui dit à voix basse :

— Je sais, monsieur, que vous aimez à agir à votre guise, et je commence à croire que c'est toujours pour le bien... Cependant, continua-t-il en jetant un regard de haine sur Michelot, il m'est permis de vous demander pourquoi vous comptez réunir sous le même toit, ne fût-ce que pour un moment, ce légiste intrigant et nous ?

— Comme vous l'avez dit, jeune homme, répondit le bailli en riant, j'agis toujours à ma guise ; mais consolez-vous, bientôt tous les mystères seront éclaircis. En attendant, je vous demande de ne pas brusquer le procureur tant que vous serez ensemble chez moi, car je lui ai promis qu'il ne lui serait fait aucune injure ; et, s'il faut absolument vous donner une explication de ma conduite, je puis avouer déjà que je compte trouver en lui l'agent le plus actif et le plus dévoué à vos intérêts.

— Lui ! Michelot ? celui qui tout à l'heure encore a ordonné de tirer sur moi ? celui qui a empêché mon mariage en révélant à monsieur de Blanchefort le chiffre de mes dettes et en me calomniant auprès de lui ?

— Eh bien ! reprit Martin-Simon tranquillement, j'ai résolu qu'il serait un des témoins de votre mariage, et il le sera, vous verrez.

Puis, sans paraître s'apercevoir de l'étonnement qui se peignait sur le visage du chevalier, il se tourna vers les montagnards, leur dit quelques mots en patois du pays, et l'on se mit en marche aussitôt.

La route que l'on suivit était âpre, rocailleuse, et s'élevait insensiblement vers le haut pays. Cependant elle conservait une largeur suffisante, et les ornières dont elle était parallèlement sillonnée prouvaient qu'elle était fréquentée par des chariots pesans. C'était en effet la seule voie de communication que le village semblait avoir avec les vallées voisines, et il était facile d'apprécier à chaque instant les travaux immenses qu'il avait fallu pour la rendre praticable. Martin-Simon, ou le roi de Pelvoux, puisque c'était l'un des noms que l'on donnait à ce mystérieux personnage, marchait à pied entre Peyras et Michelot, qui semblaient par un consentement tacite avoir oublié leur querelle récente, et il leur faisait remarquer avec complaisance les merveilles d'art, de patience et de courage qu'ils rencontraient à chaque pas. Là on avait dû combler un abîme ; de ce côté on avait construit un pont sur un torrent écumeux ; plus loin, il avait fallu faire sauter un rocher énorme qui barrait le passage. Ce qu'avait coûté ce chemin d'un quart de lieue de longueur était incalculable, eu égard à la solitude et au peu de ressources du pays.

Bien que ni Peyras ni l'homme de loi n'eussent peut-être l'esprit assez libre pour admirer ces remarquables travaux comme ils le méritaient, ils répondaient de temps en temps par des monosyllabes ou des signes polis aux observations de leur hôte. Ils ne s'adressaient pas directement la parole, il est vrai, mais leur contenance à tous les deux était plutôt pensive que menaçante, et on pouvait croire qu'il ne s'élèverait plus aucune altercation violente entre eux, si quelque circonstance inattendue ne venait réveiller l'ancienne querelle.

On gravit ainsi les premiers contre-forts des montagnes centrales, et on se trouva de nouveau devant un col ou défilé qui s'enfonçait entre deux rochers couverts de broussailles. Les deux rochers étaient si escarpés et si rapprochés l'un de l'autre qu'ils formaient comme les montans d'une porte gigantesque, ce qui avait donné l'idée de les réunir vers leur base par des troncs d'arbres à peine équarris en forme de traverse. Des pieux énormes, enfoncés dans le sol, achevaient cette clôture grossière, à laquelle étaient pratiqués des battans assez larges pour laisser passer deux chariots de front. C'était l'entrée de la petite vallée du Bout-du-Monde ; et telle était la disposition des lieux, que cette porte, comme celle de la grande chartreuse, pouvait seule donner accès dans une enceinte protégée de tous les autres côtés par des montagnes inaccessibles.

Mais ce fut seulement après avoir franchi ce portique, dont la nature avait presque fait tous les frais, que la beauté et la majesté du spectacle attirèrent l'attention des voyageurs. Bien que le défilé ne fût ni aussi long ni aussi sombre que celui du Lautaret, il y régnait une obscurité qui faisait ressortir davantage le charme prestigieux de la vallée située en perspective. On eût dit d'un de ces brillans tableaux de panoramas, pleins de vigueur et de soleil, vus à travers des masses d'ombre, à l'extrémité d'un couloir disposé exprès pour ajouter à l'illusion. Cette vallée n'avait pas les vastes dimensions de celle qui avait si vivement frappé les voyageurs quelques heures auparavant ; mais elle était plus fraîche, plus verte, plus riante, et d'autant plus admirable qu'elle contrastait avec les pics, les glaciers, les cônes imposans qui l'entouraient de toutes parts. C'était un ravissant parterre anglais au milieu de ces effrayantes masses de granit, un paradis terrestre où tout semblait être parfum, harmonie et bonheur. Des champs d'orge et de seigle, des vergers remplis d'arbres fruitiers, de verts pâturages, tranchaient sur les teintes graves et sur les neiges éblouissantes des montagnes. Au centre s'élevait le village, dont chaque maison blanche et gaie, avec son petit jardin et ses terrasses, semblait être un palais, auprès des chaumières misérables qu'habitaient les montagnards des contrées d'alentour. L'église élevait son mince clocher d'ardoise au niveau d'un énorme rocher qui, protégeant les habitations contre la chute des avalanches, dominait les autres constructions. Tout cela était perdu dans des massifs de feuillage que dorait le soleil ; la vallée entière ressemblait assez à une corbeille de verdure et de fleurs.

Martin-Simon jouit un moment de l'étonnement et de l'enthousiasme de ses hôtes.

— C'est moi qui ai créé ce petit monde que vous voyez, dit-il avec l'accent d'une profonde satisfaction ; c'est moi qui ai rendu productifs ces rocs stériles, qui ai peuplé cette sauvage solitude, qui ai fait un asile sûr pour l'homme dans ce climat inhospitalier... Le jour où mon père mit le pied dans ce coin abandonné du monde, il n'y trouva pour habitans qu'un pâtre en haillons et des chamois.

Il s'arrêta comme s'il eût craint d'en trop dire ; les deux étrangers le regardèrent avec admiration.

— Il faut que vous ayez été riche pour accomplir tant de merveilles ! s'écria le procureur.

— Et bien hardi pour oser les entreprendre ! dit le chevalier de Peyras.

Le roi du Pelvoux hocha la tête d'un air pensif.

— Il a fallu peut-être à la fois richesse et courage, reprit-il, et peut-être a-t-il fallu autre chose encore... On m'a souvent accusé de sorcellerie, et en vérité je ne sais s'il n'y en a pas un peu dans l'histoire de ce petit pays... Mais passons, messieurs ; vous aurez le temps d'examiner en détail les merveilles de notre vallée. Je compte vous y retenir pendant quelques jours, monsieur de Peyras ; et

vous, monsieur le procureur, ce ne sera pas aujourd'hui la dernière fois que vous viendrez la visiter.

— *Quis nous hic nostris successit sedibus hospes!* murmura une voix mélancolique.

Martin-Simon tressaillit et jeta un regard inquiet sur le maître d'école, qui était à quelques pas de lui, appuyé contre un rocher. Ces paroles de mauvais augure semblèrent l'affecter péniblement, dans un moment où il avait sans doute quelque triste pressentiment de l'avenir, et il doubla le pas en silence.

V

LE RÉMOULEUR.

Si le village du Bout-du-Monde offrait, vu d'une certaine distance, un aspect qui eût délicieusement ému le poëte et l'artiste, il avait aussi, vu de près, un air de propreté, d'aisance et même de richesse qui n'eût pas moins charmé un homme positif et ami du *comfortable*, suivant l'expression toute moderne empruntée aux Anglais. Chaque maison, soigneusement blanchie, isolée par des bouquets d'arbres, et dont le toit d'ardoises se cachait dans le feuillage, s'élevait de un ou deux étages, suivant l'importance de la famille qui l'occupait. Rien n'y rappelait à la pensée, comme nous l'avons dit, cette misère profonde qui ronge aujourd'hui les habitans des Alpes françaises ; tout y dénotait au contraire l'abondance, le bien-être et la paix. Les habitans, proprement vêtus dans leur simplicité, avaient un air calme et content quoique grave ; il semblait qu'une divinité bienfaisante eût pris sous sa protection cet Éden en miniature conquis sur le désert.

Mais ce qui frappait surtout les voyageurs, c'était le profond respect et en même temps la tendre affection que les habitans du village, sans exception, témoignaient à Martin-Simon. Les petits garçons qui jouaient sur le bord du chemin s'interrompaient dans leurs joyeux ébats pour le saluer ; les jeunes filles lui adressaient leur plus belle révérence et leur plus gracieux sourire ; les hommes ôtaient leur bonnet montagnard d'aussi loin qu'ils apercevaient le bailli, et quelques vieillards, à qui par déférence pour leur âge il serra la main en passant, semblaient plus fiers de cette faveur que de leurs beaux cheveux blancs qui tombaient en boucles argentées sur leurs épaules. On n'avait pas exagéré le pouvoir de Martin-Simon dans le village qu'il avait fondé : c'était un roi, que l'on respectait comme un père, que l'on aimait comme un ami. Tous ces hommages, à en juger par l'empressement qu'on mettait à les rendre, étaient volontaires et résultaient d'une reconnaissance sans cesse avivée par de nouveaux bienfaits. Il y avait des gens qui, des hauteurs avoisinant le village, à une distance d'un quart de lieue, se croyaient obligés d'ôter leur bonnet à la vue de Martin-Simon, comme ceux qui se trouvaient à quelques pas de lui.

De son côté, le roi du Pelvoux regardait d'un œil paternel les braves paysans qui accouraient pour le saluer après une absence de quelques jours. Il avait pour chacun d'eux un sourire, un geste bienveillant, une parole amicale ; il paraissait satisfait d'eux comme ils paraissaient satisfaits de lui, et tous les habitans du village formaient une grande famille dont il était le patriarche.

Ces observations frappèrent si vivement le chevalier, qu'il oublia un instant sa haine pour Michelot, son voisin, et qu'il lui dit à voix basse :

— Cet homme est vraiment un magicien ; ce pouvoir est presque surnaturel.

— Vous n'êtes pas à bout de ses prodiges, répondit le

procureur en souriant malicieusement; mais il m'a fait promettre le secret.

On arriva dans la maison même de Martin-Simon. Elle s'élevait près de l'église, adossée à l'immense rocher qui préservait le village de la chute des avalanches dans la mauvaise saison. Elle était un peu plus grande que les autres, mais elle ne semblait ni plus somptueuse ni plus élégante. La façade s'ouvrait sur une espèce de petite place taillée presqu'entièrement dans le roc et qui servait de lieu d'assemblée le dimanche aux habitans du vallon. De chaque côté de la façade, une muraille qui atteignait la hauteur du premier étage soutenait une terrasse sur laquelle prospéraient de beaux arbres fruitiers. Le roc lisse et poli dominait, par derrière le bâtiment, la terrasse, les arbres, et s'élançait perpendiculairement comme une immense tour.

La plupart de ceux que l'on avait rencontrés en traversant le hameau, soit par curiosité, soit pour faire honneur à leur bailli, avaient suivi le cortége; aussi, lorsque l'on arriva devant l'habitation, cette troupe nombreuse produisit-elle sur la place un tumulte inaccoutumé. Aussitôt la porte de la maison s'ouvrit, et une grande jeune fille brune, aux dents blanches, aux yeux bleus, à la physionomie douce, mais froide, parut sur le seuil. Tous les gens du pays portèrent la main à leur chapeau.

— Voici ma fille, dit Martin-Simon avec complaisance, en désignant la jeune villageoise aux voyageurs, voici ma bonne Margot!

Les traits de Marguerite Simon étaient corrects et réguliers, quoique hâlés par l'action du soleil et du grand air. Ses proportions étaient nobles, et en général toute sa personne attestait cette pureté de sang, cette vigueur de constitution qu'on admire tant dans les femmes du Piémont et de la Savoie. Elle avait un air sérieux et réfléchi qui séyait merveilleusement à son visage; son port était grave, presque majestueux, et l'on savait dans le pays que son caractère ne démentait pas sa physionomie. On disait qu'elle était bonne et compatissante pour les autres, mais d'une inflexibilité dans ses principes qui allait jusqu'au puritanisme; elle parlait peu, mais chacune de ses paroles était frappée au coin de la raison et de la vérité. De plus, Marguerite, ou Margot, comme son père l'appelait familièrement, joignait à toutes ces belles qualités des natures primitives une instruction solide que lui avait donnée le pauvre magister si enthousiaste de Virgile, et un jugement sûr qu'elle tenait de Martin-Simon.

Son costume était simple et sans ornemens. Elle portait un casaquin de bure brune, dont le jupon court, rayé de rouge et de noir, laissait voir ses bas à coins brodés. Elle avait sur la tête un de ces chapeaux de paille qu'ont si étrangement embellis les bergères d'opéra, et qui dans sa simplicité ne manquait pas de grâce. Mais rien dans son extérieur ne révélait cette coquetterie qu'on pardonne si volontiers aux jeunes filles. Marguerite ne semblait pas se douter qu'elle était belle et que l'arrangement des plus simples vêtemens pouvait ajouter quelque chose à sa beauté. Elle était trop fière sans doute pour laisser soupçonner en elle ces frivoles instincts de femme, ou peut-être en était-elle dépourvue. Enfin, le caractère général de sa personne était plutôt la noblesse que la grâce et la naïveté.

Marguerite enveloppa les deux inconnus d'un regard pénétrant et rapide, pendant qu'ils descendaient de cheval, mais en voyant les yeux de Marcellin se diriger de son côté, elle rougit et baissa la tête. Martin-Simon courut à elle.

— Eh bien! demanda-t-il avec précipitation, est-il venu?

— Pas encore, mon père, murmura la jeune fille.

La figure de Martin-Simon s'éclaircit.

— Espérons qu'il ne viendra pas, reprit-il; sa présence nous gênerait singulièrement en ce moment... Mais, dis-moi, ma chère enfant, as-tu suivi mes ordres à l'égard de cette dame étrangère? as-tu pris soin qu'elle ne manquât de rien?

— J'ai fait de mon mieux, mon père; mais elle est bien inquiète au sujet de...

Elle s'arrêta et sembla chercher timidement quel était celui des deux voyageurs qui excitait les inquiétudes d'Ernestine.

— Enfin nous voici sains et saufs, reprit le roi du Pelvoux en souriant; je pense que toi aussi, ma chère Margot, tu avais à mon sujet des inquiétudes, mais te ne voudras pas en convenir, petite orgueilleuse... Allons, rassure-toi; tout s'est passé pour le mieux, et il est résulté de ce conflit que nous avons trois hôtes au lieu de deux.

En même temps il se détourna légèrement, comme pour présenter à sa fille les deux voyageurs, qui s'avançaient vers elle après avoir abandonné leurs chevaux à une espèce de domestique.

— Qu'ils soient les bienvenus l'un et l'autre dans notre maison, dit Marguerite en s'inclinant avec une dignité naturelle.

Michelot et surtout le chevalier se confondaient en politesses. Mais l'honnête Martin-Simon poussa doucement Marcellin vers sa fille, en disant avec familiarité:

— Allons, pas tant de cérémonies; nous sommes de bonnes gens, nous. Chevalier de Peyras, embrassez votre... embrassez Marguerite.

Le gentilhomme, attribuant aux mœurs simples en patriarcales du pays ce qu'il y avait d'insolite dans cette invitation, s'approcha de Marguerite avec toute la galanterie prescrite par la mode du temps en pareil cas, mais la jeune fille resta immobile. Elle ne fit pas un mouvement pour se prêter à la légère familiarité ordonnée par son père, en apparence avec si peu de convenance. Cependant lorsqu'elle sentit les lèvres du chevalier effleurer ses joues fraîches et brunes, un vif incarnat colora son visage, et elle se rejeta en arrière d'un air d'effroi.

Mais cette émotion fut courte, et personne n'eut le temps de la remarquer. Marguerite se hâta de rentrer dans la maison, et pendant que son père prenait congé des montagnards qui l'avaient accompagné jusqu'à l'endroit où il avait trouvé Peyras aux prises avec Michelot, elle introduisit ses hôtes dans la salle à manger, où un repas substantiel était préparé pour eux.

Cette salle, située au rez-de-chaussée, avait un aspect propre et gai, comme tout ce qui dépendait de cette charmante habitation. Le plancher en bois de sapin était frotté avec un soin extrême; les poutres du plafond étaient sculptées avec un goût bien supérieur à ce que l'on pouvait attendre dans ce village écarté. Les lambris, peints en blanc, avec une légère guirlande de fleurs qui courait le long des moulures, n'avaient pour ornement que deux médaillons à cadres dorés qui semblaient être des portraits de famille: l'un représentait un vieillard à mine triste et pensive, en costume de montagnard; l'autre, une femme à visage frais et vermeil, en costume de bergère, poudrée et la houlette à la main. Quelques chaises en paille ouvragée, et une grande table sur laquelle était étalée un joli service de faïence blanche et d'argenterie, complétaient l'ameublement de cette salle, où pénétrait l'air parfumé des montagnes à travers de fins rideaux de mousseline.

Les étrangers tombaient de surprise en surprise; ce luxe bien entendu, cette richesse modeste, ce bien-être qui se montraient en toutes choses autour d'eux, les ravissaient d'admiration. Mais à peine avaient-ils eu le temps d'examiner dans ses principaux détails l'élégante salle à manger de Martin-Simon, qu'une voix bien connue vint faire tressaillir le chevalier de Peyras.

— Marcellin! criait-on, est-ce vous? m'êtes-vous donc enfin rendu?

En même temps, une jeune fille, vêtue à peu près de la même manière que Marguerite, s'élança dans la salle, et, par un élan spontané plus fort que toute considération vint se jeter dans les bras de Marcellin.

Mademoiselle de Blanchefort, en empruntant à la fille

de son hôte les parties les plus importantes de sa toilette, avait tiré cependant de sa propre valise quelques effets plus mondains, qu'elle avait ajoutés aux autres ajustemens. Il était en résulté dans sa mise un charmant mélange de simplicité et de richesse, qui convenait parfaitement à sa figure pâle, à ses proportions délicates. Ses longs cheveux se déroulaient en boucles naturelles autour de sa tête nue, et si elle avait paru belle dans son équipage de cavalier, elle était vraiment charmante, maintenant qu'elle avait repris avec le costume de la femme ses grâces et sa touchante faiblesse.

Marcellin, en retrouvant sa jeune compagne, dont il avait pu se croire un moment séparé pour toujours, se montra plus froid peut-être qu'elle n'aurait dû s'y attendre.

— Ernestine, dit-il, je vous remercie d'avoir été si prompte à m'envoyer du secours. Sans cette promptitude, je ne sais ce qu'il fût advenu de moi.

— Hélas! ce n'est pas moi que vous devez remercier. Quand je suis arrivée ici, j'étais incapable d'agir et de parler; mais déjà Martin-Simon était averti par le maître d'école... C'est lui qui a tout fait, lui et sa généreuse fille.

En ce moment, elle leva les yeux sur Marguerite, qui, debout à quelques pas, les examinait avec une attention singulière.

Mademoiselle de Blanchefort saisit la main du chevalier et l'entraîna rapidement vers sa nouvelle amie.

— Le voici, dit-elle en souriant à travers ses larmes. Si vous saviez combien je l'aime!

— Si j'avais eu un frère, dit Marguerite avec mélancolie, je l'eusse aimé comme vous aimez le vôtre.

Ce mot de *frère*, qui rappelait l'erreur de Marguerite, troubla mademoiselle de Blanchefort, et elle baissa la tête d'un air de confusion. Le chevalier lui-même ne put s'empêcher de se sentir embarrassé devant la jeune montagnarde si austère et si pure. Celle-ci promena ses yeux de l'un à l'autre, ne comprenant pas ce qui avait pu, dans les paroles qu'elle avait prononcées, frapper si vivement ses auditeurs. Marcellin fut le premier à surmonter son embarras.

— Mademoiselle Marguerite croit donc, dit-il avec un accent qui tenait le milieu entre la simple galanterie et un sentiment plus sérieux, qu'il ne peut y avoir d'autre affection vive que celle d'un frère ou d'une sœur?

— Il y a encore celle d'un enfant pour son père et d'un père pour son enfant, répondit Marguerite de sa voix grave et ingénue à la fois.

Le chevalier se taisait en souriant.

— Mademoiselle, reprit-il enfin d'un ton gracieux, je croyais que vous étiez trop belle pour ignorer encore qu'il existe un autre sentiment dont vous ne parlez pas.

La fière Marguerite se redressa brusquement, jeta un regard irrité au chevalier, et sortit aussitôt de la salle.

— Vous l'avez fâchée, dit Ernestine avec dépit; ne pouviez-vous donc vous abstenir de galanteries?

Marcellin haussa les épaules.

— Elle n'est point fâchée, mais seulement effarouchée, reprit-il; c'est peut-être la première fois que cette jeune sauvage reçoit un compliment; il n'est pas mal qu'elle s'y habitue.

Mademoiselle de Blanchefort prit un air boudeur. En ce moment, Michelot, qui jusqu'alors s'était tenu à l'écart dans un coin de la salle, s'approcha d'elle et lui dit en s'inclinant profondément:

— Mademoiselle de Blanchefort est-elle donc si occupée de ses nouvelles connaissances qu'elle ne fasse plus attention aux anciennes?

En apercevant le procureur, Ernestine poussa un cri d'effroi, et s'avança vers le chevalier, comme pour implorer son appui.

— Encore lui! s'écria-t-elle; cet homme ici? Marcellin, vous m'avez trompée, tout danger n'est pas passé pour nous; cet homme nous perdra,

— Que Dieu le préserve de l'essayer! dit le chevalier avec menace.

Le procureur fut un peu décontenancé par cette vive expression de la haine d'Ernestine.

— Vous êtes cruelle pour moi, mademoiselle, dit-il avec amertume, et mon titre d'ami de votre père eût dû me mettre à l'abri d'une pareille injustice. Il est vrai que la mission que j'avais reçue de monsieur le lieutenant-criminel, mon digne patron, avait précisément pour but de contrarier vos projets; mais c'est avec une vive satisfaction que j'ai vu la possibilité d'arranger cette affaire suivant vos désirs et suivant ceux de monsieur de Blanchefort; je serai le premier à approuver un mariage qu'il aura sanctionné de son consentement.

Ces paroles si positives firent une vive impression sur les deux fiancés.

— Michelot, demanda le chevalier avec vivacité en se levant, parlez-moi avec franchise: est-ce que vous avez des raisons sérieuses de penser que nous obtiendrons le pardon de monsieur de Blanchefort, par l'intervention de notre mystérieux protecteur?

— Votre mystérieux protecteur vous assure que vous l'obtiendrez! s'écria gaiement Martin-Simon, qui rentrait en ce moment et qui avait saisi au bond ces dernières paroles; demain matin, monsieur Michelot retournera à Lyon avec une lettre pour monsieur le lieutenant lui-même, et dans quelques jours d'ici, c'est-à-dire après le délai rigoureusement nécessaire pour aller à Lyon et revenir, nous pourrons célébrer votre union dans l'église du Bout-du-Monde, de l'aveu même de ce père impitoyable.

— Oh! faites cela, monsieur, dit Ernestine avec chaleur; obtenez le pardon de mon père, et je vous bénirai toute ma vie!

Peyras était devenu pensif.

— Et vous ne pouvez, dit-il à Martin-Simon, me faire entrevoir les moyens que vous comptez employer pour vaincre une obstination que je sais presque invincible?

— C'est mon secret, dit le roi du Pelvoux en se frottant les mains; je vous dirai tout lorsque nous aurons réussi. Je suis habitué à ne supporter aucune contrariété; si je vous mettais dans ma confidence, vous trouveriez à mes projets une foule d'obstacles et de difficultés que je saurai bien surmonter. J'aime à rendre service, mais à ma manière, et il faut que ceux que je sers me laissent mon humeur, toute bizarre qu'elle leur paraisse.

En ce moment, Marguerite rentra suivie de deux domestiques. Martin-Simon posa rapidement un doigt sur sa bouche, et il invita les assistans à se mettre à table.

Une sorte de gêne régna parmi les convives pendant le repas. Marguerite, assise en face de son père, ne semblait avoir aucune autre préoccupation que celle de faire, avec une politesse froide mais attentive, les honneurs de la table. Ernestine était rêveuse, et le chevalier observait avec intérêt ce qui se passait autour de lui. Michelot seul tenait bravement tête au maître de la maison et pour la conversation et pour l'appétit.

Une place était restée vide au bas bout de la table, et Marcellin remarqua que le roi du Pelvoux tournait fréquemment les yeux du côté de la porte, comme si l'on eût attendu un nouveau convive. Il en fit l'observation à son hôte, qui répondit négligemment que cette place était réservée au maître d'école, son commensal ordinaire; mais que sans doute ce jour-là quelque distraction avait fait oublier au vieux pédagogue l'heure du dîner, à moins que la présence des étrangers ne l'eût mis en fuite, car il était timide comme un enfant.

Le chevalier n'avait aucune raison de révoquer en doute cette explication fort naturelle, et il continua d'exercer son ardente curiosité sur tout ce qui s'offrait à ses regards. Bientôt il s'aperçut que le maître du logis buvait dans un gobelet d'argent, de forme antique, sur lequel étaient gravées des armoiries à demi effacées par le temps. Il se pencha sans affectation pour reconnaître cet écusson, qui pouvait le mettre sur la voie de quelque découverte, mais le roi du Pelvoux, bien qu'il parût vivement engagé avec Michelot dans une discussion de droit, remarqua ce mouvement : il saisit précipitamment le gobelet et le porta à ses lèvres. Le chevalier, pris en flagrant délit d'indiscrétion, tourna la tête en rougissant légèrement. Lorsqu'il jugea à propos de continuer son examen, l'objet qui avait attiré son attention avait disparu, et avait été remplacé par un verre de cristal ordinaire, plein jusqu'au bord de vin de l'Ermitage.

Cette circonstance le préoccupa pendant le reste du dîner. Enfin les voyageurs allaient se retirer pour prendre un peu de repos que les fatigues de la veille et de la matinée leur rendaient nécessaire, lorsque le bruit d'une discussion animée qui avait lieu au dehors, et qui bientôt retentit dans la maison même, vint attirer leur attention. Il était facile de distinguer au milieu du bruit la voix criarde du maître d'école, à laquelle répondait une voix rauque, caverneuse, que les hôtes de Martin-Simon n'avaient pas encore entendue. Les deux personnages parlaient d'un ton de plus en plus élevé à mesure que la querelle s'échauffait : les convives firent silence pour écouter.

— *Maturate fugam !* s'écria Eusèbe Noël, toujours fidèle à son Virgile ; hors d'ici, vaurien, menteur effronté ! Il n'y a rien à faire pour vous dans une maison où vous vous êtes conduit d'une manière si honteuse la dernière fois que vous y êtes venu. Prenez-vous la demeure du roi du Pelvoux pour un cabaret, vieil ivrogne que vous êtes ? Je ne m'étonne plus si ce matin les *sortes virgilianæ* m'avaient annoncé une visite désagréable pour le bailli. *Quis novus hic nostris...* ? Et moi qui avais attribué ce mauvais présage à ces pauvres étrangers qui sont ici ! *Di, prohibete minas !*

— Ah çà ! que diable me chantez-vous là ? reprit la grosse voix avec un accent auvergnat fortement prononcé ; depuis quand donc êtes-vous chargé, monsieur Noël, d'empêcher les gens de parler au bailli, s'ils en ont la fantaisie ?

— Vous avez dit hier, dans un cabaret du Monestier, que vous comptiez venir faire votre tournée par ici, et le bailli ne veut pas vous voir, j'en suis certain. Allons, tournez-nous les talons et allez vous enivrer ailleurs, vieux sac à vin que vous êtes !

— Sac à vin ! sac à vin ! grommela la grosse voix d'un ton irrité. Prenez garde à vos paroles, monsieur le savant ! Croyez-vous donc que j'aie déjà oublié le jour où vous m'avez fait entrer chez vous pour me griser et me tirer les vers du nez à propos du bailli ?... Mais vous aviez affaire à plus fin que vous ; je ne dis rien, et vous tombâtes ivre mort sous la table, souvenez-vous-en !

La voix du maître d'école baissa tout à coup et murmura quelques mots que l'on ne put entendre.

— Et moi je ne veux pas me taire ! s'écria l'Auvergnat avec rudesse ; mes affaires avec le bailli et sa fille ne vous regardent pas. Je veux entrer, moi !... Eh bien ! si l'on n'est pas content de me voir, on me le dira à moi-même ; mais on ne l'osera pas. Est-ce que le bonhomme Martin-Simon m'en voudrait pour la petite ribotte que j'ai faite ici la dernière fois que je suis venu ? Je n'ai pas parlé contre lui, et je suis sûr, voyez-vous, qu'il n'aura pas le cœur de chasser son ami Raboisson, le gagne-petit, tout roi du Pelvoux qu'il est !

Dès les premières paroles qu'avait prononcées ce personnage, Martin-Simon avait pâli et s'était levé brusquement. Margot s'était levée aussi, sans toutefois que son sang-froid habituel en fût troublé, et un colloque à voix basse s'était établi entre le père et la fille. Les étrangers se regardaient avec étonnement, ne sachant où allait aboutir cette scène singulière.

Cependant la dispute continuait au dehors.

— Et moi, je vous dis, reprenait Eusèbe Noël en s'échauffant, que vous n'êtes pas digne de paraître dans une honorable compagnie telle que celle qui est là dans la salle à manger... *Ne sutor ultrà crepidam !*

— La salle à manger ! répéta la grosse voix d'un ton railleur, il doit y avoir de ce côté de l'ouvrage pour moi... Allons, laissez-moi faire mon état.

Il sembla que le maître d'école fût repoussé d'une main vigoureuse, et la voix chanta sur le ton si connu des gagne-petits parisiens :

— Voilà le repasseur de couteaux, de ciseaux, le rac commodeur de faïence !

Au même instant, celui qui s'annonçait avec tant d'impudence, vieillard déguenillé, à tournure ignoble, entra dans la salle basse, portant sur son dos voûté la machine à aiguiser qui était l'instrument de sa profession.

À cette vue, tous les convives se levèrent, et mademoiselle de Blanchefort poussa un léger cri d'effroi. Les sourcils noirs de Martin-Simon se crispèrent de fureur, et il saisit convulsivement une bouteille pour la lancer à la tête de l'audacieux intrus : un mot de sa fille le retint à temps :

— Il est ivre, murmura-t-elle.

Le montagnard déposa la bouteille sur la table avec tant de violence qu'elle se brisa.

— Que veux-tu, misérable ? s'écria-t-il ; que viens-tu faire encore ici ? Ne t'ai-je pas défendu de reparaître jamais devant moi ?

Raboisson, puisque tel était le nom du gagne-petit, parut perdre beaucoup de son assurance en reconnaissant dans les convives des personnages plus importans que ceux qu'on voyait d'ordinaire au Bout-du-Monde, et, malgré son ivresse, il éprouva quelque honte de son acte d'insolence. Il resta donc debout au milieu du salon, ne sachant s'il devait reculer ou avancer, et il répondit avec une sorte de regret :

— Pardon ! excusez, la compagnie... je ne savais pas... je voulais seulement demander si vous aviez de l'ouvrage pour moi.

— Il n'y a ici pour toi que...

Un regard de Marguerite arrêta sur les lèvres de son père la menace qui allait s'en échapper. Le bailli se ravisa tout à coup.

— J'oublie que tu n'es pas payé pour savoir vivre, reprit-il ; allons, va à la cuisine, demande un morceau à manger, et surtout tâche de ne plus parler du ton de tout à l'heure, si tu ne veux pas que nous nous brouillions tout à fait.

Il est évident que Martin-Simon, en prononçant ces derniers mots, faisait violence à son indignation. Un seul geste impoli de la part de Raboisson en ce moment aurait infailliblement déterminé une explosion. Mais le vieil Auvergnat parut comprendre le danger, car il se contenta de murmurer un remerciement, et, après avoir fait une gauche salutation, il sortit d'un pas lourd, toujours chargé de la machine à aiguiser qui semblait être à demeure sur ses larges épaules.

— Veillez à ce qu'on ne le laisse pas trop boire, dit Martin-Simon au maître d'école, qui était resté sur le seuil de la porte sans oser avancer, et qu'il vienne me parler dans quelques instans.

Eusèbe fit un signe d'intelligence et suivit le gagne-petit.

Un silence pénible régna dans la salle, dès que Raboisson eut disparu.

— Voici une assez sotte interruption, reprit enfin le roi du Pelvoux en cherchant, mais inutilement, à retrouver la gaieté qu'il avait au commencement du dîner ; ce vieux drôle est parfois d'une familiarité insupportable ! Les ménagères du voisinage le gâtent, parce que personne n'est plus adroit que lui à raccommoder les ustensiles de cuisine, et parce qu'après tout il faut être indulgent pour la vieillesse. Lorsqu'il a bu, il est d'une insolence rare, et il veut en agir chez moi comme il en agit partout... Mais, continua-t-il d'un ton différent, un pareil personnage est indigne d'occuper d'honnêtes gens, et je vous demande pardon d'une circonstance ridicule que je n'ai pas été maître de prévenir.

Les convives répondirent par quelques mots de politesse, et on se leva de table. Malgré sa tranquillité apparente, Martin-Simon semblait plus occupé de cette visite qu'il ne voulait le faire croire, et son inquiétude n'échappa pas à ses hôtes. Cependant il les conduisit lui-même aux chambres qui leur avaient été préparées et où l'on avait transporté leurs effets. Après s'être assuré qu'ils ne manqueraient de rien, il se hâta de redescendre à la salle à manger où était restée Marguerite.

Il trouva sa fille donnant tranquillement ses ordres aux domestiques, comme si rien n'eût pu altérer la sérénité de cette âme fortement trempée. D'un signe, il ordonna aux gens de service de sortir, et il se promena un instant dans la salle d'un air sombre et en silence. Son pas était saccadé, ses poings étaient fermés convulsivement. Marguerite le suivait des yeux avec anxiété, attendant respectueusement qu'il lui adressât la parole. Enfin il se jeta sur un siége, et, laissant tomber sa tête sur sa main, il dit avec accablement :

— Eh bien ! ma pauvre Margot, tu avais raison ce matin d'envoyer au-devant de moi pour m'engager à revenir au plus tôt ; comment aurais-tu pu, seule, tenir tête à cet audacieux vagabond ? Je l'avouerai, j'ai pensé d'abord, en ne le voyant pas arriver, que cette nouvelle ne serait qu'une fausse alerte ; mais il est venu ! il est venu !

Il répéta ces derniers mots avec un accent de rage. La jeune fille répondit sans rien perdre de sa froide dignité :

— Ne vous laissez point abattre par un événement aussi simple que l'arrivée de cet homme, mon père. Il faut encore cette fois lui donner tout ce qu'il demandera, et le renvoyer au plus vite.

— Oui, mais qui me répondra que cette visite sera la dernière, et que, lorsque j'aurai fait tout ce qui dépendra de moi pour acheter son silence, il ne divulguera pas le secret dont dépend le bonheur de tant de personnes ? J'ai quelques raisons de croire que déjà il a laissé deviner une partie de ce qu'il sait. Le prieur du Lautaret a dû obtenir de lui des renseignemens importans, et tu viens d'entendre tout à l'heure ce sournois de maître d'école qui a essayé de le faire parler... Que deviendrai-je si la vérité est connue ? Grâce aux indiscrétions de Raboisson, on a déjà ici des soupçons dans le village. Je pense quelquefois que celui de nos gens qui enverrait une balle dans la tête de ce misérable nous rendrait un grand service !

— Chassez de pareilles pensées, mon père ; songez que Raboisson peut bien vous faire trembler, mais qu'il ne peut vous faire rougir. Ayez confiance en Dieu, qui jusqu'ici vous a donné la grâce d'accomplir une grande et belle mission !

— C'est que, si je devais renoncer à la noble tâche que je me suis imposée, Marguerite, si je devais, comme je l'ai promis au lit de mort de mon père, renoncer à ces richesses dont je suis le dispensateur pour le bien de tous, j'en mourrais, vois-tu ! Je suis si heureux du bonheur que je cause, je suis si fier de cette royauté paternelle que m'a décernée la reconnaissance d'une population entière ! Et quand je songe que tout cela pourrait être anéanti par une révélation d'un méprisable mendiant ; je sens des transports de fureur et de vengeance dont j'ai peine à me défendre... As-tu vu comme nos hôtes me regardaient lorsqu'ils ont entendu ses paroles injurieuses ? Tu ne saurais croire combien je souffrais d'une humiliation dont ils étaient les témoins.

— Qu'importent ces étrangers, mon père ? si vous avez un secret à leur cacher, je crains bien qu'ils ne vous en cachent un plus honteux et moins avouable que le vôtre !

Martin-Simon la regarda d'un air d'étonnement.

— Ah ! je devine, dit-il en souriant... tu as remarqué peut-être... Que veux-tu, mon enfant, le monde a des mystères que tu ne peux comprendre ! Ne préjuge rien

cependant, et ne fais pas trop mauvais accueil à ces deux jeunes gens... Dans quelques jours tu sauras tout.

Marguerite s'inclina avec déférence ; après une pause, elle demanda :

— Raboisson va venir sans doute ; quel parti comptez-vous prendre ?

— Je ne sais plus à quoi m'arrêter ; il a si souvent faussé sa parole que je ne sais comment faire pour obtenir un serment plus sacré que tous les autres. Aide-moi, ma pauvre Margot ; tu es de bon conseil ; cherche un moyen... Pour moi, j'éprouve tant de colère et d'inquiétude que je ne trouve rien.

— Eh bien ! mon père, parlez-lui avec fermeté, mais laissez-moi lui adresser des propositions qui, je l'espère, seront plus efficaces que les précédentes ; le voici qui vient.

En effet, un pas lent et lourd se fit entendre dans l'allée.

— Agis comme tu voudras, murmura Martin-Simon ; je me fie à toi.

Au même instant, Raboisson entra dans la salle, et, après avoir salué familièrement le montagnard et sa fille, il s'assit sans y être invité.

Cet homme, qui semblait avoir en sa puissance la destinée du roi du Pelvoux, n'était rien de plus, rien de moins que ce qu'il paraissait être, c'est-à-dire un pauvre gagne-petit qui courait la campagne pour vivre. Il avait une haute taille, et, malgré ses soixante ans, il eût été vert encore, si ses habitudes d'ivrognerie n'eussent développé en lui un commencement de caducité. Son dos était courbé plus par l'habitude de porter constamment l'instrument de sa profession que par le poids des années, sa main large et calleuse paraissait conserver une vigueur qui n'était pas à dédaigner. Du reste, ni sa figure couperosée, ni sa bouche aux grosses lèvres pendantes, ni ses yeux ternes et hébétés au fond de leur cavité ridée, n'indiquaient la moindre intelligence. Jamais une pensée un peu élevée ou généreuse n'avait dû naître sous son crâne chauve et étroit, que recouvrait un bonnet de laine crasseux. Il portait une veste de serge grise, des culottes et des guêtres de peau, le tout malpropre et tombant en lambeaux. Raboisson, avec cette mine et cet équipage, eût certainement effrayé le voyageur qui l'eût rencontré seul à seul dans quelque chemin écarté.

Ses manières hardies réveillèrent toute la colère de Martin-Simon. Celui-ci, malgré son parti pris de transiger avec le vagabond, renversa d'un revers de main le bonnet que Raboisson gardait sur sa tête, et lui dit avec un accent contenu :

— Où as-tu appris, vieux coquin, que l'on parle à ma fille sans se découvrir ?

Le rémouleur ne parut pas s'offenser beaucoup de cette leçon de politesse, mais il se baissa pour ramasser sa coiffure, la remit gravement sur sa tête et dit de sa grosse voix :

— Excusez... c'est que je suis enrhumé.

Martin-Simon bondit sur sa chaise, mais sa fille l'arrêta d'un geste plein de noblesse.

— Laissez, mon père, dit-elle avec douceur, il est si vieux ! — Puis elle se plaça devant le vagabond, et fixant sur lui son œil noir et sévère, elle lui dit d'un ton imposant :

— Vous aviez promis de ne plus venir troubler notre repos, monsieur Raboisson, et cependant vous voici encore une fois dans cette maison où vous avez laissé de si déplorables souvenirs, lors de votre dernière visite. Vous êtes d'autant plus coupable que vous aviez juré par la bonne Vierge d'Embrun, et que vous vous trouvez avoir fait un faux serment.

— J'en demande bien pardon à la bonne Vierge d'Embrun, répondit l'Auvergnat, mais né faut-il pas que je gagne ma vie ? Croyez-vous que c'est avec quelques cinq ou six cents livres que votre père m'a données en différentes fois que je puis m'acheter un lopin de terre au pays et vivre les bras croisés comme un seigneur ? D'ailours, j'aime à marcher, moi; je me donne de l'air, et ça me fait du bien. Voyez comme je suis gaillard! Vous voudriez bien tous me savoir mort et enterré... mais je vivrai cent ans.

— Eh! que m'importe, ivrogne que vous êtes! s'écria impétueusement Martin-Simon; vous vous exagérez beaucoup votre valeur, entendez-vous, parce que vous avez vu une fois dans ma maison ce que nul autre que vous n'y a vu... Mais prenez garde de me pousser à bout. Croyez-vous que si je voulais sérieusement me débarrasser d'un importun et d'un indiscret, je manquerais d'occasions et de gens pour le mettre à profit? Croyez-vous qu'il soit bien difficile de faire disparaître un vieux vagabond qui court sans cesse le pays et que tout le monde sait adonné au vin comme vous l'êtes? Si quelque beau matin on ramassait votre corps au fond du précipice de la Grave, irait-on s'informer si l'on vous y a jeté de force ou si vous y êtes tombé par accident? Qu'importe, mort ou vivant, un vieux fou tel que vous?

La menace implicite que contenaient ces paroles parut frapper aussi vivement que possible la grossière intelligence du gagne-petit; mais Marguerite intervint, avec une chaleur qu'on ne pouvait attendre de son caractère calme et posé.

— Rétractez cette parole, mon bon père, dit-elle d'un ton suppliant; ne laissez pas croire à cet homme qu'au prix même du bonheur de toute votre vie vous pourriez concevoir une coupable pensée! Mon père, au nom de tout ce que vous avez de plus cher, dites à ce malheureux vieillard qu'il n'a rien à craindre, quels que soient ses torts envers vous!

— Et qu'ai-je besoin de faire une pareille promesse, reprit le bailli brusquement. Martin-Simon a-t-il besoin de crier sur les toits qu'il est honnête homme, incapable d'un crime? Raboisson, tout brute qu'il est, ne l'ignore pas.

— Je sais, grommela Raboisson, que tous les habitants du pays vous sont dévoués, et que si vous vouliez...

— Laissons cela, interrompit Martin-Simon; sans doute vous n'avez d'autre but, en vous présentant chez moi malgré ma défense, que de m'extorquer de l'argent, comme vous avez déjà fait tant de fois; qu'arriverait-il si je refusais de vous en donner?

— Je dirais la chose, donc! répondit l'Auvergnat en riant d'un gros rire imbécile.

— Et que diriez-vous? Une nuit que vous aviez reçu à mon insu l'hospitalité dans ma maison, vous nous avez vus, ma fille et moi, fondre des métaux dans un petit laboratoire creusé dans le roc, sous nos pieds, et dont personne ne soupçonne l'existence. De là, vous avez gratuitement supposé que j'avais découvert dans le voisinage une mine d'or ou que j'exploitais en secret et qui était l'origine de ma fortune : eh bien! si vous cherchiez à répandre ce bruit, soit ici, soit ailleurs, croyez-vous qu'on ajouterait foi aux paroles d'un homme aussi obscur, aussi peu estimé que vous? Et quand même on vous croirait, qu'arriverait-il? N'a-t-on pas déjà envoyé ici des ingénieurs célèbres et des savans pour examiner le sol, sur le bruit vague qui s'était répandu dans la province que nos montagnes recélaient un filon d'or? Qu'ont-ils trouvé, ces grands docteurs venus de Paris? Après avoir exploré tout le pays depuis le Pelvoux jusqu'au Genèvre, ils ont constaté que nous avions quelques veines de cuivre assez pauvres, et ne renfermant pas assez d'or pour former l'anneau d'une fiancée. Allez dire maintenant que le roi du Pelvoux a trouvé une mine d'or d'un prix inestimable, vous serez jeté dans une maison de correction comme un visionnaire, un radoteur, qui veut escroquer de l'argent en inventant des mensonges et des billevesées.

Peut-être Raboisson ne comprit-il pas parfaitement le raisonnement de Martin-Simon; cependant il saisit assez le sens de cette verte réplique pour entrevoir ce qu'elle avait de juste et de probable.

— Je ne sais pas s'ils me croiront, reprit-il d'un ton

bourru, mais je leur dirai : « Allez faire une visite dans les caves de monsieur Martin-Simon, et qui vivra verra. » Pour ce qui est de l'endroit où se trouve la mine, je ne le connais pas; mais si l'on voulait s'adresser à la maison Durand, ces riches banquiers de Grenoble qui, de père en fils, vous changent vos lingots pour de l'or monnayé, on apprendrait sûrement quelque chose. Ça vous étonne que je sache cela, mais, voyez-vous, on n'est pas aussi grossier que son habit, et je me suis mis dans la cervelle que je tirerais de cette affaire un bon morceau de pain pour mes vieux jours. Je me doutais que vous alliez à Grenoble chaque fois que vous vous mettiez en voyage. Je vous ai suivi, je vous ai guetté à votre insu.... L'affaire est sûre maintenant.

Le montagnard frappa violemment du pied contre terre; mais Marguerite, comme un ange de paix, vint encore se placer entre lui et le gagne-petit.

— Souvenez-vous de votre promesse,—dit-elle en posant un doigt sur sa bouche. Puis elle ajouta plus bas : — Il en sait trop, il faut acheter son silence à tout prix.—Martin-Simon se renversa sur son siège d'un air accablé. Les découvertes de Raboisson allaient encore au delà de ses prévisions, et il se voyait, en frémissant de rage, à la merci de ce qu'il avait de plus vil, de plus méprisable dans la vallée. Marguerite dit enfin à l'Auvergnat qui souriait avec méchanceté en remarquant l'effet de ses dernières paroles :

— Écoutez, monsieur Raboisson, ni mon père ni moi nous ne craignons vos révélations; nous avons à Grenoble des amis puissans, et nous saurions bien obtenir un arrêt du parlement qui nous mettrait à l'abri de toutes poursuites... Cependant, monsieur Raboisson, en considération de ce que vous êtes vieux, et un peu pour vous récompenser du secret que vous nous garderez, mon père est disposé à vous assurer un sort heureux pour le reste de vos jours.

— Et comment cela? demanda d'un ton moins rude le vieux vagabond, qui paraissait très flatté de s'entendre appeler *monsieur Raboisson* par une jeune et jolie fille.

— Voici ce qu'on fera pour vous : on ne vous donnera plus d'argent comme par le passé, car l'expérience nous a appris que vous ne saviez pas le conserver; mais que diriez-vous d'une ferme à deux vaches, avec des vignes et toutes sortes de dépendances, que vous pourriez cultiver vous-même ou donner à bail, à votre choix?

— Une ferme, à moi! s'écria Raboisson, une ferme dont je serais le maître, le vrai maître?

— Une ferme dont vous seriez le propriétaire par acte authentique, et que vous légueriez en mourant à qui vous voudriez.

— Et je vivrais comme un seigneur de la cour, comme un curé! s'écria le vieillard émerveillé; mais où est-elle ma ferme?

— Vous êtes de l'Auvergne, je crois?

— De la paroisse de la Grande-Motte, près de Saint-Flour, bien loin d'ici.

— Eh bien! nous vous achètera la propriété dont nous parlons, soit dans la paroisse de la Grande-Motte, soit dans quelque paroisse voisine; vous passerez ainsi tranquillement vos derniers jours au pays où vous êtes né.

Raboisson se leva transporté.

— C'est ça qui est une brave demoiselle! s'écria-t-il en regardant Marguerite avec enthousiasme; ce n'est pas comme votre brutal de père, qui n'a que de vilains mots à m'adresser! A la bonne heure! Dire que j'aurais une ferme, des vaches et des vignes! Comme on va me regarder dans le pays, où je n'osais plus rentrer, avec la machine à repasser sur les épaules, aussi pauvre que j'en étais parti il y a quarante-cinq ans!... Je parie bien qu'il y aura encore dans le village quelque belle fille qui voudra de moi pour mari, et des plus huppées encore!

Marguerite laissa le vagabond s'abandonner un moment à ses riantes espérances, puis elle l'interrompit :

— Vous comprenez, monsieur Raboisson, qu'en assurant votre tranquillité nous devons prendre aussi des précautions pour assurer la nôtre?

— Que ferez-vous donc? demanda le rémouleur, craignant déjà qu'on ne révoquât ces brillantes promesses.

— Il sera stipulé dans le contrat que si vous quittiez l'Auvergne une seule fois pour venir en Dauphiné, la ferme et tout le reste nous appartiendrait aussitôt. De plus, si nous perdions jamais notre fortune par une indiscrétion de votre part, la ferme nous reviendrait encore, et nous aurions le droit de vous en chasser; le tabellion trouvera moyen de mettre tout cela dans l'acte sans donner de soupçons.

— Tu es un ange! s'écria Martin-Simon en courant à sa fille les bras ouverts; ton plan est admirable... nous sommes sauvés!

Marguerite sourit légèrement et se retourna vers Raboisson, qui réfléchissait, en s'appuyant tantôt sur un pied, tantôt sur l'autre, et en tortillant son bonnet de laine entre ses doigts.

— Eh bien! demanda-t-elle, est-ce que ces conditions ne vous conviennent pas?

— Si, si, répondit avec empressement le gagne-petit; aussi bien il ne ferait pas bon pour moi dans ce pays, où votre père n'aurait qu'à dire un mot... Allons, voilà une affaire convenue. Quand aurai-je ma ferme, mes vaches et tout?

Marguerite regarda son père comme pour le consulter.

— Il ne sera pas possible de le satisfaire avant un mois ou deux d'ici, dit Martin-Simon; il faut le temps d'écrire à des gens d'affaires ou d'envoyer quelqu'un sur les lieux pour faire l'acquisition de la première ferme à vendre.

— Deux mois, c'est bien long, dit Raboisson; et où irai-je jusque-là?

— Vous ne pouvez rester ici! s'écria le montagnard d'un ton péremptoire; vos indiscrétions pendant vos quarts d'heure d'ivresse pourraient donner aux gens du village certaines idées auxquelles ils ne sont que trop enclins... Eh bien! vous irez attendre à Briançon que tout soit terminé; vous aurez quelques écus pour cela.

— Et quand partirai-je pour Briançon?

— A l'instant même; je ne me soucie pas que l'on vous voie plus longtemps chez moi.

Marguerite s'approcha de la fenêtre et remarqua que le soleil descendait rapidement derrière les montagnes.

— Mon père, il est tard, dit-elle; la nuit approche, et le pied de cet homme n'est pas bien sûr.

— Et moi je ne veux pas partir ce soir pour Briançon, dit le vagabond d'un air de défiance en regardant le montagnard; je n'ai pas oublié vos menaces, bailli, et je ne me soucie pas qu'on me trouve demain matin au fond de quelque précipice où l'on dirait que je suis tombé par accident... Maintenant que je vais être riche, je ne veux pas mourir, moi.

— Qui parle de vous faire du mal? répliqua Martin-Simon avec impatience; mais restez si vous voulez jusqu'à demain matin; vous avez reçu d'autres fois l'hospitalité dans ma maison, vous la recevrez encore cette nuit; mais demain, au jour, et pas plus tard, vous partirez pour Briançon... Jusque-là, si vous laissiez seulement soupçonner vos prétendues découvertes, tout serait rompu entre nous.

— Allons! je ne dirai rien; mais de votre côté marchez droit ou sinon...

— Pas de menace, interrompit la jeune fille, mon père tiendra loyalement sa parole; monsieur Raboisson, vous n'avez pas le droit de le juger aussi mal que vous le faites.

Le gagne-petit s'assura que Martin-Simon était à l'autre extrémité de la salle et ne pouvait l'entendre.

— Oh! vous, mademoiselle Margot, dit-il de sa voix rauque, vous êtes une bonne fille, quoiqu'un peu rigide; quant à lui, c'est un sournois, voyez-vous, et je prendrai mes précautions... Mais écoutez un bon avis; défiez-vous du maître d'école; il a quelque projet en tête, c'est sûr. Il rôde autour de moi pour me faire parler, et le prieur du

Lautaret aussi, et peut-être en savent-ils déjà l'un et l'autre beaucoup plus que vous ne voudriez.

En même temps il salua gauchement, et sortit pour aller achever le repas commencé à la cuisine, laissant le père et la fille satisfaits de cette petite négociation.

Cependant les dernières paroles de Raboisson avaient vivement frappé Marguerite. Martin-Simon se rapprocha d'elle et lui dit avec tendresse:

— Tu es bénie de Dieu, mon enfant, et je te devrai ma tranquillité, mon bonheur dans l'avenir. Sans toi, sans le sage parti que tu as pris, je ne sais comment je serais venu à bout de ce drôle qui, par une déplorable fatalité, me tenait sous sa dépendance. Grâce à toi, je puis respirer enfin et poursuivre les projets que j'ai conçus.

— Mon père, pensez-vous que la discrétion de cet homme suffise à garantir votre sécurité? Hélas! je le crains, ce secret, que nous cherchons à cacher et qui nous échappera, nous suscitera tôt ou tard des persécuteurs bien autrement dangereux que Raboisson.

— Eh bien! dans ce cas, Marguerite, dit Martin-Simon en soupirant, je tiendrai le serment que j'ai fait à mon père sur son lit de mort, et je me résignerai aux volontés de Dieu.

Le reste de la journée se passa sans événements remarquables; seulement Martin-Simon eut avec Michelot une conférence très longue et très secrète, à la suite de laquelle le procureur alla seul se promener dans le village, soit pour prendre l'air, soit pour réfléchir en liberté aux communications qui lui avaient été faites par le roi du Pelvoux.

Il était presque nuit lorsqu'il voulut rentrer chez son hôte. Comme il ne se trouvait plus qu'à une vingtaine de pas de la maison, il se sentit tirer par son manteau. Il se retourna brusquement et vit le vieux Raboisson.

Celui-ci se pencha à son oreille et lui demanda d'un ton de mystère:

— Est-ce que vous êtes un homme de loi?

— Certainement! dit le procureur, dont le costume noir annonçait suffisamment la profession.

— Un homme de loi... vrai?

— Sans doute.

— Eh bien! reprit l'Auvergnat avec plus de vivacité que n'en comportaient d'ordinaire ses traits ignobles, si vous êtes un vrai homme de loi, vous devez aimer les écus de six livres... en voici un... voulez-vous le gagner?

Et il élevait à la hauteur des yeux de son interlocuteur l'écu annoncé, qu'il venait de tirer des haillons de sa veste.

Michelot eut envie de jeter l'argent au nez du gagne-petit et de passer son chemin. Cependant son instinct de vieux procureur et de vieux praticien lui fit deviner dans la démarche de Raboisson quelque chose de sérieux. Il eut donc l'air d'accueillir la proposition avec toute la reconnaissance qu'attendait sans doute l'industriel ambulant.

— Volontiers, mon ami, dit-il en tendant la main, peut-être par habitude.

Raboisson replongea l'écu dans les profondeurs de sa poche crasseuse, et il reprit:

— Vous aurez seulement à griffonner quelques mots sur un morceau de papier que vous garderez en dépôt... Mais il faut que personne ne le sache, et nous ne pouvons rien faire dans cette maison-là!

Et il désignait la demeure de Martin-Simon.

— En ce cas, reprit Michelot, où pourrai-je vous retrouver?

Le gagne-petit réfléchit un moment.

— Vous serait-il possible de venir demain, au lever du jour, à la porte de la Vallée, et d'apporter tout ce qu'il faut pour écrire?

— Oui; je pars demain matin pour Grenoble, et je passerai nécessairement par le défilé dont vous parlez.

— Nous nous y trouverons donc, et nous nous entendrons... C'est dit; l'écu sera pour vous.

En même temps, cet homme singulier disparut dans

l'obscurité, laissant Michelot s'enfoncer dans un abîme de suppositions qu'il lui tardait d'éclaircir.

VI

LE MEURTRE.

Quelques jours après les événemens que nous venons de raconter, par une fraîche et pure journée, le chevalier de Peyras et mademoiselle de Blanchefort gravissaient lentement un petit sentier qui serpentait sur le flanc d'une montagne verdoyante, au-dessus du village du Bout-du-Monde. Ce sentier, fréquenté seulement par les pâtres qui conduisaient leurs troupeaux dans les pacages parfumés des régions supérieures, n'allait pas loin. Aussi les deux fiancés n'avaient-ils d'autre but apparent, dans cette courte excursion, que d'admirer les beautés pittoresques du pays où le hasard les avait jetés.

Bientôt ils s'assirent à mi-côte, sur un rocher couvert de mousse et de lichens, d'où ils pouvaient voir à cinq ou six lieues à la ronde. A leurs pieds s'étalait toute la petite vallée, semblable à un frais bouquet de verdure, et le village, dont la fumée, s'élevant en légères spirales bleues, allait se mêler aux flocons nuageux de l'atmosphère. En face d'eux se montrait dans toute sa sauvage majesté le gigantesque Pelvoux, dont les glaciers étincelaient au soleil. Excepté le bassin verdoyant qui s'enfonçait au-dessous d'eux et qu'égayaient les jolies habitations des montagnards, le paysage ne présentait qu'un assemblage de masses énormes, de pics aériens, de neiges éternelles, qui, sur tous les points, fermaient l'horizon comme un immense rempart.

Ernestine, sous le charmant costume qu'elle avait emprunté à Marguerite Simon, eût pu être prise pour une bergère de ces montagnes, n'eussent été la blancheur de son teint, la distinction remarquable de ses manières, qui décelaient une plus noble origine. Quant au chevalier de Peyras, il portait encore le costume simple qu'il avait en arrivant au Lautaret; seulement, ses armes avaient disparu de sa ceinture, et la plus parfaite quiétude avait remplacé sa défiance d'autrefois.

Les deux jeunes gens n'avaient échangé que de rares paroles pendant leur ascension, et dès qu'ils furent arrêtés il régna entre eux un silence pénible. Il semblait cependant que, dans les circonstances critiques où ils se trouvaient, ils dussent avoir l'un et l'autre bien des observations à se communiquer; mais soit qu'aucun d'eux ne voulût provoquer d'explication, soit pour tout autre motif, ils restèrent d'abord comme absorbés par la majesté du spectacle dont ils jouissaient à cette hauteur. Ernestine suivait du regard les nuages qui, au moindre souffle, voltigeaient sur les pics lointains, comme de grands oiseaux blancs, tandis que Marcellin contemplait avec une fixité singulière le village et surtout la maison de Martin-Simon.

Mademoiselle de Blanchefort se décida enfin à entamer une conversation que le chevalier ne paraissait pas désirer; elle poussa un soupir assez semblable à un gémissement, et dit d'un ton mélancolique :

— Je savais bien, monsieur le chevalier, que je porterais un jour la peine d'un moment d'erreur et d'entraînement, mais j'ignorais que ce dût être sitôt.

Peyras se retourna brusquement vers elle.

— De quoi parlez-vous, Ernestine? demanda-t-il avec étonnement. Je ne vous comprends pas.

— Je dis, Marcellin, que vous me faites déjà sentir combien je me suis rabaissée à vos yeux, comme à ceux du monde, lorsque j'ai quitté mon père, ma famille, ma ville

natale pour vous suivre, en affrontant toutes sortes de fatigues et de dangers.

Le chevalier témoignait une surprise qui semblait fort naturelle.

— Que signifient de pareilles plaintes? s'écria-t-il, comment ai-je mérité, mademoiselle, que vous m'adressiez ces reproches?

— Si vous l'ignorez, Marcellin, mon malheur n'est que plus grand. Mais je vous ai deviné, moi... vous ne m'aimez plus, et vous regrettez une démarche imprudente qui fait désormais peser sur vous la responsabilité de mon sort.

— Allons, des scènes, des sanglots! dit Peyras avec ennui; en vérité, Ernestine, vous êtes déraisonnable; comment ai-je manqué à mes devoirs envers vous? Ne vous ai-je pas défendue au péril de ma vie contre ceux qui nous poursuivaient? Quel chagrin avez-vous ressenti dont je ne vous aie aidé à supporter le poids, que je n'aie partagé moi-même? Vous parlez de sacrifices; et moi, Ernestine, n'ai-je donc rien sacrifié? Si vous avez quitté la maison si sombre et si triste où vous viviez dans la solitude et l'ennui; si vous avez abandonné votre père, ce vieillard dur et avare qui ne vous disait jamais une parole de tendresse, n'ai-je pas quitté, moi, cette bonne ville de Lyon où je trouvais de si heureux instans malgré mes créanciers et leurs sergens, pour aller vivre pauvre et obscur avec vous à l'étranger?

— Le sentiment qui vous a déterminé à cette démarche n'a pas été de longue durée, Marcellin. Vous aimez le plaisir, je le sais; je sais aussi que dans cette vie de désordre et de bruit qui vous est si chère, vous avez connu des femmes plus belles, plus expertes que moi dans l'art de plaire, et qu'elles n'ont pu vous fixer. Cependant j'espérais, dans mon fol orgueil, être plus heureuse, moi qui avais tout donné pour vous, fortune, considération, famille!... Qui m'eût dit que mon tour d'être repoussée viendrait sitôt?

La jeune fille se couvrit le visage de son mouchoir et fondit en larmes. Le chevalier se leva par un mouvement d'humeur, comme s'il eût voulu s'éloigner, puis il se rasseyant tout à coup, il prit une main de sa fiancée et la pressa doucement.

— Voyons, Ernestine, dit-il en donnant à sa voix l'accent le plus affectueux, ne vous laissez pas emporter ainsi par votre imagination trop vive. Mes torts, si j'en ai, ne peuvent être aussi grands que vous les voyez... Que me reprochez-vous? Faites-moi savoir au moins plus précisément ce qui a pu, dans ma conduite pendant ces derniers jours, exciter vos craintes et justifier vos soupçons?

— Que vous dirai-je, monsieur? répliqua mademoiselle de Blanchefort avec hésitation : depuis notre arrivée dans ce village, vous avez pour moi les mêmes soins, les mêmes attentions qu'autrefois; vous témoignez le même intérêt pour mon bonheur et ma tranquillité; peut-être n'hésiteriez-vous pas plus qu'autrefois à risquer votre vie pour me défendre, et cependant il me semble que vous n'êtes plus le même. Quelques jours ont suffi pour apporter dans vos sentimens un changement dont je ne puis pénétrer la cause, mais dont la certitude me déchire le cœur. Je n'occupe plus toutes vos pensées, comme autrefois; vos paroles n'ont plus cette sincérité, cette douceur qui me persuadaient toujours, moi pauvre fille élevée dans la sévérité et l'abandon. Que se passe-t-il en vous? Je l'ignore; mais je sens, je devine que vous n'avez plus pour Ernestine fugitive, maudite par son père et repoussée par le monde, ce sentiment que vous éprouviez pour mademoiselle de Blanchefort... Je définis mal peut-être l'état de votre âme, mais vous savez mieux que personne que j'ai un motif réel de me plaindre; votre conscience a dû vous le dire avant moi!

Sans doute le chevalier était coupable, car il resta tout étourdi de la sagacité d'Ernestine. Avec l'instinct ordinaire des femmes qui aiment, elle avait pénétré dans les replis les plus cachés de son cœur. Cependant il se remit aussitôt, et reprit avec un sourire forcé :

— Que répondre à des inculpations aussi vagues ? Vous ne me reprochez rien, Ernestine, que vos propres soupçons. Vous vous êtes trompée : je vous aime et je vous aimerai toujours. Les dangers que nous avons courus ont un instant occupé ma pensée, trop exclusivement peut-être ; mais c'était encore de vous qu'il s'agissait, Ernestine, c'était vous que je voulais préserver de toute atteinte... Allons, ne pensez plus à ces ridicules soupçons. Bientôt, demain peut-être, nous serons unis par les liens indissolubles du mariage ; puis-je vous donner une meilleure preuve de la franchise, de la loyauté de mes sentimens pour vous ?

En même temps il porta à ses lèvres la main que la jeune fille, dans son désir de pardonner, ne se hâtait pas de retirer.

— Je veux vous croire, dit-elle en soupirant, et cependant, Marcellin, je vous avouerai que ce matin encore je doutais de vous ; je craignais de vous être devenue indifférente, odieuse ; j'étais disposée à vous rendre votre parole, à vous affranchir de toute obligation envers moi.

— Vous eussiez fait cela, Ernestine ? demanda Peyras avec vivacité en la regardant fixement ; mais, pauvre enfant, que serait-il advenu de vous, maintenant qu'il ne vous reste plus que moi au monde ?

— Je serais morte, Marcellin.

Le chevalier devint pensif à cette parole ; mais sentant que son silence pouvait être mal interprété par mademoiselle de Blanchefort, il reprit brusquement :

— Laissons ce fâcheux entretien, et causons de choses plus agréables pour vous et pour moi... Que pensez-vous de notre hôte, de ce protecteur inconnu dont le pouvoir singulier s'est déjà manifesté tant de fois en notre faveur ?

— Que puis-je penser, Marcellin, sinon que monsieur Martin-Simon est un homme généreux, employant noblement sa fortune à faire le bonheur de ceux qui l'approchent ?

— Eh ! croyez-vous, s'écria Peyras avec vivacité, qu'il n'y aurait pas moyen de l'employer à un meilleur usage ?... Tenez, continua-t-il en s'animant, quand je songe comment pourrait user de pareilles richesses un homme du monde, un gentilhomme ; quand je songe aux honneurs qu'il pourrait se procurer avec elles, aux grandes entreprises qu'il pourrait mener à bien, je suis tenté de m'emporter contre cet original, aux penchans bas et mesquins, qui sait si peu profiter de ses avantages... Ernestine, Ernestine, s'écria-t-il avec un transport plus involontaire, comme nous serions heureux, nous, si nous avions un trésor où l'on pût puiser toujours sans crainte de le tarir !

— Est-il donc impossible de vivre heureux sans cela ?

— Non sans doute ; mais vous, Ernestine, ma charmante amie, vous avez été élevée pour le luxe et l'opulence ; comme toutes les femmes, vous aimez les parures, les triomphes, les grandeurs ; jugez de quels présens pourrait vous combler un mari qui serait aussi riche que cet obscur montagnard ! Oh ! comme vous seriez belle sous un bandeau de diamans ! comme vous seriez fière dans le palais splendide que je voudrais construire pour vous ! vous inspireriez de l'envie aux reines elles-mêmes... Pour que cet homme ait pu faire ce qu'il a fait ici, il faut que sa fortune soit immense, vraiment royale, et certainement les bonnes gens de ce pays ont raison lorsqu'ils assurent qu'il a découvert dans ces montagnes une mine d'or qu'il exploite à son profit. Une mine d'or, Ernestine, comprenez-vous ? une mine d'or... à nous ?

Mademoiselle de Blanchefort sourit avec incrédulité.

— J'avais entendu traiter de fable absurde l'histoire de cette mine, Marcellin ; supposez-vous vraiment à la fortune incontestable de notre hôte une pareille origine ?

— Et pourquoi non ? Depuis notre arrivée dans ce village, j'ai observé, examiné, questionné, et aucune autre explication n'est possible si l'on veut se rendre compte de la conduite étrange de Martin-Simon. J'ai acquis la certitude que les dépenses énormes qu'il a faites pour rendre ce lieu abordable et susceptible de culture ont été pour lui sans compensation aucune ; les colons ne lui payent pas leurs fermages, et cependant il est toujours prêt à prodiguer des sommes considérables pour une amélioration ou même pour un caprice. Non, non, je ne me trompe pas ; cette mine existe, mais en quel endroit, dans quel coin écarté de ce désert ? voilà ce que tout le monde ignore, excepté peut-être Martin-Simon et sa fille, qui sont l'un et l'autre impénétrables. Je soupçonne que le rémouleur vagabond avait connaissance d'une partie sinon de la totalité de ce secret, et je voulais l'interroger, lui offrir tout ce qui me reste pour obtenir le mot de cette énigme ; mais cet homme a disparu tout à coup, et l'on n'a pu dire ce qu'il était devenu. Que ne donnerais-je pas pour pénétrer enfin les inextricables mystères dont s'entoure cette espèce de paysan montagnard !

— Prenez garde, Marcellin, murmura timidement Ernestine, d'être ingrat envers notre bienfaiteur.

Le chevalier ne répondit pas, et retomba dans sa rêverie. Son regard errait sans le voir sur le paysage environnant. Tout à coup il se leva, et, désignant du geste une personne qui gravissait rapidement le sentier et se dirigeant vers eux, il s'écria :

— Regardez, c'est elle ! c'est Marguerite !

Ernestine se tourna de ce côté, et reconnut en effet la fille de son hôte.

Marguerite, avec le simple costume local, n'avait ni la grâce ni l'élégance que mademoiselle de Blanchefort conservait sous les plus modestes ajustemens ; mais il y avait dans son port une dignité, dans sa démarche une aisance naturelle qui convenait mieux que la distinction d'Ernestine à une habitante de ce pays sauvage. Son visage hâlé, aux lignes hardies sans dureté, ses sourcils bien arqués, sa bouche sévère, sa haute taille, formaient un ensemble imposant qui s'harmoniait avec le paysage. Dans un salon, sa beauté eût paru trop mâle ; en face du Pelvoux et de cette grandiose nature alpestre, elle était dans tout son jour. Pendant que Marguerite gravissait ainsi la montagne, son chapeau de paille rejeté en arrière et retenu sur les épaules par un ruban, de manière à laisser voir les longues tresses noires de son abondante chevelure, le chevalier de Peyras ne put contenir son admiration.

— Voyez, Ernestine, dit-il avec chaleur, n'est-ce pas que cette belle jeune fille mériterait un autre époux que le grossier paysan qui pourra un jour aspirer à sa main ?

— Vous oubliez que mademoiselle Simon a déclaré devant nous qu'elle ne se marierait jamais.

— Oui, parce qu'on exigerait d'un mari un assemblage de qualités fort rares dans une même personne ; il s'agirait de connaître les conditions précises qu'imposeraient le père et la fille... En vérité, elle ne ressemble en rien aux autres femmes que j'ai rencontrées ! — Il s'arrêta sous le regard ardent que lui lança mademoiselle de Blanchefort. — Vous êtes folle, ajouta-t-il légèrement en répondant à sa pensée.

Marguerite atteignit l'espèce de petit plateau sur lequel se trouvaient Ernestine et le chevalier. L'expression de son visage était encore plus sérieuse qu'à l'ordinaire et, lorsqu'elle fut près des jeunes gens, elle leur dit froidement :

— On vous attend au village, venez ; l'homme de loi est de retour, et il vous apporte des nouvelles.

— Michelot ! s'écria Marcellin avec vivacité.

La fille de Martin-Simon répondit par un signe d'assentiment, et se retourna pour descendre la montagne. Ernestine la retint.

— De grâce, Marguerite, demanda-t-elle, dites-moi si les nouvelles dont vous parlez sont bonnes ou mauvaises. Mon père a-t-il enfin consenti... ?

Elle s'interrompit tout à coup.

— A votre mariage avec le chevalier Marcellin de Peyras? acheva Marguerite avec une intention cruelle dont on ne l'eût pas jugée capable; je l'ignore.

Ernestine rougit et baissa la tête.

— Qui vous a dit...? qui a pu vous faire penser...?

— Ne cherchez plus à me tromper; ce jeune homme n'est pas votre frère.

— Croyez bien, balbutia mademoiselle de Blanchefort, que la nécessité seule....

— Il n'est pas votre frère, répéta la jeune montagnarde; vous avez fait un mensonge, et Dieu vous en punira peut-être.

Ernestine courba la tête sous cette humiliation inattendue, et se mit à sangloter.

— Oui, oui, murmura-t-elle, vous avez raison; Dieu me punira, il me punit déjà.

Marguerite regardait couler les larmes de mademoiselle de Blanchefort avec une apparente insensibilité.

— Mademoiselle Marguerite, s'écria le chevalier, vous avez le droit d'être sévère; mais est-il généreux d'accabler une compagne parce que peut-être elle a eu moins de courage et de force que vous?

Marguerite se taisait, les yeux baissés.

— Peut-être, en effet, reprit-elle avec une sorte de confusion, n'ai-je pas été assez indulgente; je viens de me laisser emporter à un sentiment inconsidéré... On m'a dit que les mœurs de la ville ne ressemblaient pas aux nôtres; mais je n'ai jamais quitté la maison de mon père; j'ignore comment on doit se conduire au delà des limites de notre vallée... Oui, j'ai eu tort, je suis une pauvre ignorante. — Elle embrassa mademoiselle de Blanchefort avec toute l'ardeur que comportait son caractère grave et froid.

— Pardonnez-moi, lui dit-elle, comme vous pardonneriez à un enfant qui vous aurait blessé en voulant vous caresser. Pardonnez-moi et oubliez ce qui vient de se passer... e serai votre amie.

Il y avait dans la manière dont elle prononça ces mots : « Je serai votre amie » tant de vérité, de franchise et de noblesse, que les protestations les plus chaleureuses n'eussent pu prouver davantage. D'ailleurs Marguerite, comme son père, conservait en toute occassion cet air de supériorité et d'assurance qui témoignaient de la conscience d'un pouvoir réel; la douce Ernestine lui rendit son étreinte avec cordialité.

Pendant cette petite scène, la position du chevalier était passablement embarrassante; aussi éprouva-t-il une véritable satisfaction en voyant cette réconciliation.

— Allons, dit-il avec gaieté, la paix est conclue, et sans doute elle ne sera pas rompue de sitôt. Mais ne m'avez-vous pas dit, mademoiselle Simon, qu'on nous attendait au village?

— Oui, répondit Marguerite d'une voix aussi calme que si rien d'extraordinaire ne venait de se passer, tant les émotions les plus vives glissaient rapidement sur cette âme énergique. Mon père vous a vus ici de sa fenêtre, et il m'a ordonné de vous presser de revenir... Partons.

Le chevalier lui offrit la main pour l'aider à descendre le sentier, elle refusa d'un air de dédain. Peyras alors se retourna du côté de sa fiancée; mais celle-ci le remercia par un sourire mélancolique, et rejoignit Marguerite, dont elle prit le bras amicalement.

Le chevalier les regarda pendant quelques instants glisser sur le penchant de la montagne, appuyées l'une sur l'autre, vêtues toutes deux de la même manière, comme deux sœurs, belles toutes les deux, l'une de la beauté délicate et frêle des villes, l'autre de la beauté forte et majestueuse de la nature, et il murmura tout pensif :

— En vérité je ne sais quelle est celle que j'aime le mieux!

Comme ils approchaient du village, ils aperçurent dans la rue principale une troupe de montagnards qui portaient un objet assez volumineux enveloppé dans un manteau de laine; des femmes, des enfans, des vieillards venaient rôder à l'entour, et l'affluence augmentait sans cesse. Les trois jeunes gens, du point élevé où ils étaient, regar-

daient d'abord cette scène avec distraction; mais à mesure que l'on approchait, l'attention de Marguerite Simon paraissait plus vivement excitée.

— Mon amie, demanda timidement mademoiselle de Blanchefort, que font donc ces braves gens? on dirait que leur présence vous chagrine ou vous effraye!

— Ne trouvez-vous pas, dit Marguerite en s'arrêtant, que l'objet enveloppé dans ce manteau ressemble à un corps humain privé de vie?

— En effet, s'écria le chevalier, mais qu'est-ce donc que cette singulière machine dont est chargé un des hommes de la troupe?

— Nous allons sans doute le savoir, répliqua Marguerite d'une voix sourde en doublant le pas.

Au moment où Marcellin et ses deux compagnons arrivaient sur la petite place située devant la maison du bailli le groupe de montagnards y arrivait d'un autre côté. Marguerite reconnut parmi eux un vénérable vieillard en cheveux blancs, qui était parent de sa mère, et qui semblait les commander. Elle s'avança vers lui avec un calme apparent. A sa vue, le cortège fit halte; tout le monde se découvrit respectueusement. Le vieillard seul se contenta de la saluer d'un signe bienveillant.

— Oncle Jean, demanda Marguerite, que portez-vous donc là si soigneusement?

— Ce n'est rien, rien du tout, petite, répliqua le bonhomme d'un air embarrassé; pouvons-nous voir ton père?

— Il est occupé en ce moment; mais racontez-moi...

— Allons, allons, ne nous tourmente pas.

Marguerite ne se laissa pas décourager.

— Oncle Jean, je vous en prie, dites-moi ce que c'est

— Est-elle entêtée! Eh bien! c'est le corps d'un homme qu'on a trouvé au bas du précipice de la Grave, à une lieue d'ici; on vient chercher ton père pour qu'il dresse le procès-verbal de décès... Tu comprends bien que ce spectacle n'est pas fait pour toi; éloigne-toi donc, ma chère enfant, et dis au bailli de nous rejoindre dans la grange de Robert, où nous allons déposer le corps.

Marguerite demeurait calme en apparence, mais mademoiselle de Blanchefort, qui tenait son bras, la sentait agitée par des mouvemens convulsifs.

— Mais, oncle Jean, reprit-elle, ne connaît-on pas du moins ce malheureux?

— On le connaît, dit Jean avec une indifférence affectée, et ce n'est pas un grand malheur pour la province... c'est ce misérable ivrogne de Raboisson, le gagne-petit.

Cette fois, toute la force d'âme de Marguerite l'abandonna; elle devint horriblement pâle, elle chancela, et s'écria d'une voix égarée:

— Raboisson... mort... au fond d'un précipice!... Qui a commandé ce crime? qui l'a assassiné?

Les assistans se regardèrent stupéfaits; jamais aucun d'eux n'avait vu la grave et austère Marguerite donner de pareils signes d'émotion.

— Tiens, voilà que tu es déjà malade de frayeur! dit le bon oncle Jean avec inquiétude; ton père va me gronder certainement pour t'avoir parlé de cela.

— Mais... mais... vous ne me dites pas qui l'a assassiné?

— Eh! qui parle d'assassinat? Le drôle a trébuché dans le gouffre qui borde le chemin, parce que sans doute, ce jour-là, il avait trop bu d'un coup... On a trouvé vingt écus sur lui, et son corps paraît être resté dans le précipice pendant plusieurs jours; si on l'avait tué pour le voler, on eût sans doute pris son argent, ainsi que sa machine à aiguiser, que Baptiste porte sur ses épaules, et qui a bien aussi son prix... Mais, allons! maintenant tu sais tout, adieu; n'oublie pas ma commission pour le bailli.

Jean et ses compagnons continuèrent leur marche, pendant qu'Ernestine et Marcellin entraînaient Marguerite Simon vers la maison de son père.

Elle se laissait machinalement conduire par eux, comme si elle eût perdu la faculté de penser et de vouloir. Ils se dirigèrent vers la salle basse où se trouvait Martin-Simon; mais, au moment d'en franchir le seuil, Marguerite recouvra sa présence d'esprit. Elle s'arrêta brusquement.

— Entrez seuls, dit-elle; il a désiré vous voir pour vous entretenir de choses qui touchent à votre bonheur. Je ne veux pas troubler le plaisir qu'il se promet; d'ailleurs je n'aurais pas la force...

Les traits de son visage se contractèrent, comme si elle eût fait un effort pour comprimer une explosion de douleur; la voix lui manqua, et elle s'échappa brusquement.

VII

LE CONTRAT.

Martin-Simon et Michelot, assis devant une table chargée de papiers, semblaient discuter tranquillement les conditions de quelque marché avantageux pour l'un et pour l'autre. Le procureur, cette fois, portait un costume qui convenait beaucoup mieux pour voyager que l'habit court et les bas de soie qui lui donnaient une si plaisante figure peu de jours auparavant. Ses grosses bottes et son large chapeau, couverts de poussière, indiquaient que depuis son arrivée il n'avait pas encore trouvé le loisir de changer de toilette. Son visage, plus maigre et plus jaune que jamais, grimaçait un sourire continuel en parlant au roi du Pelvoux.

A la vue d'Ernestine et du chevalier ils se levèrent l'un et l'autre avec empressement. Pendant que le procureur se confondait en salutations devant la fille de son patron, Martin-Simon s'écriait, de ce ton de gaieté et de bonhomie qui lui était habituel:

— Arrivez donc, méchans enfans, qui faites attendre la fortune! Sur ma vie, vous ne vous doutez guère des faveurs que vous réserve la capricieuse déesse!

— Monsieur Simon, demanda Ernestine d'une voix haletante, est-ce que mon père me pardonne?

— Non-seulement il vous pardonne, mais encore il consent, comme je l'avais prévu, à votre mariage avec le chevalier de Peyras.

— Que Dieu le récompense! murmura la jeune fille en tombant sur un siége, à demi évanouie de saisissement et de joie.

Quant à Marcellin, il se contenta de dire, en jetant un regard de mépris sur Michelot:

— Je m'en suis douté en voyant l'humilité du procureur de monsieur de Blanchefort.

— Et c'est ainsi que vous récompensez ce pauvre diable, qui vient de faire deux voyages pour votre service? s'écria Martin-Simon; vous allez vous repentir tout à l'heure de l'avoir si mal traité.

— Je connais de longue date le procureur Michelot, reprit le chevalier froidement, et certes il ne s'est pas donné tant de peine sans avoir un motif d'intérêt personnel... Aussi, monsieur Simon, continua-t-il avec cordialité en serrant la main du roi du Pelvoux, c'est vous, vous seul que je remercie; c'est à vous seul que je croirai devoir mon bonheur.

— Et moi, monsieur, s'écria Ernestine transportée, je renouvelle le serment de vous aimer, de vous respecter comme vous aime et vous respecte votre fille Marguerite... Je vous dois plus que ma vie!

Le bonhomme fut touché de la reconnaissance de ses protégés, mais, surmontant aussitôt son attendrissement, il reprit d'un ton moitié gai, moitié sérieux:

— Laissez donc, il n'y a pas là de quoi tant se récrier; j'ai agi seulement jusqu'ici dans l'intérêt de la morale, et vous ne me devez pas de remerciemens pour cela. Attendez que je vous aie appris certaines autres choses, et que

je vous aie dit les vrais motifs de ma conduite en cette affaire... Voyons, je vous promets depuis longtemps une explication; maintenant que je suis certain de ne plus être contrarié dans mes projets, je ne vous ferai pas languir davantage. Dans ce que j'ai à vous dire, il s'agira beaucoup de vous et un peu de moi.

Il fit asseoir les jeunes gens, et Michelot en face de lui, de manière à former un petit cercle. Lui-même prit place à côté de la table, afin de pouvoir atteindre facilement les papiers dont elle était chargée, à mesure qu'il en aurait besoin. Marcellin et Ernestine montraient quelque étonnement de la solennité de ces apprêts; quant au procureur, peut-être à cause de la manière dont on avait reçu ses politesses, il conservait une attitude froide et réservée.

— Vous avez dû être surpris, mes chers enfans, reprit Martin-Simon d'un air enjoué, du pouvoir que j'exerce autour de moi, et sans doute vous n'en avez pas cherché la raison dans une vulgaire réalité. Vous êtes trop jeunes l'un et l'autre pour savoir au juste quel degré d'autorité peut donner un sac d'argent ou d'or monnayé ou non monnayé!

— Quoi! s'écria Ernestine avec étonnement, c'est avec de l'or que vous êtes parvenu à vaincre la résistance obstinée de mon père?

Le roi du Pelvoux sourit.

— Je n'oserais l'affirmer, reprit-il, quoique de votre propre aveu le digne magistrat ne dédaigne pas trop les piles d'écus et les rouleaux de louis... J'aime mieux croire que le désir de voir sa fille heureuse, et peut-être une autre considération qui m'est personnelle et dont je vous parlerai tout à l'heure, l'ont décidé à ne plus désapprouver votre union... Toujours est-il, continua-t-il en prenant un papier sur la table, que voici son consentement en bonne forme, ainsi qu'une lettre destinée à mademoiselle de Blanchefort, et dans laquelle il s'excuse, je crois sur sa goutte et ses infirmités de ne pas venir dans ces montagnes assister à la bénédiction nuptiale.

Ernestine saisit avidement la lettre qu'on lui présentait, et la pressa contre ses lèvres; elle allait en rompre le cachet, lorsque Martin-Simon l'arrêta par un mouvement affectueux.

— Un instant, ma fille, vous lirez ceci un peu plus tard... Avant tout, reprit-il en choisissant sur la table un assez volumineux cahier, voici une pièce importante dont il vous faut prendre connaissance: c'est votre contrat de mariage.

— Notre contrat de mariage? répéta Marcellin stupéfait; comment, en si peu de temps...

— Je vous ai dit que vous aviez tort de brusquer Michelot; c'est un homme précieux dans ces sortes d'affaires, qui exigent prudence et célérité... Oui, votre contrat de mariage, dressé par un légiste exercé, et contenant soixante-neuf articles, tous déjà signés et paraphés de la main de monsieur de Blanchefort... Mais rassurez-vous, monsieur le chevalier, je connais votre répugnance pour les affaires; je ne vous ferai pas la lecture de ce volume. Ce sera l'ouvrage du notaire, qui viendra ce soir recevoir les signatures; je me contenterai de vous dire en deux mots ce qu'il contient. Monsieur de Blanchefort accorde à sa fille unique une dot de cent mille livres. C'est peu, eu égard à la fortune connue de monsieur le lieutenant civil et criminel, mais, après tout, il ne pourra déshériter sa fille, et les circonstances actuelles ne permettent pas d'être exigeant.

— Mon excellent père! dit Ernestine en sanglotant, je ne méritais pas qu'il se dépouillât pour m'enrichir, après lui avoir causé tant et de si cruels chagrins!

— Il ne vous enrichit guère, reprit Martin-Simon avec tranquillité, aussi votre futur mari doit-il y pourvoir; car il vous reconnaît un douaire de cent mille livres en sus de votre apport réel; il ne pouvait faire moins pour sa jolie fiancée.

Marcellin haussa les épaules.

— J'accepte cette clause de tout mon cœur, dit-il, et je

donne volontiers cette preuve de désintéressement personnel à mademoiselle de Blanchefort ; mais à quoi me servira cette générosité gratuite, puisque tous mes biens sont saisis, et que la dot d'Ernestine serait insuffisante à les dégager.

— Croyez-vous maintenant qu'il en soit ainsi ? demanda le roi du Pelvoux avec sa bonhomie singulière ; il faut pourtant que vous vous trompiez, car voici une liasse de papiers dans lesquels je trouve des soldes de compte, des quittances de procureurs et d'usuriers, montant ensemble à la somme de cent dix-huit mille livres sept sous huit deniers, par suite desquels votre petit château de Peyras et ses dépendances sont libres de toute hypothèque, dégrevés de toutes charges, et demeurent à votre disposition, comme le jour où vous êtes entré en possession de votre patrimoine.

Il tendit au jeune homme la liasse de papiers, dans laquelle Peyras trouva ses lettres de change et les quittances annoncées.

— Qui a fait cela ? s'écria-t-il ; qui me rend l'héritage de mes pères, le vieux manoir où je suis né ? Qui m'a retiré de l'abîme honteux où je m'étais jeté avec tant d'imprudence ?

— C'est Michelot, ce pauvre Michelot que vous avez si fort maltraité.

— Mais ce n'est pas Michelot qui a payé mes dettes. Michelot n'est pas assez riche pour...

— Poursuivons, interrompit Martin-Simon sans paraître avoir compris la question du chevalier. Le château de Peyras est bien près de Lyon, où votre aventure a causé beaucoup de scandale, et il ne serait pas convenable que vous allassiez, aussitôt après votre mariage, habiter une ville où vous exciteriez au moins une importune curiosité. Un banquier de Grenoble a donc été chargé d'acquérir pour vous, aux environs de cette ville, une belle propriété de dix mille livres de produit environ, où vous résiderez en attendant qu'il vous plaise de retourner à Peyras. Malgré notre diligence, l'acte de vente n'a pu encore être dressé ; vous le recevrez avant peu de jours. — Les jeunes gens ne pouvaient prononcer une parole ; la voix de Martin-Simon lui-même tremblait, quoiqu'il cherchât à conserver un ton léger et indifférent. — Enfin, continua-t-il, comme il ne faut pas que monsieur et madame de Peyras en soient réduits à attendre leurs revenus pour tenir le rang qui leur appartient dans la province, voici une lettre de change de cent mille livres sur monsieur Durand, le banquier dont nous parlions tout à l'heure, et dont maître Michelot connaît parfaitement la solvabilité.

Un moment de silence suivit cette dernière révélation. Marcellin et Ernestine demeuraient pétrifiés ; le roi du Pelvoux les observait du coin de l'œil avec un air de satisfaction profonde. Tout à coup le chevalier se leva :

— Je ne puis accepter tant de bienfaits, s'écria-t-il, sans connaître le bienfaiteur.

Martin-Simon saisit de ses mains calleuses la main délicate de Peyras.

— Jeune homme, reprit-il, ne vous reste-t-il donc aucun parent qui puisse vouloir relever l'honneur de votre maison en réparant vos fautes ?

— Un parent ? répéta Marcellin d'un air pensif ; je n'en ai pas.

— En êtes-vous sûr ? demanda le montagnard avec mélancolie ; êtes-vous sûr de connaître tous ceux qui portent encore votre nom ?

— Trop sûr... A moins...

Il s'arrêta et regarda fixement son interlocuteur. Celui-ci, se levant à son tour, dit d'une voix grave :

— Vous en avez un, chevalier ; vous en avez un, quoique, dans la modeste condition où il vit aujourd'hui, il ne porte pas son nom véritable, et ce parent, c'est Martin-Simon, baron de Peyras, le chef actuel de la famille, car il est de la branche aînée.

Marcellin et mademoiselle de Blanchefort poussèrent un cri de surprise. Michelot seul ne parut point frappé d'une circonstance qu'il connaissait sans doute déjà.

— Quoi ! s'écria enfin le chevalier, vous seriez ce frère de mon père qui disparut tout à coup sans qu'on pût découvrir ce qu'il était devenu ?

— Réfléchissez, étourdi, reprit en souriant le personnage à qui nous continuerons de donner le nom de Martin-Simon ; le baron de Peyras dont vous parlez aurait aujourd'hui quatre-vingt-douze ans, puisqu'il était de six ans plus âgé que le chevalier Philippe votre père, et je ne crois pas que mon visage accuse encore un si grand nombre de lustres. Non, non, le baron Bernard est mort depuis longtemps ; il ne me reste plus de lui, à moi son fils, que son souvenir et le portrait que vous voyez là. — Il désignait un des tableaux dont nous avons déjà parlé, qui représentait un homme de haute taille en costume de montagnard. Le chevalier, par respect pour la mémoire de son père, s'inclina devant ce portrait, comme il eût fait devant le baron dont il était l'image. Ce mouvement si simple, mais qui décelait dans le jeune homme un sentiment profond de la dignité de sa famille, n'échappa pas à Martin-Simon. — Allons, allons, dit-il avec émotion, je ne me suis pas trompé sur votre compte, je le vois : vos folies de jeunesse n'ont pas altéré votre cœur, comme je l'ai craint un moment. Votre respect pour Bernard de Peyras efface dans mon esprit une fâcheuse impression que vos imprudences récentes y avaient encore laissée... Oui, oui, saluez ce portrait, Marcellin, car celui qu'il représente était un homme d'un noble et généreux caractère.

— Son caractère ne pouvait être plus noble et plus généreux que celui de son fils ! s'écria Marcellin avec chaleur en s'approchant les bras ouverts.

— Un instant, chevalier, dit le bailli, en le retenant du geste ; je ne veux pas vous surprendre, et vous devez être en garde contre un premier mouvement, que je crois bon et sincère. Attendez encore ; lorsque vous connaîtrez mieux l'histoire de votre famille, vous verrez si vous devez reconnaître un parent aussi dégénéré que moi ! — Marcellin voulut protester contre la pensée qu'on lui supposait, mais Martin-Simon l'obligea de se rasseoir, et il continua : — Vous savez, Marcellin, que Bernard de Peyras quitta le château à la suite d'une violente querelle qui éclata entre lui et le chevalier Philippe, votre père. J'ai eu bien peu de détails sur cette funeste querelle, dont le baron ne parlait que rarement, et voici seulement ce que j'ai pu comprendre, d'après quelques paroles amères qu'il laissait échapper dans ses quarts d'heure de misanthropie.

« Bernard était l'aîné ; à la mort de son père il devint le chef de la famille, et il hérita, selon l'usage, de toute la fortune ; mais comme il aimait beaucoup son jeune frère Philippe, il ne voulut pas être riche pendant que son cadet serait pauvre, et il lui abandonna une moitié du patrimoine, ou plutôt ils vécurent ensemble à Peyras, sur le pied d'une parfaite égalité. Cependant ils avaient l'un et l'autre des goûts différents. Bernard, grave et froid dans son extérieur et ses manières, s'occupait de sciences, notamment de métallurgie, et passait sa vie dans un laboratoire où il faisait des expériences sur les différents produits des mines du pays. Philippe, au contraire, avait toutes les qualités, tous les défauts d'un gentilhomme ; il était fier, hardi, spirituel, prodigue, aussi recherché dans sa personne que son frère l'était peu ; enfin il avait ces grâces séduisantes et ce don de plaire qui manquaient à son aîné.

» Cependant, malgré ce contraste frappant dans le caractère des deux frères, il ne paraît pas qu'aucun sentiment de mésintelligence ait éclaté entre eux jusqu'au moment où une rivalité d'amour vint les désunir.

» J'avoue encore une fois, que je ne sais pas grand'chose sur cette rivalité. Il paraît pourtant que le baron Bernard aima une demoiselle Sophie de Montheil, dont la famille habitait une petite gentilhommière à deux lieues de Peyras, et qu'il demanda sa main. Tout était prêt pour le mariage, quand il fut révélé au baron que la jeune fille qu'il aimait passionnément et qu'il voulait épouser avait été séduite par son frère Philippe, mais que la famille s'était opposée à leur union, à cause de la position dépendante où se trouvait Philippe vis-à-vis de son aîné.

» En apprenant cette double trahison, Bernard pensa perdre l'esprit. Son âme simple et honnête fut bouleversée par cet événement, et il tomba dans une sombre misanthropie. Néanmoins, généreux même dans ses plus amers désenchantemens, il écrivit aux deux coupables qu'il savait la vérité : il fit dresser une donation de tous ses biens qu'il envoya à Philippe, puis, il quitta Peyras en annonçant que ni son frère ingrat ni sa coupable fiancée n'entendraient plus parler de lui. Il tint parole, et, peu de temps après, Philippe épousa mademoiselle de Montheil, la première femme de votre père. — Martin-Simon s'arrêta, comme si ce récit l'eût lui-même douloureusement affecté. Marcellin et Ernestine l'écoutaient dans un silence religieux. — J'ai regret, mon cher Marcellin, reprit le bailli, de vous affliger en évoquant ces pénibles souvenirs; mais ce n'est pas ma faute si dans cette vieille histoire le beau rôle n'a pas été pour Philippe de Peyras.

— Continuez, continuez, dit le chevalier avec émotion; j'ai des raisons de penser que vous dites la vérité. Je me souviens encore des profondes tristesses qui s'emparaient souvent de mon père dans sa vieillesse. Le seul nom de mon oncle Bernard lui arrachait des larmes, et je suis sûr qu'il eût donné sa vie pour racheter ses torts envers son généreux frère aîné... J'ai entendu dire qu'on avait fait toutes les recherches imaginables pour découvrir le lieu de la retraite du baron Bernard, mais qu'on n'avait jamais pu y réussir. Vous me donnez enfin le mot de cette énigme.

VIII

BERNARD DE PEYRAS.

Martin-Simon poursuivit ainsi :

— Ce fut dans ce pays solitaire, et alors presque inabordable, que Bernard vint cacher ses chagrins et son aversion pour le monde. Il prenait sa nourriture chez un pâtre montagnard dont la cabane se trouvait à l'endroit où s'élève aujourd'hui l'église du village, et il passait les jours à parcourir les parties les plus sauvages de la contrée. Son humeur sombre, ses allures farouches, son goût invincible pour la solitude, avaient fait de lui une espèce d'être surnaturel dont on s'éloignait avec effroi ; Bernard fuyait les hommes parce que les hommes le fuyaient. *L'Esprit de la Montagne*, puisque c'était le nom qu'on lui donnait, passait dans les vallées voisines pour un génie malfaisant, et la haine qu'on lui montrait augmentait sa haine contre les autres. Il fallait un miracle pour le ramener à des sentimens humains, et ce miracle s'accomplit.

» Je vous ai dit que le malheureux Bernard venait chaque jour chercher sa nourriture chez un chevrier. Dans cette cabane, mon pauvre père était traité plutôt comme un hôte dont on craint la présence que comme un ami désiré. Quelques pièces d'or données à la pauvre famille avaient pu seules la décider à entretenir des relations avec l'*Esprit de la Montagne*; et là, comme dans les chaumières d'alentour, Bernard ne trouva longtemps aucune sympathie. Une femme seule, avec cet admirable instinct particulier aux femmes, comprit ce qui se passait dans l'âme du solitaire; on avait cru deviner en lui un grand remords, elle soupçonna une grande infortune. Simple et bonne, elle voulut cicatriser son cœur ulcéré, elle lui montra qu'il est des sentimens plus doux que la haine, elle parvint à le rattacher à la vie par une pitié vraie et constante. Un jour,

Bernard cessa de rechercher les endroits les plus écartés; il consentit à échanger quelques paroles avec ses semblables; puis il ne dédaigna plus d'être témoin de leur bonheur, puis le sourire reparut sur ses lèvres à de rares intervalles, et enfin il prit part aux travaux, aux affaires, aux joies de ses paisibles hôtes... Une femme avait fait tout cela, et cette femme était ma mère, celle dont vous voyez ici le portrait à côté de celui de Bernard.

Marcellin s'inclina devant l'image de l'épouse de son oncle, comme il s'était incliné devant celle de son oncle lui-même. Martin-Simon le regarda fixement.

— Jeune homme ! s'écria-t-il avec chaleur, ne vous abusez pas... Ce premier portrait, bien qu'il représente un pauvre campagnard, ne représente pas moins le baron Bernard de Peyras, qui se montra si généreux envers votre père. Mais cette bonne et simple femme n'était rien de plus que la fille d'un chevrier, une paysanne que le baron Bernard épousa dans un moment de misanthropie, peut-être pour fronder un préjugé. Moi son fils, j'ai reçu son sang roturier; je n'ai pas dédaigné à mon tour d'aller chercher une compagne dans cette race obscure où mon père avait pris la sienne, et je m'en suis applaudi comme lui. Ainsi donc, que ce nom éclatant de baron de Peyras, qui m'appartient encore, ne vous fasse pas illusion : bien peu de personnes savent aujourd'hui que j'ai le droit de le porter, et j'en ai un autre dont je suis fier. J'entends que les services dont vous croyez m'être redevable ne gênent pas votre volonté; je ne vous demande pas de nous reconnaîtra comme étant de votre sang; notre rusticité pourrait être gênante pour vous. Je sais la part qu'on doit faire au rang que vous allez occuper dans le monde, aux préjugés de l'éducation qu'on vous a donnée sans doute. Ainsi donc, mettez-vous à l'aise ; pas de fausse modestie. Lorsque j'appris à l'hospice du Lautaret que vous étiez mon parent, je résolus de me venir en aide si vous en étiez digne ; plus tard, j'ai pensé que si mon père existait encore, il n'eût pu voir sans douleur le nom de Peyras compromis par l'imprudence d'un jeune fou ; en travaillant à relever votre fortune, j'ai voulu suivre l'exemple qu'il avait donné. Enfin, je suis riche ; ma fille est aussi désintéressée que moi, et je n'ai pas à lui réserver de dot, puisqu'elle ne doit se marier jamais. Ce que je vous offre est notre superflu, le fruit peut-être de longues économies, le produit légitime de spéculations heureuses.; si vous l'acceptez, je n'ai compté sur aucune compensation qui pourrait flatter mon orgueil.

Le chevalier avait écouté d'un air pensif les paroles de ce parent qui mettait tant de bonhomie à l'affranchir de toute reconnaissance.

— Vous m'avez mal jugé, monsieur le baron, s'écria-t-il ; aucun préjugé de naissance, aucune puissance tyrannique du monde ne me fera repousser les membres d'une généreuse famille envers laquelle mon père et moi nous avons contracté tant d'obligations !... Permettez-moi donc d'en agir avec vous comme avec un parent bien-aimé, cousin de Peyras...

En même temps, il se jeta dans les bras de Martin-Simon, et ils se tinrent pendant quelques minutes serrés l'un contre l'autre, avec une effusion qui semblait franche et cordiale des deux parts.

— Et moi, monsieur le baron, et moi, dit Ernestine en sanglotant, ne me permettrez-vous pas aussi de remercier mon protecteur, mon père adoptif ?

— J'en remplirai demain tout à fait le rôle, dit Martin-Simon en déposant deux gros baisers sur les joues de mademoiselle de Blanchefort. Ce soir le contrat, demain la cérémonie ; j'ai déjà envoyé un exprès au prieur du Lautaret, qui doit vous marier. Petite folle, continua-t-il en souriant, remerciez Dieu d'être ainsi tirée de ce mauvais pas, au lieu de vous laisser dire que vous êtes mon cousin.

— Monsieur le baron ! s'écria Marcellin d'un ton de reproche.

— Allons, allons, vous vous êtes amendé ; à tout péché miséricorde, n'en parlons plus... Mais à propos, allez-vous encore m'appeler longtemps *monsieur le baron?* Du diable si depuis que j'existe on m'a donné ce titre une seule fois, et dans ce pays on rirait bien fort si l'on savait que le roi du Pelvoux s'est métamorphosé en baron. Je n'ai jamais signé d'un autre nom que de celui de Martin-Simon, comme mon père signait de celui de Bernard, et personne, excepté ma fille Margot, ne connaît notre vrai nom de Peyras. D'ailleurs, pour vous ôter la tentation de me donner désormais cette qualification qui ne convient ni à ma position, ni à mon costume, ni à mes manières, apprenez que je m'en suis démis en votre faveur. Votre père, par un sentiment que j'approuve, n'a pas voulu prendre ce titre, ignorant si son frère aîné existait encore; mais moi j'ai bien le droit de vous transmettre cette partie de mon héritage qui m'est le moins nécessaire. C'est donc vous, mon cousin, que je salue comme le véritable baron de Peyras; il y a dans le contrat une clause qui régularise tout cela.

Marcellin ne répondit pas d'abord. Ces révélations, si nombreuses, si subites, si inattendues le prenaient à l'improviste; il lui fallait du temps pour grouper dans sa pensée les faits qui se présentaient à lui en désordre, et pour ainsi dire en bloc. L'usage du monde lui rendait la dissimulation facile; aussi eut-il l'art de mettre sur le compte d'une émotion que tant de bienfaits rendaient naturelle une hésitation qui résultait peut-être du désir de tirer le meilleur parti possible des événemens.

— Mon généreux parent, dit-il enfin avec un accent pénétré, vos bontés pour moi sont si grandes, que je succombe sous le poids de ma reconnaissance. En vérité je crois rêver, et sûrement j'apprécierai mieux mon bonheur dès que j'aurai le loisir de mieux le comprendre.

Le bailli ouvrit de grands yeux, ne sachant où devait aboutir ce langage entortillé.

— Oui, continua Marcellin en portant la main à son front, il me semble que, pour sentir dignement les joies qui m'arrivent, j'aurais besoin de les sentir l'une après l'autre. Tout se mêle dans mon cerveau. S'il était possible de remettre à quelques jours la cérémonie annoncée pour demain...

— Que signifie ceci, monsieur? demanda le roi du Pelvoux au comble de l'étonnement; c'est vous maintenant qui proposez de retarder l'événement que vous appeliez naguères de tous vos vœux?

— Il me repousse, il ne m'aime plus! s'écria Ernestine avec désespoir.

— Je ne dis pas cela! reprit le jeune gentilhomme d'un air d'embarras; mais vous-même, mademoiselle, ne souhaiteriez-vous pas de mettre un peu moins de précipitation dans un acte si solennel? Vous aurez, j'imagine, quelques préparatifs à faire, quelques arrangemens à prendre...

— Que diable chantez-vous là? interrompit Martin-Simon avec sa rondeur joviale; il n'est besoin ni de préparatifs, ni d'arrangemens; la chose s'accomplira très simplement, avec Michelot et le maître d'école pour témoins; moi et ma fille nous représenterons les grands parens. Il n'y aura ni noces, ni banquet, ni fracas. Je vous dit que tout sera peut-être bâclé demain à pareille heure... et puis je l'ai décidé ainsi, et vous savez, jeune homme, que je n'aime pas à être contrarié; d'autant moins, ajouta-t-il en lui lançant un regard sévère, que mademoiselle de Blanchefort et moi, nous pourrions être fondés à mal interpréter votre peu d'empressement.

— A Dieu ne plaise, mon cher parent! dit Marcellin en cherchant à effacer le fâcheux effet qu'avait produit son hésitation; le jour où cette union s'accomplira sera le plus beau jour de ma vie! Seulement il y a dans nos relations tant de choses que je ne puis encore m'expliquer...

— N'est-ce que cela? Écoutez-moi bien... Lorsque vous m'avez raconté votre histoire à l'hospice de Lautaret, j'ai dû vous promettre mon appui, car les liens secrets de notre parenté m'en faisaient en quelque sorte un devoir. Plus tard, quand maître Michelot voulait vous arrêter, je

le pris à part; je lui dis que j'avais des projets sur vous et que je répondais de l'assentiment de monsieur de Blanchefort. Mon nom, ma réputation de richesse, la bienveillance que je paraissait éprouver pour vous deux, le décidèrent à retarder l'exécution de son mandat, qui, du reste, n'était pas parfaitement en règle, je ne parle pas de certains autres argumens personnels dont j'ai souvent reconnu l'efficacité... J'amenai le procureur au village; avant son départ, je lui appris toute la vérité, et je le chargeai de faire au père de mademoiselle les propositions dont vous voyez le résultat. Tout a réussi, et je me félicite d'avoir choisi maître Michelot pour agent dans cette difficile négociation. Soit à Lyon soit à Grenoble, il a montré une activité merveilleuse, car il a terminé en trois ou quatre jours ce qui eût occupé un autre négociateur pendant un mois. Aussi, mon cher Marcellin, je vous le répète, vous êtes ingrat envers ce pauvre procureur,

Sans doute Marcellin avait encore beaucoup à questionner son protecteur obstiné, et peut-être allait-il lui demander franchement quelques éclaircissemens sur l'origine de sa fortune, sujet que le montagnard évitait avec soin, lorsque la porte s'ouvrit et Marguerite entra. Elle était toujours d'une pâleur livide, bien que pas un muscle de son visage ne trahît plus les sentimens secrets qui lui déchiraient le cœur; on eût dit d'un visage de marbre. Seulement ses yeux noirs avaient un éclat fiévreux sous ses paupières à demi baissées, et sa démarche était plus grave encore qu'à l'ordinaire. A sa vue, Martin-Simon se leva et courut vers elle avec gaieté.

— Tu viens trop tard, ma pauvre Margot, s'écria-t-il, pour assister à une scène attendrissante. Tout à l'heure nous pleurions comme des Madeleines, excepté maître Michelot que voilà là-bas et qui a la fibre lacrymale passablement dure. Mais comme il est procureur, ce n'est pas de sa profession de larmoyer... Tu devines, que j'ai tout dit à ces chers enfans, et que maintenant les mystères sont expliqués... Du reste, ils ne se doutaient de rien, et tu m'as religieusement gardé le secret que tu savais depuis ce matin.

— En est-il ainsi, mon père! demanda Marguerite d'une voix altérée; avez-vous entièrement assuré leur bonheur, et puis-je appeler votre attention sur des devoirs moins agréables à remplir?

— Oh! comme te voilà sérieuse! reprit Martin-Simon, qui alors seulement remarqua l'air solennel de sa fille; mais avant de me dire les grosses nouvelles que tu m'apportes sans doute, tu devrais au moins féliciter ton cousin de Peyras et sa jolie future de leur union prochaine, que diable!

Marguerite ne fit pas un mouvement pour déférer à cette invitation. Les yeux baissés vers la terre, elle répondit lentement, en laissant tomber les paroles une à une:

— Qu'ils m'excusent tous les deux! Je ne saurais forcer ma bouche en ce moment à exprimer des vœux de bonheur; Dieu ne les exaucerait pas!

— Ah çà! que signifie cette tristesse! demanda le bailli; à qui en as-tu, Margot, et qu'est-il donc arrivé?

Sa fille l'entraîna dans un angle de la salle, et lui dit quelques mots à voix basse.

— Raboisson trouvé mort au fond d'un précipice! s'écria le roi de Pelvoux au comble de l'étonnement, je te dis, Marguerite, que la chose est impossible.

Ce nom de Raboisson fit tressaillir le procureur, qui était à l'autre bout de la salle. Il se leva brusquement et s'approcha des interlocuteurs.

— J'ai vu le corps, répondit Marguerite; le chevalier et mademoiselle de Blanchefort ont pu le voir comme moi.

— Ne s'agit-il pas, demanda Michelot, de ce gagne-petit qui s'introduisit ici d'une façon si insolente le jour de notre arrivée au Bout-du-Monde? Est-ce lui que l'on vient de retrouver mort?

Martin-Simon répondit par un signe affirmatif.

— Ignoriez-vous cet événement, mon père ? demanda Marguerite en dardant sur lui ses yeux enflammés.

— Et d'où diable veux-tu que j'aie appris la nouvelle ? Je n'ai pas vu Raboisson depuis le matin où il nous quitta pour se rendre à Briançon, et je le croyais arrivé depuis longtemps dans cette ville, quand j'apprends qu'il s'est laissé tomber dans le précipice de la Grave. Ma foi ! tout bien considéré, je ne trouve pas, Marguerite, qu'il y ait tant à se désoler ; ce n'est qu'un vaurien de moins.

— Est-on sûr, demanda Michelot en affectant l'indifférence, que cette mort ne soit pas le résultat d'un crime ? Ne connaissait-on pas quelque ennemi à ce malheureux ?

— Des ennemis... à lui ? allons donc ! répliqua Martin-Simon avec impatience. Non, non, il ne peut y avoir dans cet événement qu'un simple accident... Raboisson aimait immodérément la bouteille, et la bouteille lui aura été fatale une fois, surtout si, comme je le suppose, cet accident est arrivé le jour même où Raboisson est parti d'ici.

— Pourquoi cela, je vous prie ?

— Pourquoi ? parce que je lui avais donné quelque argent à son départ, et qu'il fit remplir d'eau-de-vie sa gourde, en passant devant une maison du village où l'on vend des liqueurs fortes contre ma volonté ; sans doute le vieux coquin était ivre lorsqu'il a péri.

— Le croyez-vous ? reprit le procureur ; je pourrais faire des révélations particulières dans le procès-verbal que vous êtes appelé à dresser, comme bailli de ce village, sur l'événement dont il s'agit.

— Vous ? s'écrièrent à la fois le père et la fille.

— Moi-même ; souvenez-vous que je partis pour Grenoble peu d'instants avant que cet homme quittât de son côté votre maison, et je le rejoignis à une demi-lieue d'ici, dans un endroit sauvage, non loin du précipice où l'on a retrouvé son corps... J'échangeai quelques mots avec lui, et je puis affirmer par serment qu'il n'était nullement ivre. Sans doute ce fut peu de momens après mon passage qu'arriva l'accident, quoique je n'aie rien entendu.

Un profond silence suivit ces paroles. Le bailli paraissait réfléchir à la circonstance que venait de rapporter Michelot.

— Bah ! dit-il enfin, votre entrevue avec ce pauvre diable ne me donne aucun jour nouveau à l'affaire. Que Raboisson fût ivre ou non, il a bien pu chanceler sur le bord du rocher, ou être entraîné par le poids de sa machine à aiguiser... Mais on consignera votre déposition dans le procès-verbal, et l'autorité supérieure fera une enquête si elle le juge convenable. Ce qui m'embarrasse, continua le roi du Pelvoux en se grattant l'oreille, c'est le procès-verbal lui-même...

— Comment cela ? demanda Michelot.

— Voilà la première fois que je vais dresser un acte de ce genre, et, je vous l'avouerai, je ne parviendrai jamais à rédiger seul un raport de passer sous les yeux de messieurs du parlement de Grenoble.

Le procureur sourit.

— Je n'aime pas à me mêler de semblables affaires, dit-il ; si cependant ma faible expérience et mon habitude des formes de la procédure pouvaient vous être utiles.

— J'accepte de tout mon cœur, répondit Martin-Simon avec empressement, et vous me rendrez un véritable service en voulant bien m'assister dans cette besogne. Le maître d'école, Eusèbe Noël, nous servira de greffier ; son écriture est fort belle, et, pourvu qu'il n'ait pas de distractions, il ne manquera rien à notre procès-verbal.

— Oui, oui ; il n'y manquera rien, je vous l'assure, répliqua Michelot.

En recevant cette assurance, dans laquelle le procureur mettait certainement de l'ironie, le bailli parut déchargé d'une grande inquiétude.

— Eh bien ! dit-il avec vivacité, finissons-en au plus tôt avec cette vilaine corvée... Il ne faut pas attrister ces enfans par de pareilles images... Allons bien vite où l'on nous attend. Ma chère Margot, fais prier Noël de se rendre

chez Robert... Vous, mes amis, continua-t-il en s'adressant aux jeunes gens, songez que ce soir nous signons le contrat.

— Mon bon parent, murmura le chevalier à son oreille au moment où il allait sortir, l'événement qui vient d'arriver est de nature à vous occuper exclusivement pendant quelques jours... Si donc vous vouliez attendre que votre esprit fût plus tranquille...

— Je n'attendrai pas un jour, pas une heure, pas une minute, dit Martin-Simon d'un ton péremptoire ; tout sera fini demain ou tout sera rompu, et, dans ce dernier cas, monsieur le chevalier, vous perdrez avec mon amitié et mon estime beaucoup plus que vous ne pensez.

En même temps il fit signe à Michelot, et ils sortirent tous les deux.

Peyras resta comme étourdi du ton menaçant qu'avait pris le bailli en prononçant ces paroles. Ernestine se rapprocha de lui, espérant peut-être un mot bienveillant, un signe affectueux.

— Marcellin, dit-elle avec mélancolie, n'est-ce pas un triste présage pour nous que la découverte de ce cadavre en ce moment ?

— Je ne crois pas aux présages ! répondit-il froidement sans la regarder.

Et il sortit aussitôt.

— Il ne m'aime plus ! dit la pauvre Ernestine avec désespoir.

Marguerite lui prit la main et, la serrant avec force, elle murmura d'un ton farouche :

— Je suis plus malheureuse que vous... moi qui n'ai pas mérité mon malheur !

IX

LA CONFESSION.

Le contrat fut signé le soir même, en présence du tabellion d'une bourgade voisine dont Martin-Simon avait déjà éprouvé la discrétion, et la cérémonie religieuse demeura fixée au lendemain matin, malgré la répugnance à peine dissimulée du chevalier de Peyras. Il fut convenu encore qu'aussitôt après la célébration du mariage, Michelot partirait pour Lyon, afin d'apprendre à monsieur de Blanchefort le résultat heureux de ses négociations ; quant aux jeunes gens, ils devaient, à la prière du roi du Pelvoux, séjourner au Bout-du-Monde jusqu'à ce que la nouvelle propriété, dont l'acquisition se poursuivait à Grenoble, fût préparée pour les recevoir.

Il fallait une volonté inflexible comme la sienne pour que Martin-Simon exécutât ses plans malgré l'opposition secrète de ceux mêmes que ces plans intéressaient le plus. Mais, après avoir terminé, avec le secours de Michelot et du maître d'école, le procès-verbal du décès de Raboisson, il avait paru songer à cette affaire que pour s'enorgueillir de ce qu'il appelait un chef d'œuvre de procédure, et il avait retrouvé toute sa présence d'esprit.

Il remarqua bien plus d'une fois, dans le cours de la soirée, la morne et silencieuse consternation de sa fille, le mauvais vouloir et l'impatience de l'impétueux chevalier, la douleur profonde d'Ernestine, l'air pensif, sinistre et parfois railleur de Michelot ; mais ces observations, qui étaient de nature à lui donner à penser, ne purent décider l'opiniâtre Martin-Simon à changer quoique ce fût à ses desseins : seulement il adressa séparément à chacun des assistans quelques mots qui empêchèrent une explosion possible, une rupture peut-être.

Ainsi, voyant Marcellin hésiter au moment d'apposer sa signature au bas du contrat, il lui dit à l'oreille :

— Cinq cent mille livres et mademoiselle de Blanche-fort, ou le déshonneur sans elle! Choisissez.

Et le chevalier signa.

Une fois, Ernestine fut sur le point d'éclater à un mot plein d'amertume et de dureté que venait de lui adresser Marcellin ; les larmes de la jeune fille se séchèrent tout à coup dans ses yeux, et une étincelle électrique pétilla sous ses paupières. Martin se glissa près d'elle :

— Folle! murmura-t-il, allez-vous donc lui fournir un prétexte? Que vous et lui le veuilliez ou ne le veuillez pas, ne faut-il pas que vous soyez mariés?

Et la pauvre Ernestine baissa la tête, pour cacher ses larmes qui recommençaient à couler.

Quant à Marguerite, il profita d'un moment où l'on ne l'observait pas pour lui dire affectueusement :

— Pourquoi cet air sombre, ma mie? et à quoi penses-tu donc? ce qui est arrivé à Raboisson ne doit pas t'atris-ter ; c'est une punition de Dieu. La Providence s'est char-gée elle-même d'assurer notre tranquillité, bien mieux que nos plus sages combinaisons.

Enfin l'heure du sommeil arriva, et la gêne qui régnait dans l'assemblée rendait nécessaire à tous le repos ou du moins la solitude. On prit congé les uns des autres avec une apparence de satisfaction mutuelle que l'on était loin d'éprouver. Comme Marcellin déposait un froid baiser sur le front de sa fiancée, Margot dit quelques mots tout bas au maître d'école, qui avait servi de témoin au contrat, et qui, pendant la soirée, s'était montré mal à l'aise et dis-trait. Eusèbe s'inclina sans répondre, et l'on se sépara.

Ainsi qu'on peut le croire, tout le monde ne dormit pas d'un bon sommeil cette nuit-là dans la maison du roi du Pelvoux; mais aucun de ceux qu'elle renfermait ne fut en proie à une agitation aussi vive que le chevalier de Pey-ras. Il s'était d'abord jeté sur son lit, dans une petite chambre du premier étage, mais bientôt la fièvre dont il était dévoré le chassa de sa couche. Les événemens de la journée se reproduisaient à sa pensée ; il songeait avec co-lère à la nécessité où il s'était trouvé de se soumettre aux volontés de son impérieux bienfaiteur. Il n'avait pas osé résister ouvertement ; mais maintenant qu'il était seul avec lui-même, il cherchait à dominer les circonstances, qui jusque-là l'avaient entraîné malgré lui. Ernestine avait déjà tant perdu dans son affection qu'il ne voyait plus en elle qu'un obstacle à ses projets.

Le chevalier de Peyras en effet n'en était plus, comme nous l'avons dit, à ressentir les douces et délicates émo-tions d'un premier amour. Il y avait bien en lui un fonds de générosité; mais, resté de bonne heure maître absolu d'une fortune très suffisante pour un gentilhomme de province, il avait précocement abusé de la vie. Galant, spirituel, assez peu soucieux de son patrimoine, il n'avait pas manqué dans sa ville natale de ces amours légères et faciles qui étiolent l'âme et finissent par la tuer. Il était donc déjà vieux par le cœur lorsque la vue d'Ernestine de Blanchefort avait produit sur lui une impression nou-velle.

Une jeune fille belle, modeste, prisonnière dans une an-tique maison où veillait sur elle l'œil jaloux d'un père ivre, devait plaire à un libertin étourdi qui n'avait ja-mais trouvé d'obstacles sérieux à ses passions. Il aima donc Ernestine autant qu'il pouvait encore aimer, c'est-à-dire d'un amour hardi, opiniâtre, mais auquel l'orgueil avait la plus grande part. Tant qu'il avait lutté contre des volon-tés énergiques, tant qu'il avait eu à la défendre contre Michelot et ses agens, cet amour s'était soutenu par l'effet même des difficultés qu'il rencontrait ; mais maintenant que les dif-ficultés cessaient tout à coup, maintenant que l'obstacle n'existait plus et qu'il allait épouser cette femme tant dé-sirée, il ne ressentait plus qu'indifférence pour elle, et son imagination ardente l'emportait vers un autre objet.

Ainsi, pendant cette longue nuit d'insomnie, Marcellin se disait qu'avec la fortune dont il allait jouir il eût pu trouver un parti plus brillant que la fille d'un magistrat de province. Il calculait qu'un mariage plus avantageux lui eût fourni le moyen de vivre à Versailles ou à Paris, ces Eldorados de la noblesse d'alors; de se faire présenter à la cour, et de parvenir aux honneurs tout comme un autre.

Mais le plus souvent sa pensée se reportait sur l'incon-cevable munificence de son hôte, de cet homme à la fois si simple et si mystérieux, qui avait donné une somme énorme comme s'il n'eût pas connu la valeur de l'argent et les jouissances qu'il procure. Puis réfléchissant à l'ori-gine probable, certaine à ses yeux, de cette immense for-tune, Peyras se prenait par momens à accuser Martin-Simon d'avarice à son égard ; il lui semblait que ce gentilhomme dégénéré, qui avait à sa disposition une mine d'or, aurait dû favoriser davantage un jeune parent qu'il semblait aimer et qui avait à lui pardonner la bas-sesse de ses alliances. L'idée de cette mine surtout enflam-mait son sang. Il avait des accès d'hallucination pendant lesquelles il se voyait puisant à pleines mains dans le trésor du roi du Pelvoux, et prodiguant l'or en fêtes, en constructions splendides, en vêtemens somptueux. Sa tête s'égarait à ces éblouissantes images, et il murmu-rait des paroles sans suite où se peignait le désordre de ses idées.

La nuit touchait à sa fin, et Marcellin n'avait pu jouir encore d'un seul instant de sommeil. Comptant peut-être que l'air frais des montagnes calmerait l'effervescence de son esprit, il ouvrit la fenêtre, et s'accoudant sur le balcon de bois, il contempla le vaste et silencieux paysage qui s'étendait devant lui.

Une légère teinte rosée annonçait seule l'approche du jour du côté de l'orient ; la vallée était encore plongée dans l'obscurité, bien que les cimes neigeuses des plus hautes montagnes fussent déjà éclairées par le premier reflet de l'aurore. Quelques étoiles scintillaient sur l'azur pâlissant du ciel comme des étincelles qui allaient bientôt s'éteindre. Des vapeurs blanches restaient immobiles au sommet des pitons effroyables qui dominaient les habita-tions, tandis que d'autres enveloppaient mollement d'un voile diaphane les bas-fonds de la plaine. Aucun bruit ne troublait le calme solennel de la nature ; la brise froide, irrégulière, toute chargée des senteurs des sapins et des mélèzes, trop faible pour exciter même un frémisse-ment dans les arbres dont le village était parsemé.

Le chevalier examinait chaque partie de ce magnifique panorama comme s'il eût voulu en rien perdre de ses beautés. Cependant cette scène grandiose n'avait éveillé aucun sentiment d'admiration chez l'ambitieux Peyras, et cet air balsamique qui circulait autour de son front brûlant n'en avait pas apaisé les ardeurs. La même pen-sée l'occupait toujours : dans tout cet espace, il n'en cher-chait que la mine d'or de Martin-Simon ; son regard s'arrêtait sur chaque ondulation de terrain que le crépus-cule lui permettait de reconnaître, comme s'il eût voulu à cette distance en sonder les profondeurs ; et dans son délire, il murmurait :

— Ce doit être là !

Cette contemplation durait déjà depuis quelque temps et pouvait se prolonger jusqu'à ce que le jour vînt chas-ser les maladives illusions de la nuit, lorsqu'un bruit as-sez léger se fit entendre dans la maison même. Au même instant la porte extérieure s'ouvrit avec précaution, et le chevalier, en se penchant au balcon, vit quelqu'un s'éloi-gner lentement.

Frappé de l'étrangeté de cette circonstance, il essaya de reconnaître la personne qui traversait en ce moment la petite place du village. C'était une femme, mais un man-telet brun qui couvrait ses épaules, sa tête et ses bras, em-pêchait de voir son visage. Cependant Marcellin crut dis-tinguer la haute taille et la démarche majestueuse de sa cousine Marguerite.

Où pouvait aller à pareille heure une jeune fille dont on vantait la sagesse et dont la vertu était poussée jus-qu'au rigorisme? Peyras, avec sa légèreté de débauché, soupçonna tout d'abord l'austère Marguerite d'hypocrisie, et pensa qu'elle allait rejoindre quelque Lucas de village; mais ce soupçon dura peu, et son esprit, frappé d'une idée dominante, lui suggéra une autre supposition. Il avait entendu dire que Martin-Simon et sa fille se rendaient souvent de nuit à la mine, et qu'ils en rapportaient une certaine quantité de minerai dont on faisait ensuite des lingots dans un caveau de la maison. Il s'imagina donc que s'il pouvait suivre Marguerite de loin, sans être aperçu, il apprendrait peut-être enfin ce secret qu'il eût payé de dix années d'existence.

Cette supposition prit rapidement la consistance d'une certitude, et exalta jusqu'au délire ses facultés déjà si fortement tendues. Il mesura du regard l'élévation de la fenêtre; cette élévation était telle que, de sang-froid, il eût reculé devant le danger d'une semblable voie. Descendre l'escalier et gagner la porte à tâtons eût pu faire du bruit, et d'ailleurs il eût éprouvé de grandes difficultés à se diriger dans une maison dont les êtres ne lui étaient pas familiers. Marguerite, ou du moins la personne qu'il prenait pour elle, avait déjà traversé la petite place et allait disparaître à l'autre extrémité. Or, comment la suivre dans l'obscurité, s'il la perdait un instant de vue? Il était robuste, agile; il se souvenait des escapades amoureuses d'avoir fait des sauts plus dangereux, aussi n'hésita-t-il pas; il se suspendit par les mains au balcon, et se laissa choir sur le sol, sans autre inconvénient qu'une violente secousse. Puis il se mit à courir après la fugitive, sans songer qu'il s'exposait au brouillard froid des montagnes, en simple habit du matin.

Bien lui prit que Marguerite, car c'était elle, fût de son côté entièrement absorbée dans ses réflexions. Malgré la légèreté du chevalier, on aurait pu l'entendre quand il s'était élancé de la fenêtre, ou quand il courait sur le rocher qui formait le sol de la place; mais on ne retourna pas la tête et on continua de suivre lentement ce que nous pourrions appeler la principale rue du village, si ce mot n'était pas trop ambitieux pour désigner un large chemin bordé de maisons à longs intervalles.

Marcellin régla son pas sur celui de la promeneuse, en prenant soin de se tenir dans l'ombre projetée par les bâtimens et les arbres qui bordaient la voie publique. Ces précautions eurent tout le succès possible; il suivit de très près Marguerite sans qu'elle se doutât de sa présence, et, le cœur palpitant de joie, il se crut sur le point d'atteindre le but de ses désirs.

Cette espérance s'évanouit bientôt: la jeune fille, au lieu de prendre un sentier qui devait la conduire dans les parties solitaires de la vallée, s'arrêta devant une petite maison isolée qui s'élevait au bout du village, et frappa, en appelant d'une voix étouffée. Une minute se passa; enfin la porte s'ouvrit et un reflet lumineux en jaillit comme un éclair pendant que l'on entrait.

Le désappointement du chevalier de Peyras fut complet en découvrant où aboutissait cette course matinale. Il s'était arrêté brusquement et allait revenir sur ses pas. Un sentiment de jalousie le retint, car ses premières conjectures se présentèrent de nouveau à son esprit. Bien que l'admiration qu'il ressentait pour Marguerite ne fût pas précisément de l'amour, il eut comme un mouvement de dépit à la pensée qu'un autre pût être aimé de sa cousine. Il s'avança donc en silence vers la porte, que, par distraction sans doute, on avait laissée entr'ouverte.

Marguerite, debout devant une cheminée où brûlait un énorme sapin, était drapée dans son mantelet, dont le capuchon rejeté en arrière laissait voir ses longs cheveux noirs épars sur ses épaules. Son visage avait encore cette pâleur mate, seul signe extérieur du trouble de son âme. Sa contenance était pensive, et la flamme du foyer, en jetant sur elle une lueur mobile, lui donnait quelque chose de fantastique et de surnaturel.

Deux autres personnes, qui se tenaient dans un angle obscur de la pièce, s'entretenaient avec elle. Comme l'observateur ne pouvait d'abord ni les voir ni les entendre, il

jeta un rapide coup d'œil dans la maison, pour chercher à deviner la condition du propriétaire. La scène se passait dans une petite salle assez mesquinement meublée; au centre se trouvait une table chargée de papiers et de livres ouverts; tout à l'entour étaient disposés des bancs de bois pareils à ceux que l'on voit dans les écoles.

Cette circonstance expliquait tout: Marguerite était chez Eusèbe Noël. Bientôt même, comme pour ne laisser aucun doute à cet égard, le vieil enthousiaste de Virgile se montra lui-même, enveloppé dans une antique houppelande, sa perruque à l'envers; il parlait d'un air effaré à la jeune fille qui ne lui répondait pas. Elle écoutait au contraire avec déférence l'autre interlocuteur, dont la voix onctueuse et pénétrante faisait contraste avec la voix aigre de Noël. Un jet lumineux éclaira enfin ce nouveau personnage et permit de reconnaître le prieur du Lautaret. Marcellin se souvint alors que Martin-Simon avait mandé la veille l'hospitalier pour la célébration du mariage, et qu'on l'avait logé chez Eusèbe Noël, parce qu'il ne restait aucune chambre libre dans la maison. Il rougit de ses soupçons envers sa parente, mais, impatient de connaître la nature du motif qui avait conduit Marguerite chez son vieux précepteur, il se blottit derrière la porte et se mit à écouter.

En ce moment, Marguerite disait au prieur du Lautaret:

— Je savais que vous étiez ici, mon révérend père, et je vous ai fait prier par Eusèbe de vouloir bien m'attendre ce matin, car j'ai grand besoin des conseils de votre expérience et des consolations de votre charité.

— Il suffit, ma fille, répondit le vieux moine; je suis prêt à vous entendre. Mais est-ce comme homme d'expérience ou comme prêtre du Christ que vous m'appelez à vous?

Marguerite ne répondait pas. Le prieur se tourna vers le maître d'école.

— Excusez-moi, monsieur Noël, lui dit-il, si je vous prie de remonter à votre chambre... Je vais remplir auprès de cette jeune fille les devoirs de mon saint ministère.

Mais Noël parut avoir quelques raisons secrètes de ne pas se rendre à cette invitation. S'adressant à Marguerite, il lui dit d'un ton affectueux:

— Ma maison, comme tout ce qui m'appartient, est à la disposition de mademoiselle Simon; mais excusera-t-elle un ami de sa famille qui la voit affligée et qui voudrait aussi tenter quelque chose pour la consoler?... Parlez, mon enfant, croyez-vous que les conseils du pauvre vieux Noël vous seraient inutiles dans l'affaire qui vous occupe? Tout sage et expérimenté que soit monsieur le prieur, pourquoi ne me consulteriez-vous pas en même temps que lui? Plus d'une fois déjà vous avez eu recours à mes faibles lumières, et vous ne vous en êtes jamais repentie.

Le moine à son tour parut piqué de l'insistance du maître d'école.

— Mon digne hôte, dit-il, n'avez-vous pas compris que mademoiselle Marguerite avait à me faire des révélations qui ne devaient pas être entendues par des oreilles profanes?

— Odi profanum vulgus et arceo, grommela le magister en appelant à son secours sa distraction factice et ses citations latines.

Marguerite reprit après une courte pause:

— Eh bien! soit! restez tous les deux; j'ai aussi certaines questions à vous adresser, monsieur Noël.

Celui-ci s'empressa d'offrir des sièges, et jeta un regard de triomphe sur le prieur, évidemment contrarié de la détermination subite de Marguerite. On fit cercle autour de la cheminée, comme pour une causerie intime. La jeune fille, toujours enveloppée dans sa mante, se plaça entre les deux vieillards, qui attendaient qu'elle prît la parole. Elle resta pourtant silencieuse, les yeux fixés sur les braises du foyer.

— Eh bien ! Marguerite, qu'avez-vous à nous dire ? demanda enfin le maître d'école.

— Vous savez que Raboisson est mort ? répliqua-t-elle d'une voix étouffée et tout d'une haleine, sans lever les yeux.

Le magister pâlit.

— Je le sais, je le sais, répondit-il. Ne m'a-t-on pas obligé de servir de scribe, hier, en présence du cadavre, lorsqu'on a dressé le procès-verbal de décès ? Cet horrible tableau me poursuit encore ! Je crois toujours voir ce malheureux tel qu'il était lorsque...

Il s'arrêta et porta sa main devant ses yeux, comme pour échapper à quelque sinistre apparition.

— C'est à propos de cet écrit que je désire avoir des éclaircissemens, reprit Marguerite ; je voudrais savoir s'il a été reconnu que Raboisson fût mort par accident ou... d'une autre manière.

Les deux vieillards échangèrent un signe rapide.

— Qui peut le dire ? fit Noël avec effort.

— Ainsi donc personne n'a exprimé le soupçon que la mort de ce malheureux fût le résultat... d'un crime ? Répondez, répondez, s'écria Marguerite, avec véhémence, cette pensée n'est-elle venue à personne ?

Eusèbe était en proie à une émotion profonde.

— Je dois avouer, dit-il enfin, que cet homme de loi... le procureur Michelot...

— Je m'en doutais, reprit Marguerite comme à elle-même ; cet homme doit flairer le crime comme le vautour de nos montagnes flaire sa proie du haut des airs. Ainsi donc on a déjà des soupçons !... Eh bien ! Noël, dans cet acte que vous avez copié, on exprime ces soupçons, n'est-ce pas ? on appelle les investigations de la justice sur cet événement ?

— Oui... non... en vérité j'étais si troublé que je n'ai pu remarquer...

Marguerite frappa du pied avec violence.

— Parlez ! s'écria-t-elle avec autorité, je veux m'éclairer, j'attends, j'exige la vérité tout entière !... Quoique vous cherchiez parfois à en imposer par des singularités apparentes, afin qu'on ne se défie pas de vous, je n'ignore pas que vous êtes plein de prudence et de sagacité ; répondez-moi donc franchement, au nom de ce que vous avez de plus **cher** ! Croyez-vous que la mort de Raboisson soit l'effet d'un meurtre, d'un assassinat ?

Elle prononça ces paroles avec une énergie sauvage.

— De grâce, Marguerite, répondit le maître d'école, le front ruisselant de sueur, ne m'interrogez pas, ne me forcez pas à vous dire...

— Il n'ose pas parler ! il craint de me déchirer le cœur en m'avouant les soupçons horribles qu'il a conçus comme moi !... Eh bien ! et vous mon révérend père ? continua Marguerite, en s'adressant au prieur ; vous connaissez aussi toutes les circonstances de cet événement, vous ne me cacherez pas l'impression que vous en avez ressentie ; vous êtes ministre du Seigneur, et vous ne pouvez prononcer des paroles mensongères... n'est-ce pas que Raboisson a péri par la main d'un criminel ?

Le vieil hospitalier attacha sur elle un regard pénétrant.

— Et quand cela serait, ma fille ? demanda-t-il ; quel intérêt pouvez-vous avoir ?

— C'est donc vrai ? interrompit Marguerite avec un accent déchirant ; ils le croient tous les deux !... Et moi qui pensais avoir été seule jusqu'ici à pénétrer ce mystère de honte et de crime ! Ils ont deviné le coupable, ils l'ont accusé et jugé dans leur cœur, quoiqu'ils n'aient pas cru avoir le droit d'appeler mon père « assassin » en ma présence !

En même temps elle se renversa sur son siège et donna les marques du plus effrayant désespoir.

Les deux vieillards étaient pétrifiés : Peyras lui-même se sentit ému en voyant l'état affreux de sa jeune parente.

— Qu'a-t-elle dit ? demanda le maître d'école, l'ai-je bien entendu ? est-il possible que Marguerite...

— La malheureuse enfant accuse son père ! répliqua le prieur.

Cette parole sembla ranimer Marguerite.

— Qui accuse mon père ? s'écria-t-elle dans une sorte de fureur ; qui ose dire que Martin-Simon, le roi du Pelvoux, le bienfaiteur de toute la contrée, a pu se rendre coupable d'un pareil crime envers ce misérable vagabond ? Qui a souillé sa bouche d'un pareil blasphème ? Ce n'est pas moi, c'est vous... vous qu'il a comblés de ses bienfaits !... Vous étiez pauvre et sans asile, Eusèbe Noël, lorsqu'il vous accueillit ici, lorsqu'il vous donna cette maison où nous sommes, lorsqu'il vous reçut à sa table, lorsqu'il vous procura sécurité, repos, bonheur !... Et vous, révérend prieur, vous avez oublié les dons pieux faits par lui à votre hospice, les réceptions cordiales lorsque, vous et vos frères, veniez lui rendre visite ; vous avez oublié la protection généreuse qu'il n'a cessé de vous accorder... C'est pourtant vous deux, ses meilleurs amis, qui l'avez accusé les premiers ! C'est vous qui avez pensé les premiers à le maudire !... Allez, vous êtes des ingrats ! — Il n'y avait rien de raisonnable à opposer à cette explosion d'une douleur longtemps contenue. Eusèbe et le prieur attendaient qu'elle se calmât par sa violence même. Un brusque revirement s'opéra bientôt dans les pensées de Marguerite. — Grâce ! pardonnez-moi, mes amis, reprit-elle en fondant en larmes ; je vous accuse à tort ; vous ne deviez pas, vous ne pouviez pas me soupçonner comme moi ; vous n'aviez pas entendu ce que j'ai entendu, vous ne saviez pas ce que je savais ! Oui, oui, nous nous sommes trompés, ne me croyez pas, ne croyez pas à vous-même !... Allons !... allons, mon révérend père, dites-moi que j'ai perdu la raison, que je suis injuste, criminelle, d'avoir conçu cette idée monstrueuse ! C'était pour entendre vos reproches à ce sujet, pour que vous m'accabliez de votre colère et de votre indignation que je voulais vous voir ce matin... J'ai eu l'audace d'accuser un moment d'un crime abominable celui à qui je dois la vie... C'est un grand péché, cela, n'est-ce pas ? Allons, tonnez, emportez-vous !... Mon vieux maître, dites-moi que je suis une insensée... mon révérend père, dites-moi donc que je suis une impie !

Elle s'arrêta épuisée ; ses auditeurs suivaient avec angoisse les différentes phases de cet affreux délire que la froide Marguerite éprouvait pour la première fois de sa vie. A la lueur vacillante du foyer, Peyras la voyait s'agiter, livide, égarée, folle entre les deux vieillards, dont l'un levait les yeux au ciel, tandis que l'autre se tordait les mains avec désespoir.

— Revenez à vous, Marguerite, ma chère élève, mon enfant bien-aimée ! disait Noël ; votre imagination vous trompe... votre père n'est pas, ne peut être coupable du crime que vous lui imputez !

— Il est innocent, ma fille ! disait le prieur avec un accent de conviction profonde.

— Innocent ! le croyez-vous ? demanda Marguerite. Écoutez ; je veux tout vous apprendre, afin que vous soyez juges ; puis vous me répéterez encore que je suis imprudente, absurde, cruelle, et que j'ai calomnié le meilleur des pères... Vous saurez donc que Martin-Simon a un secret de la plus haute importance. Un homme parvint à pénétrer ce secret, du moins en partie ; cet homme était Raboisson. J'ai vu mon père, si noble, si fier, pâlir et trembler en présence de ce mendiant en haillons ! Je l'ai vu supporter en frémissant de colère les familiarités hardies, les insolentes provocations de ce vagabond méprisable. Enfin il a perdu patience ; il a proféré devant moi des menaces de mort contre cet ivrogne imbécile qui sans cesse troublait son repos, empoisonnait son bonheur... Eh bien ! mon révérend père, eh bien ! mon bon Noël, le lendemain du jour où ces menaces ont été entendues, Raboisson a péri dans le gouffre de la Grave !

Sa voix s'affaiblit et s'éteignit enfin dans les sanglots. Le prieur et Eusèbe Noël se levèrent à la fois.

— Ma fille, dit le vieux moine avec solennité, vous attendez de moi des conseils et des consolations ; ni les uns ni les autres ne vous manqueront...

— Oh ! merci, merci ! s'écria la jeune fille, dont les joues se colorèrent d'un léger incarnat : vous êtes bon, mon révérend père ; mais aussi vous êtes un homme juste et sage, vous ne pourriez pas vouloir déguiser votre pensée !... Oh ! je vous en récompenserai, soyez-en sûr ! je vous offrirai un calice d'or pur pour votre chapelle du Lautaret... Mais vous, Noël, vous, mon vieux précepteur, ajouta-t-elle en se tournant vers le maître d'école, vous ne me dites rien... Par pitié, donnez-moi aussi l'assurance que vous n'accusez pas mon père, que vous l'aimez, que vous l'estimez toujours comme votre bienfaiteur et votre ami !

— Pouvez-vous en douter, Marguerite ? s'écria le magister avec entraînement ; Dieu du ciel ! je n'avais pas prévu...

Marguerite se leva brusquement à son tour.

— Ainsi donc, reprit-elle avec un sourire convulsif, j'étais une folle, une fille dénaturée... Comme je suis heureuse de vous avoir confié mes révoltans soupçons ! J'ai bien souffert pendant l'horrible nuit qui vient de s'écouler !... Mais maintenant c'est fini... Je ne vous demande pas qui est le coupable ; qu'importe, puisque mon père est innocent ? Adieu, adieu, mes respectables amis, je vous dois plus que la vie !

Elle arrangea sa mante comme pour s'éloigner ; mais l'hospitalier l'arrêta.

— Où donc allez-vous, ma fille ?

— Je vais aux genoux de mon père lui avouer ma faute, implorer mon pardon. Il me pardonnera certainement, car il m'aime !... Ne me retenez pas ; tant que je sentirai sur mon cœur ce terrible remords, je ne pourrai goûter aucun repos.

— Attendez, Marguerite, reprit le prieur avec mélancolie, tout n'est pas encore dit sur cette triste affaire. Il ne suffit pas que Martin-Simon soit innocent, il faut encore que le monde le croie tel...

— Comment ! on le soupçonne donc ?

— Il est impossible de le cacher, beaucoup de personnes ont été témoins de la dernière altercation du bailli avec ce malheureux Raboisson, et en ont tiré des inductions fâcheuses... Interrogez monsieur Noël ; il connaît les termes de ce procès-verbal que votre père a laissé dicter par le procureur Michelot avec une confiance bien déplorable, puisqu'il paraît qu'on peut s'en servir contre lui-même.

— Il est vrai ! s'écria le maître d'école, et que deviendrais-je, bon Dieu ! si l'on accusait mon bienfaiteur d'un pareil crime ! Mais ces craintes ne se réaliseront pas, je l'espère, quoique le souvenir de cet homme de loi au sourire faux et hypocrite me fasse frémir par momens... J'ai des raisons de penser que Michelot connaissait Raboisson beaucoup mieux qu'il ne veut le dire, et peut-être ourdit-il déjà quelque trame ténébreuse...

— Oubliez-vous donc, Eusèbe, que ce Michelot dont vous parlez quittera le village aujourd'hui même, et que, selon toute apparence, il ne reviendra jamais au Bout-du-Monde ?

— Oui, mais il s'est chargé de remettre au parquet du parlement de Grenoble ce terrible procès-verbal, et l'on ne sait pas quelle tournure il pourra donner à cette affaire... Défiez-vous de lui, je vous dis, et puisque vous êtes riches, achetez son silence à tout prix. Sans doute il demandera beaucoup, car il connaît votre secret.

— Notre secret ! répéta Marguerite en tressaillant.

Il se fit une longue pause.

— Ma fille, dit enfin l'hospitalier, vous et votre père vous êtes seuls à ignorer que la dissimulation ne vous est plus nécessaire. Les bruits vagues qui ont couru si long-temps sont confirmés par des indiscrétions de Raboisson...

Il ne reste plus de doute à personne sur l'existence d'une mine d'or découverte par votre aïeul.

Marguerite hésitait à répondre.

— Le fait est-il sûr ? murmura-t-elle, le moment prescrit serait-il arrivé ?... Eh bien ! mon père. continua-t-elle avec une dignité mélancolique, quand même on aurait dit vrai, vous ou personne au monde pourriez-vous nous reprocher d'avoir mal employé l'or que Dieu nous envoyait ? Notre richesse ne nous a-t-elle pas toujours mérité les bénédictions du pauvre et du malheureux ?

— J'en conviens, ma fille, mais oseroz-vous affirmer qu'il en sera toujours ainsi ? Cet or ne peut-il devenir pour vous et pour les vôtres la cause de toutes sortes de maux ? Ne peut-il exciter des passions mauvaises, des scandales, des crimes ?... Et, voyez, ne vous semble-t-il pas déjà que l'influence sinistre de ce métal perfide agisse autour de vous ? Qui sait si Raboisson n'a pas été la victime de quelque homme avide qui voulait lui arracher son secret ? Vous-même, mon enfant, n'avez-vous pas cru un moment que votre vertueux père avait pu, pour conserver son trésor, commettre un assassinat !

— Laissons ce triste souvenir, mon révérend... Ce trésor, du jour où il ne pourra plus être employé saintement, du jour où il deviendra l'objet d'un désir coupable, la cause d'une mauvaise action, n'appartiendra plus à personne, et sera perdu à tout jamais, pour les bons comme pour les méchants.

Les yeux du vieux moine brillèrent d'un éclat inaccoutumé.

— Que dites-vous là, ma fille ? s'écria-t-il chaleureusement ; quoi ! serait-ce reconnaître dignement les présens de la divine Providence que de les anéantir et d'en priver ainsi l'humanité ? Manque-t-il donc sur la terre de misères à vêtir, de pauvres à nourrir, de malades à soulager ? Employez ces richesses en bonnes œuvres, ma fille, et elles vous profiteront encore. Je vous parlerai avec franchise : depuis longtemps je sais la vérité, et plus d'une fois j'ai prouvé à votre père combien il serait sage de léguer après sa mort cette mine à la pieuse maison dont je suis un des desservans ; s'il veut y renoncer durant le cours de sa vie, ne vaut-il pas mieux la confier à des religieux qui l'emploieront au service de Dieu, que de l'anéantir comme vous semblez en avoir la pensée ? Cet or ne sera-t-il pas sanctifié par l'usage que nous en ferons ? Notre hospice est pauvre ; souvent le voyageur égaré n'y trouve pas tout le bien-être que nous serions heureux de lui procurer ; les offrandes ne sont ni nombreuses, ni importantes dans ces pays écartés ; nous n'avons pas, comme nos frères les hospitaliers du mont Cenis, des ressources suffisantes pour accueillir le mendiant et le pèlerin !

Eusèbe Noël se dressa tout à coup entre le prieur du Lautaret et Marguerite Simon.

— Ne le croyez pas, Marguerite ! s'écria-t-il avec véhémence, ne le croyez pas ! Les aumônes abondent dans les coffres de l'hospice, les revenus sont suffisans, c'est moi qui vous le jure... Si votre père renonce à la propriété de cette mine d'or, ne vaut-il pas mieux l'abandonner à un homme probe et honnête, qu'à des moines avides qui ont fait vœu de pauvreté ? Ne vaut-il pas mieux assurer le bonheur d'un ancien ami, qui a connu les besoins et les souffrances, qui sera reconnaissant toute sa vie, que d'enrichir une communauté dont aucun membre ne considérera la reconnaissance comme un devoir ? Moi qui vous parle, Marguerite, j'ai passé vingt années bien malheureuses avant mon arrivée à ce village. Je me souviens d'avoir éprouvé, dans toutes leurs rigueurs, la faim, la soif et la misère ; j'ai vécu ici à l'abri du besoin, il est vrai, mais dans l'obscurité et sans pouvoir être utile à mes semblables. Faites-moi riche, et je serai bon ; j'ai tant souffert moi-même que je saurais compâtir aux souffrances des autres ! Fiez-vous à moi, je serai généreux comme votre père, tous ceux qui m'approcheront seront heureux... D'ailleurs, continua-t-il comme s'il désirait concilier des intérêts contraires, qui empêcherait, si c'était votre

volonté, qu'après ma mort le secret de cette mine ne re-
vînt aux moines du Lautaret? réfléchissez, mon enfant;
cela serait plus sage que de priver la vallée, la province,
la France du trésor inestimable que le hasard a mis entre
vos mains!

La dernière proposition de Noël adoucit l'indignation
du prieur, qui d'abord avait été sur le point d'éclater.
Marguerite les observait l'un et l'autre d'un air de pitié.
Depuis que ce nom magique de mine d'or avait été prononcé, un changement subit s'était opéré en eux. Leurs
yeux s'étaient séchés, leurs voix étaient devenues brèves,
leurs traits exprimaient la dureté et l'égoïsme. L'un avec
sa figure austère, sa longue barbe blanche et sa robe de
religieux, l'autre avec son visage hâve et amaigri, son
corps long et sec, formaient deux personnifications de
l'avarice, quand ils suppliaient et flattaient tour à tour
cette belle et noble jeune fille qui souriait de mépris.

— Messieurs, répondit-elle enfin d'un ton légèrement
ironique, il ne m'appartient pas de pénétrer les secrets
desseins de mon père pour le présent ou pour l'avenir. Je
sais seulement qu'il est lié par un serment solennel, et
c'est à lui de juger si l'accomplissement de ce serment est
ou non compatible avec vos prétentions... Adressez-vous
à lui.

Une profonde consternation se peignit sur les traits du
moine et du maître d'école; l'un et l'autre semblaient
honteux d'avoir laissé voir à nu toute leur basse cupidité.
Mais Marguerite, soit générosité, soit préoccupation, parut
l'oublier aussitôt. Elle reprit d'un air mélancolique:

— Pourquoi faut-il que ces idées d'intérêt soient venues
troubler la joie que vous m'aviez donnée? Cependant re-
cevez mes remercîmens; je sors d'ici plus calme que je
n'y suis entrée; à la vérité, je ne vous ai pas révélé encore
tous les chagrins qui me déchirent le cœur.

— Vous avez d'autres chagrins, ma fille?

— Oui, oui, mais qu'importe! pourvu que mon père soit
toujours digne de ma tendresse!

Elle s'inclina brusquement et elle s'avança vers la porte.
Peyras, absorbé par l'intérêt puissant de cette scène, ou-
bliait qu'il allait être surpris; le vieux moine retint Marguerite au moment où elle allait sortir, et lui dit à voix
basse:

— Promettez-moi que cette mine d'or appartiendra plus
tard à l'hospice du Lautaret, et, lors même que la position
de votre père semblerait désespérée, je trouverai moyen
de le sauver.

Marguerite voulut l'interroger, mais le prieur posa un
doigt sur sa bouche.

— Que lui dites-vous? s'écria le maître d'école avec défiance.

Il y eut encore quelques paroles échangées entre les
interlocuteurs, mais Peyras ne put en entendre davantage;
il quitta sa cachette et prit sa course vers le village.

IX

LA DÉCLARATION.

Au moment où Marcellin de Peyras, tout ému encore
des secrets qu'il avait surpris, se dirigeait vers la maison
de son hôte, le jour était déjà haut, et les villageois com-
mençaient à se montrer dans l'unique rue du Bout-du-
Monde. Ne voulant pas être aperçu en simple négligé du
matin, le chevalier se hâta de prendre un sentier solitaire
qui côtoyait le village et qui devait le conduire, après un
léger détour, à la demeure de Martin-Simon.

Ce chemin était bordé par des arbustes odoriférans et
par les murailles blanches des enclos dont chaque habitation était entourée. Il n'y avait personne dans cet endroit
écarté, et Marcellin ralentit le pas afin de se livrer sans
contrainte à ses réflexions.

— Qu'a voulu dire Marguerite, pensa-t-il, lorsqu'elle a
parlé de ses chagrins secrets? En vérité, je ne sais pourquoi ces quelques paroles m'ont frappé plus que tout le
reste... Il est donc certain que Martin-Simon possède une
mine d'or... Je n'en avais eu jusqu'ici que le soupçon...
Oui, et d'autres plus alertes se sont déjà mis en campagne
pour s'emparer de ce trésor! Michelot d'abord; je me doutais bien que ce damné grippe-sou avait un intérêt dans
tout ceci; puis, ce vieil hypocrite de frocard et cet imbécile de maître d'école. Comme ils y allaient tous les deux!
comme ils cherchaient à profiter du désespoir et de l'égarement de cette pauvre fille pour lui arracher son secret,
pour lui extorquer une promesse! Oh! les parties sont
engagées; chacun s'empresse de son côté, et le crime réel
ou supposé de Martin-Simon fait beau jeu à tous. Mais
voyons, moi le parent du roi du Pelvoux, quelle part aurai-je dans tout ceci? Ma part, c'est une bagatelle de cent
à cent cinquante mille écus au moyen desquels on s'est
posé en bienfaiteur de la branche cadette de Peyras... C'est
peu, une fortune bourgeoise, après tout; et cependant si
le soupçon qui m'est venu se réalisait, si cette petite Marguerite, malgré ses airs de reine, ne me voyait pas d'un
œil indifférent, moi Marcellin de Peyras? Il n'y aurait là
rien d'impossible. Je crois, sans me flatter, que je suis ce
qu'elle a rencontré de mieux dans ces pays perdus! Dans
ce cas j'aurais de belles chances, et je saurais bien muse-
ler les ambitions qui grondent autour du père et de la
fille; j'épouserais Marguerite et j'aurais la mine d'or...
Oui, mais Ernestine? Au diable soit l'idée que j'ai eue d'enlever cette niaise! Le contrat est déjà signé, mais on peut
toujours rompre un contrat; il est vrai que Martin-Simon,
qui est à cheval sur les principes, ferait un bruit horrible;
je pourrais tout perdre!... Bah! il serait possible de tout
arranger si Marguerite avait véritablement de l'affection
pour moi. Je l'amènerais facilement à dominer son père...
Mais m'aime-t-elle? Voilà la question.

Le chevalier en était là de ses méditations lorsqu'un
bruit léger se fit entendre derrière lui. Il tourna la tête,
et Marguerite, enveloppée dans sa mante et le visage
couvert de son capuchon, se dirigeait rapidement de son
côté.

Peyras rougit comme un coupable en se voyant tout à
coup si près de celle qui occupait sa pensée, et il craignit
d'abord qu'elle ne le soupçonnât d'avoir épié ses démarches. Cependant une raison analogue à celle qui l'avait
empêché lui-même de traverser le village avait bien pu
décider sa parente à choisir le chemin détourné. Rassuré
par cette réflexion pour l'attendre, Marguerite, sombre et
rêveuse, allait passer près de lui sans l'apercevoir:

— Bonjour, ma belle cousine, dit-il avec gaieté; déjà
sur pied par cette fraîche matinée! Heureux celui qui
vous rencontrerait ici autrement que par un simple hasard!

Marguerite ne témoigna ni surprise ni crainte en le reconnaissant.

— Je ne vous comprends pas, monsieur le chevalier,
répliqua-t-elle froidement, en le saluant d'un signe de
tête.

— Mais, dit Peyras en souriant, on pourrait supposer, en
vous trouvant seule ici, que vous y cherchez quelqu'un,
et j'envierais le sort du fortuné mortel...

Marguerite eut l'air de réfléchir au sens de ces paroles;
puis elle hocha la tête, mais sans colère.

— Je vous ai déjà dit que je ne comprenais pas le beau
langage, répondit-elle, et peut-être n'y a-t-il pas grand
mal, car ce sont d'ordinaire des paroles vaines... Mais excusez-moi, monsieur le chevalier, je ne puis m'arrêter,
mon père a déjà sans doute remarqué mon absence.

— Permettez-moi donc de vous offrir mon bras, dit
Marcellin avec empressement. — Marguerite n'osa refuser
cette invitation, et ils marchèrent un moment en silence

Peyras sentit que son jargon ordinaire auprès des femmes ne lui réussirait pas cette fois. — Vous paraissez souffrante, mademoiselle Marguerite, demanda-t-il affectueusement, et j'ai remarqué que depuis hier vous semblez en proie à quelque violent chagrin.

— C'est vrai, répondit Marguerite avec un soupir.

Le chevalier ne s'attendait pas sans doute à un aveu si net, mais il ne témoigna aucun étonnement.

— En ce cas, reprit-il du même ton, mes titres de parent et d'ami seraient-ils insuffisans pour me donner droit à votre confiance? Ne pourriez-vous m'apprendre la cause de ces chagrins?

— Je ne le puis; d'ailleurs à quoi bon?

— Douteriez-vous de mon zèle à vous servir et de mon dévouement? s'écria Peyras. Ce serait mal, mademoiselle, dans un moment où je suis comme écrasé sous le poids des obligations que j'ai contractées envers votre famille, de ne pas me fournir l'occasion de m'acquitter envers elle autant que les circonstances le permettraient... Peut-être, Marguerite, ignorez-vous que je serais capable d'exposer ma vie pour mériter votre affection?

Marguerite sourit tristement.

— Je n'ai aucune raison de douter de la vérité de vos paroles, reprit-elle, car ce dont vous faites le moins de cas est précisément votre existence. Mais il arrive parfois, monsieur, que les dévouemens les plus complets ne sauraient être d'aucun secours à ceux qui souffrent... Laissons ce sujet, ajouta-t-elle avec un léger accent d'amertume, je ne voudrais pas vous attrister un jour qui doit être si beau pour vous, un jour où vous allez épouser enfin votre chère Ernestine! Dans quelques heures, vous serez uni à elle par des liens indissolubles, puis l'un et l'autre vous quitterez ces montagnes, vous retournerez à cette vie de luxe et de plaisir pour laquelle vous êtes faits; alors vous ne songerez plus à ceux que vous avez rencontrés par hasard dans cette obscure vallée!

— Et qui vous assure qu'il en sera ainsi, Marguerite? Qui vous dit que j'oublierai si facilement des personnes chères, et que je pourrai désormais trouver des charmes à cette vie froide dont vous parlez! Je n'ai pas encore épousé mademoiselle de Blanchefort!

— Tout n'est-il pas prêt pour la cérémonie? notre maison n'est-elle pas parée comme pour une fête, lorsque pourtant le deuil est sur le point d'y entrer? Mon père ne se montre-t-il pas joyeux et fier de votre bonheur prochain, quand un affreux malheur le menace peut-être? Au moment où nous sommes, la fiancée doit se parer déjà et le prêtre se dispose à monter à l'autel.

— Eh bien! regardez-moi, Marguerite, suis-je prêt, moi? Est-ce là le costume d'un heureux époux qui va conduire à l'autel une femme aimée? Une nuit d'insomnie peut changer bien des résolutions.

Marguerite s'arrêta brusquement, et ses traits prirent une animation extraordinaire.

— Que voulez-vous dire? demanda-t-elle.

— Je parle pourtant clairement... ce mariage ne s'accomplira pas.

Soit étonnement, soit indignation, soit tout autre sentiment, Marguerite rougit et pâlit tour à tour; elle baissa les yeux et éprouva une sorte de tremblement convulsif.

— Et... pourquoi? dit-elle.

Le chevalier avait parfaitement remarqué tous les signes d'émotion que donnait l'austère Marguerite, et ils ne firent que confirmer ses soupçons. Il appartenait à cette classe de libertins qui croient tout possible de la part d'une femme lorsqu'elle est sous l'influence d'une passion quelconque; ses conquêtes passées l'avaient habitué à des caprices subits, à d'incroyables reviremens d'idées. D'ailleurs, il était assez aventureux par caractère pour risquer la tentative la plus folle, et il dit d'une voix ferme, sans détourner les yeux:

— C'est que je ne l'aime plus, mademoiselle; c'est que je ne l'ai jamais véritablement aimée, c'est qu'enfin j'en aime une autre plus digne de mon amour. — En même

temps, il prit la main de la jeune fille, qui ne songeait pas à la retirer. Le chevalier crut que ce silence était de favorable augure. — Écoutez, Marguerite, reprit-il, je m'étais abusé moi-même jusqu'à ce jour. Une affection aussi vive, aussi profonde que celle que je pouvais donner, ne devait pas s'adresser à des créatures faibles et imparfaites comme celles que j'ai rencontrées avant d'arriver dans cette tranquille vallée. N'y aurait-il pas du danger à unir mon sort à celui d'une femme qui aurait perdu mon estime et celle du monde, d'une femme dont les fautes passées me feraient craindre sans cesse des rechutes? Non, non; je ne pense déjà plus comme je pensais il y a quelques jours; ce que j'excusais autrefois me semble honteux aujourd'hui. Depuis que j'ai eu le bonheur de voir une belle jeune fille de ces montagnes, pure et sévère comme une sainte, étrangère à toute idée étroite et frivole, je n'ai plus senti que du mépris pour ces femmes vaines, inconstantes, légères; il s'est fait en moi comme une révélation, et je me suis dit que je n'aurais jamais pour épouse qu'une jeune fille semblable à celle dont je parle, une simple et noble créature dont la vie tout entière se serait passée dans l'observance des devoirs, dont la solide vertu serait une garantie pour l'avenir, et celle-là, Marguerite, je l'aimerais de toutes les forces de mon âme!

— Pendant qu'il parlait, Marcellin examinait sa jeune parente. Elle restait immobile et silencieuse; cependant elle n'avait pas retiré sa main, que Peyras sentait trembler, et dans ses yeux, obstinément baissés, il crut voir briller un éclair d'orgueil et de joie. Peut-être Marguerite avait-elle aussi un grain de cet amour-propre, de cette coquetterie qui semblent inhérens à la nature de la femme; peut-être, au fond de son cœur, éprouvait-elle de la satisfaction à penser qu'elle était préférée, elle, simple fille de village, à une demoiselle de haute condition, de manières élégantes. Son silence du moins pouvait passer pour un encouragement, et le chevalier se crut autorisé à rendre ses allusions plus claires encore: — Si j'avais le bonheur d'obtenir la main d'une pareille femme, reprit-il, ma vie tout entière lui appartiendrait. Si elle aimait le plaisir et l'éclat, je rendrais son existence brillante et enviée; si elle préférait les joies paisibles du foyer domestique, je les partagerais avec elle, et je mettrais tous mes soins à éloigner d'elle les importunités du monde. Pour elle je renoncerais à tout ce que j'ai recherché autrefois, mon orgueil serait de lui plaire, mon bonheur serait d'y réussir!... Me comprenez-vous, Marguerite? Est-il donc nécessaire de vous dire que cette femme dont je vous parle, c'est vous? — Cet aveu direct sembla secouer la torpeur de Marguerite. Elle se redressa vivement, darda un regard de feu sur le chevalier, et, repoussant sa main par un geste rapide, elle se remit à marcher à pas précipités vers le village. Marcellin était stupéfait. S'il s'attendait à un refus, il ne comptait pas du moins sur le silence méprisant. Une vive rougeur colora ses joues, mais cette rougeur provenait autant de la colère que de la honte. — Marguerite! Marguerite! appela-t-il d'une voix irritée.

La jeune fille s'arrêta pour l'attendre.

— Monsieur de Peyras, dit-elle de cette voix sonore et ferme qui imposait à tout ce qui l'approchait, votre main et votre nom ne vous appartiennent plus; vous ne pouvez sans infamie les offrir à une autre; une autre ne peut les accepter sans lâcheté et sans remords. Quant à moi, je vous dirai franchement que je pense de vous. Le jour où je vous vis pour la première fois, j'éprouvai ce que je n'avais jamais éprouvé: c'était comme une ancienne amitié qui se réveillait, un besoin de dévouement qui m'eût fait sacrifier aux vôtres mes plus chers intérêts... Ne soyez pas fier de cette impression; je l'ai ressenti par surprise, et je l'ai combattue de toutes les forces de ma raison. Peut-être ne serais-je pas parvenue à l'étouffer tout à fait, si vous n'aviez laissé ici que des souvenirs d'honneur et de loyauté; mais à présent que vous vous montrez à moi sous votre vrai jour, voici ce que je vous dirai: Vous voyez là-bas cet immense rocher qui s'élève à pic sur le flanc du Pelvoux ? eh bien! Marguerite de Peyras se précipiterait de sa cime dans la vallée avant de consentir à devenir votre femme.

Après s'être exprimé avec cette brusque franchise, cette fille singulière continua sa route, déterminée en apparence à ne plus répondre aux interpellations du chevalier. Marcellin l'atteignit bientôt, et ils s'avancèrent côte à côte sans rien dire.

Le chevalier, comme on a pu le voir dans le cours de ce récit, était hautain, violent, et les obstacles ne faisaient qu'augmenter son opiniâtreté naturelle. La manière dure et dédaigneuse dont on l'avait traité le blessait cruellement.

— Je le vois, mademoiselle, dit-il enfin d'une voix brève, vous me haïssez. Loin de recevoir ma proposition comme vous auriez pu le faire de la part d'un parent. d'un ami, d'un gentilhomme, vous m'avez outragé comme nulle autre personne au monde n'a jamais outragé le chevalier de Peyras... Si vos sentiments pour moi ne vous commandaient aucun ménagement, vous eussiez dû peut-être songer davantage à d'autres personnes sur lesquelles je pourrais me venger de cette injure.

— Si vous voulez parler, répondit Marguerite sans tourner la tête, de cette malheureuse jeune fille que vous^s avez si indignement trompée, sachez qu'il y aurait autant de danger que de cruauté à lui refuser une légitime réparation!

— J'affronterais le péril et la honte... mais vous ne m'avez pas compris. Un secret important, un secret devant lequel cèdent toutes les considérations de famille, de reconnaissance, de convenances sociales, pèse sur votre existence et sur celle de votre père. Ce secret que ma position auprès de vous me défendait de pénétrer, je veux le connaître, maintenant que vos mépris m'ont affranchi de tous scrupules, de toutes obligations... Oui, je le jure. je découvrirai cette mine d'or d'où est sortie l'immense fortune qui vous rend si fière!

Rien de ce qu'avait dit Peyras jusqu'à ce moment n'avait paru affecter aussi douloureusement Marguerite que cette menace. Le masque d'austérité qui couvrait en tout temps son visage tomba tout à coup. Une grosse larme brilla dans ses yeux noirs :

— Ainsi, dit-elle avec un accent profondément triste, cette passion même que vous exprimiez avec tant de chaleur n'était pas réelle. Ce n'était pas moi que vous aimiez, c'était la mine d'or de mon père... Marcellin, Marcellin, pourquoi ne m'avez-vous pas laissé croire qu'une passion insensée pouvait seule vous faire manquer à des devoirs sacrés?

Une joie maligne se montra sur les traits de Peyras; il était trop habile pour se méprendre sur la portée de ces paroles.

— Marguerite, s'écria-t-il, vous vous êtes trahie, Marguerite, vous m'aimez, j'en suis sûr !

Mais les faiblesses de cette âme vigoureuse étaient courtes et rares. En entendant ce cri de triomphe, Marguerite se redressa, et elle répondit avec une dignité accablante :

— Je vous méprise !—Néanmoins, comme on approchait de la maison, elle parut regretter son excessive dureté. Monsieur le chevalier, reprit-elle avec douceur, nous allons rentrer chez mon père. J'ai encore assez bonne opinion de vous pour espérer que vous ne donnerez aucune suite aux menaces qui vous sont échappées dans un moment de colère... Mademoiselle de Blanchefort n'a rien fait pour mériter un pareil outrage.

— Et cependant, mademoiselle, dit Peyras d'un ton farouche, je suis irrévocablement décidé à rompre ce mariage, à moins...

— Une condition?... parlez vite...

— A moins qu'avant une heure d'ici vous ne m'ayez révélé l'endroit où se trouve cette mine d'or !

Marguerite allait répondre, mais, en débouchant sur la place du village, les deux promeneurs aperçurent tout à coup un groupe nombreux de montagnards qui stationnaient devant la demeure de Martin-Simon. Des clameurs, des vociférations se faisaient entendre à l'intérieur de la maison; tout annonçait qu'il s'y passait quelque chose d'extraordinaire.

Marguerite et le chevalier doublèrent le pas. Au même instant, mademoiselle de Blanchefort, vêtue de blanc et déjà parée pour la cérémonie du mariage, accourut tremblante au-devant d'eux :

— Bon Dieu! Marguerite, et vous, monsieur de Peyras, dit-elle avec terreur en joignant les mains, où étiez-vous donc pendant cette affreuse scène? Par pitié, hâtez-vous; peut-être votre présence va-t-elle prévenir de grands malheurs !

L'un et l'autre se précipitèrent dans la maison, où tout était désordre et confusion.

XI

LE PROCUREUR.

Il faut ici que nous revenions un peu en arrière et que nous racontions ce qui s'était passé dans la demeure de Martin-Simon pendant que le chevalier de Peyras et Marguerite se trouvaient à l'autre extrémité du village.

Au jour naissant, le roi du Pelvoux, fidèle aux habitudes matinales de la campagne, était assis déjà dans sa chambre, devant son bureau de vieil ébène, et compulsait un registre à fermoirs de cuivre qui semblait être un livre de comptes. Il avait tiré ce registre d'un grand et solide coffre en chêne resté ouvert près de lui. Ce coffre, avec le bureau, un lit de damas jaune et quelques fauteuils, formaient tout l'ameublement de la chambre, qui était revêtue de boiseries peintes sans ornemens. Nul ne pénétrait dans cette pièce, excepté le propriétaire, sa fille, et une vieille servante presque idiote, qui était chargée du soin d'y entretenir une scrupuleuse propreté.

La répugnance de Martin-Simon à recevoir en cet endroit toute espèce de visiteurs paraîtra fort naturelle, lorsque l'on saura que l'énorme bahut dont nous avons parlé contenait des sommes considérables en or et en argent monnayé, circonstance qui expliquait aussi les lourdes serrures dont le couvercle était muni; un pareil trésor ne devait pas être exposé sans nécessité aux regards curieux.

Martin-Simon était plongé dans ses calculs, lorsqu'un coup léger fut frappé à la porte soigneusement cadenassée. Il fit un signe d'étonnement :

— Qui donc peut venir ainsi me déranger? murmura-t-il; sans doute c'est un de nos hôtes, car toutes les personnes de la maison savent... — On frappa de nouveau plus distinctement. — Qui est là? demanda le roi du Pelvoux d'un air d'humeur et sans bouger.

— C'est moi... Michelot, répondit-on du dehors.

— Eh ! que diable me voulez-vous à pareille heure?

— Je désire vous parler de choses importantes.

— Eh bien! allez m'attendre dans la salle basse; je vous rejoindrai tout à l'heure.

— Permettez-moi plutôt d'entrer, dit Michelot avec insistance; dans la salle basse, nous pourrions être dérangés.

— Que peut avoir à me dire ce vieux gratte-papier? grommela Martin-Simon.

Cependant il se leva, replaça son livre dans le précieux coffre-fort, qui fut refermé avec un grand bruit de ferrailles; ce fut seulement quand il eut soigneusement serré les clefs dans la poche de sa veste qu'il alla déverrouiller la porte de l'escalier.

Michelot était vêtu avec recherche pour la cérémonie du mariage. De magnifiques dentelles rehaussaient son costume noir; sa volumineuse perruque était frisée avec un soin particulier. Cependant sa physionomie contrastait avec cette toilette de fête; son visage jaune et ridé avait une expression dure et effrayante. En entrant dans la chambre, il jeta autour de lui un regard lent qui s'arrêta plus particulièrement sur le coffre dont nous avons parlé. Cependant il n'oublia pas les devoirs que lui imposait une rigoureuse politesse; il s'inclina devant le maître de la maison et grimaça un sourire en exprimant la crainte de déranger son hôte par une visite aussi matinale.

— Il n'est jamais trop matin pour moi dès qu'il fait jour, répliqua Martin-Simon avec un reste d'humeur, mais entrez, entrez, maître Michelot... Si vous avez à me parler, ce n'est pas sans doute pour vous plaindre de l'accueil qu'on vous a fait ici?

— A Dieu ne plaise, monsieur! Je n'ai qu'à me louer des attentions dont j'ai été l'objet dans votre maison; et votre gracieuse hospitalité me rend plus pénibles encore les devoirs qu'il me reste à remplir.

— Des devoirs pénibles! Ah çà! de quoi s'agit-il? Le contrat qu'on a dressé hier au soir contiendrait-il quelque clause trop défavorable à la fille de votre patron, le lieutenant-civil? Il me semble cependant que nous lui avons fait d'assez grands avantages, car enfin monsieur Blanchefort est riche, et il pouvait donner à sa fille unique une dot plus convenable qu'une misérable somme de cent mille livres?

— Ce n'est pas cela, répondit Michelot avec embarras; si je vous ai dérangé à pareille heure, c'est que j'ai craint de ne pouvoir trouver dans la journée un moment pour vous entretenir seul à seul d'une affaire qui n'intéresse en rien les futurs époux et dont je veux cependant avoir la solution avant leur mariage.

Martin-Simon désigna un siège au procureur, et ils s'assirent en face l'un de l'autre.

Michelot semblait toujours chercher les moyens d'aborder une question épineuse; le maître de la maison reprit en souriant:

— Allons, je devine où le soulier vous blesse. Vous avez craint sans doute qu'après vous avoir fait courir pendant huit jours pour les affaires de nos jeunes gens, je n'aie oublié vos honoraires... Vous vous trompez, et voici qui vous prouvera que j'ai songé à récompenser votre zèle et votre intelligence pour le service de nos amis.

En même temps, il chercha dans un tiroir de son secrétaire un papier qu'il remit à Michelot: c'était une lettre de change de dix mille livres sur son banquier de Grenoble.

— Vous connaissez la signature, reprit-il; cette somme vous sera payée intégralement à la première présentation... Eh bien! trouvez-vous que votre temps ait été mal employé ces derniers jours?

Le procureur lut avec attention le papier qu'on lui offrait, le plia lentement, le plaça dans sa poche en remerciant d'un signe de tête; cependant son embarras ne cessait pas, et la générosité de son hôte semblait encore augmenter les difficultés de sa position.

— Monsieur, dit-il enfin d'un ton calme et posé, sans regarder son auditeur, pour le mieux, en ce qui touche le mariage de nos pupilles respectifs... il est donc inutile désormais de revenir sur le passé, et après vous être occupé des affaires de vos protégés, permettez-moi de vous faire souvenir un peu des vôtres.

— Où voulez-vous en venir, maître Michelot? demanda le montagnard en fronçant le sourcil; je suis juge peut-être du plus ou moins de soins que je dois apporter à mes propres intérêts, et personne, pas même un procureur, n'a le droit de s'immiscer...

— Patience! reprit Michelot d'un air impassible; vous allez voir que mes paroles ne sont pas jetées à la légère, et ce n'est pas sans motifs que j'ose intervenir dans certaine affaire qui vous est toute personnelle... Il s'agit, continua-t-il en lançant un regard oblique sur son interlo-

cuteur, de cette malheureuse histoire du gagne-petit Raboisson.

Martin-Simon soutint avec le plus grand sang-froid ce regard inquisiteur, et repartit avec un étonnement fort naturel:

— Eh bien! en quoi cet événement peut-il me toucher? J'ai constaté, comme c'était mon devoir, la découverte du corps au bas du précipice; j'ai relaté dans le procès-verbal toutes les circonstances qui étaient à ma connaissance sur cet accident; vous vous êtes chargé de remettre cette pièce au parquet du parlement de Grenoble, et messieurs les conseillers jugeront dans leur sagesse, s'il y a lieu ou non, d'ordonner une enquête sur la mort de ce vagabond... Que me reste-t-il à faire en tout ceci? J'ai rempli ma tâche, et, grâce à vos conseils, j'espère n'avoir omis aucune formalité importante.

— Vous oubliez, monsieur, que vous avez reconnu vous-même, dans le procès-verbal en question, la possibilité que ce *vagabond*, comme vous l'appelez, ait péri par suite d'un meurtre, et certainement le parlement tiendra compte de cette insinuation.

— C'est vous qui avez insisté sur ce point, dit Martin-Simon avec indifférence, et je vous ai laissé mettre dans l'acte ce que vous avez voulu, m'en rapportant à votre expérience. D'ailleurs, que le parlement fasse ou ne fasse pas d'enquête, que m'importe! ma mission est finie.

Le procureur fit un *hem* significatif.

— J'ai bien peur, mon généreux ami, que tout ne soit pas encore fini, comme vous le pensez; je dois vous apprendre des choses qui vous surprendront.

— Vous?

— Moi-même; j'ai regret d'affliger une personne que j'estime et que j'aime déjà, car, malgré notre courte connaissance, mon cher Simon, je vous aime autant qu'homme du monde... Mais je suis forcé par ma conscience de faire peser sur vous des soupçons que, je l'espère toutefois, vous n'aurez pas de peine à écarter quand le moment sera venu.

Michelot parlait avec une affectation de bienveillance et de familiarité qui, de sa part, était du plus sinistre augure.

— J'attends que vous vous expliquiez! dit le montagnard sèchement.

— Eh bien, donc! reprit le procureur avec un chagrin hypocrite, je vais peut-être, mon bon et digne hôte, me trouver dans l'obligation de vous poursuivre devant le parlement de Grenoble, comme coupable du meurtre du gagne-petit Raboisson, et j'en suis vraiment désolé, je vous le jure.

Martin-Simon se dressa de toute sa hauteur.

— Cet homme devient fou! dit-il avec dédain.

— Pas si fou que vous le pensez; rasseyez-vous et veuillez m'entendre; vous jugerez-vous même si l'on ne peut pas, sans être taxé de folie, accorder quelque attention aux charges qui s'élèvent contre vous.

Simon haussa les épaules d'un air de pitié; cependant il se rassit et croisa ses jambes avec nonchalance.

— Allez toujours, dit-il, je vous écoute.

L'homme de loi se recueillit, afin de rendre son argumentation plus claire et plus logique.

— Mon cher hôte, dit-il du même ton doucereux qu'auparavant, mon brave et généreux ami, ne m'en voulez pas si l'intérêt même que je porte à votre sûreté m'oblige à vous montrer toute l'étendue du danger que vous pouvez courir. Il n'existe, je l'avoue, aucune preuve matérielle d'un acte de violence commis sur la personne de Raboisson; mais si l'on arrivait à prouver que cet homme était maître d'un secret qui intéressait le personnage le plus puissant du pays; s'il se présentait des témoins pour affirmer que, la veille même de l'accident, Raboisson avait été menacé par le personnage dont nous parlons d'être jeté dans un précipice, ce qui est précisément le genre de mort auquel il a succombé, vous conviendrez qu'il y avait

41

là des présomptions suffisantes pour motiver un mandat d'amener !

Cette fois Martin-Simon ne put conserver son sang-froid ; il devint très pâle, et balbutia péniblement :

— Eh bien ! quelle preuve a-t-on que j'aie jamais menacé le gagne-petit ?

— Oubliez-vous donc ainsi les faits ? vos hôtes, les gens de votre maison, et moi-même, nous pouvons tous porter témoignage qu'une scène violente a eu lieu entre vous et ce malheureux la veille même du jour où il a péri.

— Et vous croyez, monsieur, que sur des données aussi vagues, on accuserait de meurtre un homme dont la probité est aussi bien reconnue que la mienne, le bailli de ce village, le protecteur, le soutien de soixante familles, celui que l'on appelle le roi du Pelvoux ?

— Nous ne sommes pas au bout, reprit Michelot en souriant, et, puisqu'il le faut, maître Simon, nous allons entrer dans ce que nous appelons au palais *rei viscera*, le fond même de l'affaire.... Outre les présomptions dont je viens de vous parler, outre ce procès-verbal, qui, soit dit en passant, est une espèce d'acte d'accusation dressé par vous contre vous-même, il existe encore une déclaration de notre dit Raboisson, en date du jour même de sa mort, autant qu'on peut le supposer, et portant que « dans le cas où ledit Raboisson, déclarant, viendrait à dé-« céder par suite de violences, de voies de fait ou même « de prétendus accidens, il ne faudrait accuser de sa mor « que le nommé Martin-Simon de Peyras, bailli du Bout-« du-Monde, qui a menacé ledit déclarant de le précipiter « ou de le faire précipiter par ses serviteurs dans quelque « abîme de ces montagnes. » Je cite peut-être mal les termes, continua Michelot d'un ton différent, mais je m'é-tais à tout hasard précautionné d'une copie de cet acte, et vous pouvez la lire pour mieux en apprécier la portée.

Il tira de sa poche un papier qu'il remit à Martin-Simon.

Celui-ci le prit d'une main tremblante, et tenta de le lire, mais tel était son trouble qu'il ne put en déchiffrer une ligne.

— Que signifie tout ceci ? s'écria-t-il avec angoisse ; j'aime à croire encore, monsieur, que ce n'est pas moi que vous accusez d'un crime abominable ?

— Et qui serait-ce donc ? Remarquez cependant, mon cher Martin-Simon, que vous avez très bien fait de ne pas vous compromettre personnellement avec ce pauvre diable ; il est plus convenable de penser, en raisonnant dans le sens de l'accusation, que vous avez envoyé quelqu'un pour imposer silence à cet individu, et alors vous n'êtes plus que complice au lieu d'être auteur principal, ce qui change la question, et je ferai tous mes efforts pour que le procès prenne cette tournure devant les juges.

— Que me parlez-vous de juges, de complicité, de meurtre, de procès ? s'écria le montagnard avec impétuosité ; qu'est-ce que ce papier ? comment se trouve-t-il entre mes mains ? que me voulez-vous enfin ?

— Ce papier, reprit le procureur avec beaucoup de flegme, j'ai en effet oublié de vous raconter son histoire, et vous allez voir que je suis parfaitement autorisé à intervenir dans cette affaire. Vous saurez donc que, le jour même où le gagne-petit arriva chez vous, il me pria de recevoir, à titre de légiste et de procureur, une déclaration qui nécessitait, disait-il, le plus grand secret. Je voulais refuser de l'entendre ; mais, espérant trouver une occasion de vous rendre service pour le bon accueil que j'avais reçu dans votre maison, et considérant d'un autre côté qu'il pourrait s'adresser à d'autres personnes moins bien intentionnées, je dis à cet homme de se trouver le lendemain matin sur le chemin que je devais prendre pour retourner à Grenoble. Je le trouvai en effet à une demi-lieue d'ici, et nous dressâmes, sur une pierre, au bord du chemin, l'acte dont vous tenez une copie. Il y est dit, comme vous avez pu le voir, que Raboisson ayant connaissance d'un secret qui vous touche personnellement, et que vous seul ayant intérêt à sa disparition, vous

devrez être responsable de sa mort, dans le cas où cette mort serait subite ou violente, auquel cas il me délègue, moi Michelot, procureur au présidial de Lyon, pour vous poursuivre judiciairement devant qui de droit... J'ai dû accepter la délégation, et c'est probablement quelques instans après la signature de cette pièce que le malheureux aura péri.

Cette explication parut enfin faire exactement comprendre au père de Marguerite la gravité des charges qu'on invoquait contre lui.

— Monsieur le procureur, dit-il bientôt avec amertume, après une pause, je ne puis trop vous féliciter de votre zèle à recevoir les confidences d'un misérable ivrogne ; vous aviez sans doute pour cela quelque bonne raison que je ne devine pas encore... En attendant, pour ne discuter avec vous que le point de droit dans cette ridicule accusation, je vous ferai remarquer que cet acte, qui vous paraît si important, n'est pas revêtu des formes légales. Vous n'aviez aucun témoin lorsqu'il a été dressé, et Raboisson même n'a pu le signer...

— Pour ce qui est de la signature, dit le procureur en tirant de sa poche un nouveau papier, voici la copie d'un acte de notoriété parfaitement en règle, constatant que Raboisson a pour signature une croix d'une forme particulière, qu'il a apposée sous mes yeux au bas de la déclaration ; il me confia en me quittant cette pièce, qu'il avait fait préparer depuis longtemps, je ne sais dans quel but. Quant aux témoins qui, d'après vous, eussent dû assister le déclarant, ils n'étaient pas nécessaires, l'acte étant tout confidentiel. D'ailleurs, mon témoignage...

— Mais c'est là une horrible trame ! s'écria le montagnard en parcourant sa chambre à grands pas ; je suis innocent, et cependant tout se réunit pour m'accabler !... Eh bien ! ajouta-t-il avec ironie, en s'arrêtant tout à coup devant l'homme de la loi, quel parti compte prendre mon bienveillant ami ? Croira-t-il à ces sottes rêveries d'un vagabond, et transmettra-t-il cet acte ridicule à la justice, ou bien accordera-t-il confiance à la parole d'un honnête homme qui repousse de toute sa force cette odieuse accusation ?

— Monsieur, je voudrais pouvoir vous satisfaire, mais, si vous n'avez aucune explication à me donner, vous comprenez que mon devoir... ma conscience...

— Ta conscience, misérable ! ta conscience, à toi ? Me persuaderas-tu que tu crois un seul mot de cette fable absurde, que tu n'as pas quelque sordide intérêt à me menacer d'un éclat scandaleux ? Si tu n'étais pas aussi faible, aussi lâche...

Il s'interrompit et se remit à marcher dans la chambre avec précipitation.

— Calmez-vous, mon hôte, dit Michelot de son ton doucereux ; je suis votre ami, je vous le jure ! Mon cœur saigne de vous affliger ; je voudrais de toute mon âme reconnaître convenablement votre hospitalité et vos bons procédés envers moi ; mais jugez vous-même ; que faut-il que je fasse ?

— Ce qu'il faut faire ? dit Martin-Simon en le regardant fixement, comme pour s'assurer du degré de complaisance sur lequel il pouvait compter, il faut déchirer ces paperasses sur-le-champ, et oublier cette méchante histoire.

— Mais je n'ai que des copies.

— Ne savez-vous pas où sont les originaux ?

— Eh bien ! reprit le procureur avec un sourire hypocrite, si je vous promettais de les déchirer dès que je serais à Lyon, où je les ai laissés ?

— En ce cas-là, Michelot, j'avouerais que je vous ai calomnié, et je vous prierais d'excuser mon emportement.

— Et ce serait toute ma récompense ?

— Quelle récompense exigez-vous donc pour renoncer à une poursuite aussi folle qu'injuste ?

— Songez donc, reprit le légiste, comme s'il n'avait pas saisi le sens de la question de son hôte, que le procès-verbal où vous reconnaissez vous-même la possibilité de la mort violente, la déclaration de Raboisson et la pièce à l'appui, que mon propre témoignage enfin peuvent servir de base à un procès criminel bien conditionné... Il y va de la vie ! — Involontairement Martin-Simon frissonna ; Michelot s'aperçut de ce mouvement d'horreur, et crut le moment favorable pour frapper le dernier coup. — Voyons, monsieur Simon, dit-il avec une volubilité et une netteté de prononciation merveilleuses ; abordons franchement la question ; vous pouvez être mis, dès que je le voudrai, sous le coup d'une accusation capitale, et, à supposer que vous sauviez votre vie, vous ne pourrez sauver votre considération. D'ailleurs, le plus simple effort de la justice suffirait pour pénétrer la nature du secret que Raboisson avait découvert, et il vous importe de ne pas appeler l'attention sur ce point, car il s'agit d'une richesse immense, d'une mine d'or dont on ne manquerait de vous déposséder au nom du roi... Ne secouez pas la tête ; je suis sûr de mon fait, et la torture vous arracherait bientôt la vérité. Bref, vous avez le plus haut intérêt à étouffer cette affaire, et nous pouvons l'étouffer. Je vous ai trompé en vous disant que les pièces originales qui vous accusent étaient à Lyon ; elles sont ici, et je puis vous les remettre sur-le-champ, dès que nous nous serons entendus.

Martin-Simon réfléchit d'un air sombre.

— Je commence à voir clair dans cette intrigue, dit-il, et je félicite maître Michelot d'avoir renoncé aux grands mots de devoir et de conscience ; j'aime assez, si je parle au diable, qu'il se montre avec ses griffes et son pied fourchu... Eh bien ! voyons, que demandez-vous pour prix de ces papiers et de votre intégrité ?

Une expression de triomphe se peignit sur les traits du procureur.

— Vos paroles sont dures, monsieur Simon, reprit-il en ricanant, mais je suis habitué à considérer les paroles comme rien ou comme peu de chose ; je ne m'attache qu'aux faits... Écoutez-moi donc avec toute votre attention. — Michelot semblait prendre plaisir à prolonger les angoisses de son interlocuteur. Il aspira lentement une prise de tabac, et dit enfin avec son insultant sang-froid :

— Je voudrais, mon cher Simon, concilier nos intérêts à tous les deux, et, quelque mauvaise opinion que vous ayez de moi, je ne prétends pas vous faire une position insupportable. Il est des sacrifices que vous ne sauriez accomplir sans une certaine répugnance : aussi ai-je cherché un moyen terme que vous approuverez certainement... Pour couper court, je vous apprendrai que je suis garçon, et que je suis assez disposé à cesser de l'être. Il n'aurait tenu qu'à moi de trouver à Lyon plus d'une belle et riche demoiselle qui eût consenti à devenir madame Michelot ; mais je suis encore vert, j'ai une jolie fortune, une bonne réputation au palais, et rien n'est perdu. Un homme calme, sensé, et qui a passé l'âge des passions, peut être un mari plus convenable pour certaines jeunes filles que ces freluquets dissipateurs que l'on trouve à chaque pas ; et un gendre de ce caractère vous serait bien utile, maître Simon.

— Dois-je comprendre, monsieur, que vous exigez la main de ma fille pour prix de votre silence ?

— Pour prix de votre fortune, de votre honneur, de votre vie !... Songez donc que vous êtes entièrement en mon pouvoir. Que je dise un mot et vous êtes emprisonné, jugé, condamné à une mort infamante... Votre fille elle-même ne croira pas acheter trop cher par le don de sa main le bonheur de vous sauver d'un grand danger.

— Est-ce tout ? demanda le roi du Pelvoux d'une voix sourde.

— A peu près... J'ajouterai seulement que sur le chapitre de la dot nous nous entendrons facilement. Je vous connais trop bon père pour douter que vous n'assuriez une belle fortune à votre fille, lorsque vous êtes si généreux envers un parent éloigné tel que le chevalier de Peyras... Mais comme peut-être vous renonceriez difficilement à la propriété de votre mine, nous en partagerons fraternellement les produits, et je serai seulement votre associé... A nous deux nous ferons des opérations magni-

fiques ; vous verrez comme je m'entends à gérer les affaires ! Eh bien ! qu'en dites-vous ? On n'est pas plus raisonnable, et vous vous tirerez, je crois, à bon marché de ce mauvais pas !

Le procureur fut épouvanté de l'expression d'indignation et de rage qui se montrait sur les traits de son interlocuteur. Les yeux de Martin-Simon se torturaient dans leurs orbites, et ses poings étaient convulsivement serrés. Tout à coup il s'élança sur Michelot, le saisit à la gorge, et le secoua comme un roseau, en criant d'une voix de tonnerre :

— Ma fille à toi, misérable ? Ma belle, ma fière, ma généreuse Marguerite à un vil coquin, à un avare faussaire, à un infâme intrigant tel que toi ? Et tu penses que, même pour racheter ma vie, je consentirais à sacrifier mon enfant bien-aimée ! Ah ! tu as voulu me menacer, me frapper de terreur... Mais je te briserai, vois-tu, et je vengerai d'un seul coup tous les malheureux que tu as faits dans le cours de ton exécrable vie !

— Au secours ! au secours ! s'écriait de son côté le procureur en se débattant. Voulez-vous donc m'assassiner comme vous avez assassiné Raboisson ?... Au secours !... Est-ce ainsi que vous me disposerez à la clémence ?

— Que m'importe ! reprit Martin-Simon en le secouant avec plus de force encore.

Un bruit confus de pas s'éleva dans l'escalier.

— Laissez-moi... j'étouffe... je meurs... Tenez, on vient ; je vais proclamer à haute voix le crime que vous avez commis...

— Soit ! s'écria le redoutable montagnard en le traînant vers la porte, je vais t'aider.

La porte s'ouvrit, et plusieurs habitans du village, venus pour assister à la cérémonie du mariage, parurent dans la chambre.

Parmi eux se trouvait ce vieillard respectable à qui Marguerite avait donné le titre d'oncle, et qui était en effet le frère de feu sa mère.

En raison de son âge et du lien de parenté qui l'unissait à Martin-Simon, il crut devoir s'interposer d'abord entre les deux adversaires.

— Beau-frère, dit-il en cherchant à dégager le procureur, à quoi songez-vous donc ? Que vous a fait cet homme pour vous le maltraiter ainsi ?

— Ce qu'il m'a fait ! s'écria Martin-Simon en repoussant avec force Michelot, qui alla tomber à l'autre bout de la chambre, il m'accuse d'assassinat... du plus lâche, du plus odieux assassinat !

Des regards irrités se tournèrent vers le procureur.

— Je conviens, reprit le vieux Jean, qu'en pareil cas l'indignation est légitime, mais cette indignation ne doit jamais aller jusqu'à la violence... Calmez-vous, beau-frère ; et vous, monsieur l'homme de loi, continua-t-il en s'adressant à Michelot, sortez bien vite, et attendez un autre moment pour...

— Oui, oui, interrompit le père de Marguerite au comble de l'exaspération, laissez-le sortir, laissez-le aller me dénoncer au parlement de Grenoble, comme coupable du meurtre de Raboisson... Oui, qu'il parte, je ne le crains pas ; qu'il amène ici les gens de justice, que l'on me traîne en prison... je suis prêt !

Michelot restait immobile et comme étourdi de sa chute récente. Jean et les autres assistans regardaient Martin-Simon d'un air stupéfait.

— Cela vous étonne, reprit-il avec un sourire amer, que votre bailli, votre chef, votre ami à tous, doive répondre d'une accusation capitale ? Il en est ainsi pourtant, grâce aux ingénieuses intrigues de ce rusé scélérat ! Il prétend avoir des preuves de mon crime, et ces preuves il me les eût livrées si j'avais été assez infâme pour lui accorder la main de ma fille Marguerite avec... avec ma fortune pour dot ! Mais il ne l'aura pas, il n'aura rien de moi, dussé-je périr victime de ses indignes machinations !

Il faut se souvenir du respect, de l'affection, du dévouement sans bornes que les habitans du Bout-du-Monde portaient à Martin-Simon et à sa famille pour comprendre l'indignation qu'excita cet aveu. Le vieux Jean lui-même ne put se contenir.

— S'il en était ainsi, dit-il en regardant fixement le procureur, cet homme serait un serpent qu'il faudrait écraser du pied!

— Assommons-le, jetons-le dans la Guisanne! s'écrièrent les jeunes gens en renchérissant sur les sentiments dont le vieillard avait donné l'exemple.

— Mes amis, balbutia Michelot en s'efforçant de secouer sa torpeur à la vue du nouveau danger qui le menaçait, vous serez responsables de tous les mauvais traitements que j'endurerai... Celui qui a déjà porté la main sur moi expiera cruellement sa brutalité.

— Ah! tu veux dénoncer notre bailli, notre bienfaiteur, notre bon maître? s'écria l'un des assistans en s'élançant vers lui; eh bien! sors par le chemin le plus court... par la fenêtre!

— Au secours! s'écria le pauvre légiste en voyant des bras déterminés se lever sur lui.

— Mes amis, je vous défends...

— Enfans, prenez garde, vous ne savez pas à quoi vous vous exposez!

— Au secours! répétait Michelot.

Ce fut en ce moment que Marguerite entra, suivie du chevalier de Peyras et de mademoiselle de Blanchefort. Leur présence arrêta tout à coup le désordre, et ceux qui avaient saisi le procureur tremblant le laissèrent aller.

XII

LES RIVAUX.

En apercevant sa fille, Martin-Simon courut au-devant d'elle.

— Ma chère enfant, dit-il d'une voix animée, éloigne-toi, laisse-nous traiter comme il le mérite un misérable qui a osé m'accuser d'un crime!

Les traits graves de la jeune fille n'exprimèrent ni étonnement ni crainte.

— Mon père, dit-elle avec calme, si cette accusation est fausse, devez-vous donc agir comme si elle était véritable?

— Si elle est fausse! répéta Martin-Simon en reculant d'un pas; est-ce ainsi que ma fille reçoit la nouvelle de l'horrible calomnie dont je suis victime?

— Mon père, vous n'avez pas compris ma pensée; je ne crois plus... je ne crois pas que vous ayez pu commettre une mauvaise action. Mais il est plus sage de réfuter une calomnie que d'insulter le calomniateur.

— Vous avez raison, s'écria Michelot en reprenant courage, et dans cette circonstance il est plus facile de nier les faits que de les discuter... Lisez, lisez, mademoiselle, continua-t-il en ramassant les papiers que Martin-Simon avait jetés à terre; et en les présentant à Marguerite: voyez si partout ailleurs qu'ici cette prétendue calomnie serait repoussée sans conteste!

La jeune fille prit les papiers avec émotion, et, en les parcourant, elle ne remarqua pas que Peyras lisait les pièces accusatrices par-dessus son épaule.

— Il y a ici quelque funeste méprise! s'écria la timide Ernestine, et prenez-y garde, monsieur Michelot, mon père vous demandera compte de la manière dont vous aurez traité les amis qui m'ont accueillie dans mon malheur... J'ignore ce que contiennent ces papiers... mais personne ici ne partage vos affreux soupçons. Nous connaissons tous la loyauté, la noblesse d'âme, la haute vertu de Martin-Simon. Quel intérêt assez grand pourrait forcer un homme tel que lui à renier quarante ans de probité?

— Merci, merci, ma chère enfant, murmura le roi du Pelvoux d'une voix étouffée, pendant que deux grosses larmes roulaient le long de ses joues; voilà ce que ma fille eût dû dire à votre place!

— Mademoiselle, reprit Michelot avec une mélancolie hypocrite en répondant à l'observation d'Ernestine, je rendrai compte à votre père des motifs de ma conduite, car, pour vous, vous ne comprendriez pas à quels excès peut porter la soif de l'or!

Martin-Simon s'était jeté sur un siége d'un air accablé, et se couvrait le visage de ses deux mains pour cacher la douleur que lui causait l'indifférence apparente de sa fille. L'assemblée était agitée par mille sensations diverses.

En ce moment, Peyras, qui, ainsi que nous l'avons dit, avait parcouru en même temps que le procureur les pièces produites par le procureur, dit à l'oreille de sa cousine:

— Ces preuves sont accablantes... Promettez-moi votre main et la mine d'or, je tuerai Michelot, je lui arracherai ces papiers, je sauverai votre père.

Marguerite fit un signe de mépris, et le chevalier s'éloigna en se mordant les lèvres.

Au même instant, une autre voix glissa ces mots à son oreille:

— Votre main ou la mine d'or, et je déchire ces papiers.

Marguerite ne se retourna pas, mais elle avait reconnu Michelot.

— Ni l'un ni l'autre, répondit-elle.

Le procureur se perdit dans la foule.

— Mademoiselle, je suis ici, dit bientôt une troisième voix, assurez-nous la possession de cette mine d'or, et à l'instant même votre père sera mis à l'abri de toute poursuite.

Marguerite se retourna cette fois, et elle aperçut le vieux prieur du Lautaret qui s'appuyait sur le maître d'école. Elle leur sourit d'un air de mélancolie, mais elle ne répondit pas.

Le chevalier, malgré ses vues égoïstes, n'était pas insensible au déshonneur qui menaçait son parent; d'ailleurs il avait deviné dans le procureur un rival redoutable qui marchait vers le même but que lui.

— Ces preuves que vous faites sonner si haut, dit-il, sont évidemment fausses et mensongères, maître Michelot, et si vous étiez un homme de cœur aussi bien que vous êtes un vil fauteur d'intrigues, je vous prouverais que vous avez menti sciemment, dans une intention de lucre et de méchanceté.

Un murmure approbateur accueillit cette véhémente sortie. Ernestine pressa la main de son fiancé pour le remercier d'avoir pris la défense de leur hôte. Le procureur, voyant ces signes menaçans de réaction contre lui, voulut payer d'assurance, et répondit à Marcellin en souriant:

— Pas de bravades, monsieur de Peyras... Un vieux procureur comme moi et un gentilhomme comme vous ne peuvent croiser l'épée l'un contre l'autre; ils seraient trop ridicules tous les deux... Mais à quoi bon cette discussion dans un pareil lieu? continua-t-il en se préparant à sortir; à quoi bon se défendre ainsi devant moi comme si j'étais un juge? Ce n'est pas moi qui ai cherché ou souhaité ce fâcheux éclat; Dieu m'est témoin que j'eusse désiré cacher ce terrible événement tout le temps que ma conscience me l'aurait permis, si dans sa fureur aveugle le coupable ne s'était trahi lui-même! A présent, il ne dépend plus de moi de garder le secret; il a eu trop de confidens pour qu'il me soit possible de tarder davantage à instruire la justice... Le seul conseil que je puisse donner à mon ancien hôte et à ses amis, c'est qu'il songe à passer la frontière promptement, avant qu'un mandat d'amener soit lancé contre lui.

Martin-Simon se leva.

— Je ne fuirai pas, dit-il avec une sombre résignation, j'attendrai le jugement des hommes... Je suis innocent.

— Eh bien donc! reprit Marguerite d'une voix éclatante,

si quelqu'un peut nous sauver, qu'il se montre!... J'accepte les conditions que l'on me propose.

— C'est moi qui suis le coupable! s'écria-t-on de l'autre bout de la salle.

Tous les yeux se tournèrent avec avidité de ce côté, et alors on vit s'avancer au milieu de l'assemblée le maître d'école Eusèbe Noël, toujours accompagné du prieur du Lautaret.

— Que personne ne soit accusé du meurtre du gagne-petit Raboisson, répéta-t-il d'une voix étouffée, car j'en suis le seul auteur.

— Vous! s'écria-t-on de toutes parts.

— Monsieur Eusèbe, murmura Marguerite d'un ton de reproche, quel puissant ressort a-t-on fait jouer pour vous déterminer à ce mensonge?

Mais le maître d'école ne parut pas avoir entendu ces paroles.

— Oui, poursuivit-il avec plus de force, c'est moi qui ai précipité le gagne-petit dans l'abîme de la Grave; mais je m'empresse d'ajouter que cette mort a été le résultat d'une rixe, d'une lutte que j'ai soutenue contre Raboisson, et non l'effet d'une préméditation coupable. Le matin du jour de l'accident, j'errais dans la vallée, suivant mon habitude, en lisant mon auteur favori; j'aperçus de loin Raboisson qui causait avec l'homme de loi; ils paraissaient fort occupés l'un et l'autre d'un papier que le procureur serra dans son portefeuille. Je doublai le pas pour savoir de quoi il s'agissait; mais, avant que je les eusses rejoints, Michelot avait disparu, et je ne trouvai plus que le gagne-petit assis sur le bord du chemin. J'avouerai franchement que le hasard seul ne m'avait pas conduit en cet endroit, où je savais que Raboisson devait passer; cet homme avait connaissance d'un secret que je désirais ardemment de surprendre. Je m'approchai donc de lui, et je le pressai de questions pour lui arracher la vérité... Raboisson était brutal, et une querelle avait déjà éclaté entre nous la veille; il me porta le premier coup; je le poussai avec violence; il chancela sur le bord de l'abîme et disparut.

— Tout cela est faux! s'écria Michelot, qui voyait son autorité sur Martin-Simon lui échapper; tout cela est un mensonge inventé pour détourner les soupçons.

— Tout cela est vrai, dit son tour le vieux religieux d'une voix imposante, car j'ai été témoin de l'événement. J'étais allé recueillir des plantes médicinales dans le voisinage du précipice, et je vis de loin la lutte s'engager entre ces deux hommes. Après la catastrophe, j'accourus pour secourir Raboisson, espérant qu'il n'était que blessé; je trouvai monsieur Noël auprès du corps inanimé de son ennemi; là, en présence du cadavre, je fus témoin de ses larmes, de ses regrets. Je lui adressai des paroles sévères, mais ma colère fut désarmée par son profond repentir. Il craignait surtout d'être accusé de meurtre, et j'eus pitié de ses terreurs. Il fut convenu que je ne dirais pas ce que j'avais vu, et que nous révélerions le fait dans le cas seulement où une autre personne serait incriminée à sa place. Pendant plusieurs jours nous avons espéré qu'on attribuerait cette mort à un simple accident... Mais tout à l'heure, en apprenant qu'on soupçonnait un homme de bien dont la réputation est sans tache, j'ai décidé Noël à venir rendre témoignage de la vérité, quoi qu'il pût arriver.

On avait écouté ce récit avec la plus religieuse attention; quand il fut fini, un bourdonnement sourd trahit l'émotion qu'il avait causée. Marguerite regardait tour à tour le maître d'école et le prieur avec une espèce d'égarement.

— Eusèbe Noël, et vous, mon révérend père, demanda-t-elle enfin dans une mortelle angoisse, cela est-il bien vrai?

— Je le jure devant Dieu et devant les hommes! dit Noël.

— Je prends le Christ et la Vierge à témoin, ajouta le moine d'un ton solennel, de l'exactitude de ces aveux.

Alors Marguerite eut un mouvement sublime de douleur et de repentir.

— Il n'y a donc que moi de coupable, s'écria-t-elle avec un accent déchirant, car j'ai maudit mon père! — Puis elle se prosterna devant Martin-Simon, et frappa du front le plancher, en répétant: — Grâce, grâce!... vous serez bien vengé!

— Mon enfant bien-aimée, s'écria Martin-Simon attendri, lève-toi, viens dans mes bras!... Ai-je besoin de te pardonner? les apparences n'étaient-elles pas contre moi?

Le père et la fille se tinrent un moment embrassés. Des larmes coulaient de tous les yeux. Bientôt Marguerite se dégagea doucement des étreintes de Martin-Simon, et, se tournant vers les assistans, elle dit d'une voix imposante:

— Que tout le monde sorte... ce qui me reste à dire à mon père ne doit être entendu que de lui.

Les assistans d'un rang inférieur se hâtèrent d'obéir à cet ordre; mais les autres ne s'éloignèrent que lentement, et chacun d'eux, en passant près de Marguerite, lui glissa quelques mots à l'oreille.

XIII

LE SERMENT.

Marguerite attendit que tout le monde fût sorti, et elle referma soigneusement la porte, afin de ne pas être interrompue dans la conversation qu'elle allait avoir avec son père. Cependant les personnes qui remplissaient la chambre un moment auparavant ne s'en étaient pas éloignées, car on entendait au rez-de-chaussée de la maison une espèce de piétinement sourd et continu.

Martin-Simon suivait avec curiosité chacun des mouvemens de Marguerite. Elle était redevenue froide, solennelle; sa physionomie exprimait une grande résolution. Lorsqu'elle se fut assurée qu'elle était bien seule avec son père, et qu'aucune oreille indiscrète ne pouvait l'entendre, elle s'avança vers lui et dit avec fermeté:

— Mon père, il n'y a plus à hésiter; le moment prescrit est arrivé.

Le roi du Pelvoux tressaillit comme au bruit d'une détonation inattendue; il se troubla et balbutia avec embarras:

— Explique-toi, Marguerite, je ne te comprends pas...

— Le temps est venu d'accomplir le serment que vous avez prononcé devant le lit de mort de mon aïeul... le temps est venu de renoncer pour toujours à ce trésor qui vous avait été confié pour le bonheur des hommes.

Martin-Simon s'agita sur son siège d'un air d'angoisse.

— Tu te trompes, Marguerite, je t'assure que tu te trompes, reprit-il; rien dans notre situation présente ne justifie encore ces mesures extrêmes... A la vérité, cet odieux procureur m'avait préparé un piège où j'ai failli tomber, mais l'imposture a été confondue.

— Mon père, s'écria la jeune fille avec véhémence, laissez-moi vous rappeler cette scène lugubre que vous m'avez racontée tant de fois, et à la suite de laquelle Bernard quitta ce monde pour aller au ciel... Il était étendu sur son lit d'agonie; à genoux devant lui vous versiez d'abondantes larmes; un crucifix et un Évangile ouvert étaient sur la table. Vous veniez de jurer par les sermens les plus redoutables que vous ne révéleriez jamais à un imprudent ou à un méchant l'existence du trésor qu'on vous léguait. Ni fils, ni femme, ni mère, ni frère, ni ami, n'étaient exceptés de la règle; du jour où ce trésor risquait à être employé à de mauvais usages, il fallait l'anéantir. Après cette cérémonie, le malade était épuisé, son âme n'appartenait déjà plus à la terre; cependant, préoccupé de la magnifique mission dont vous étiez chargé, vous deman-

dûtes à quels signes, vous et vos descendans, vous pourriez reconnaître que ce trésor allait devenir fatal à l'humanité. Alors, le mourant se redressa péniblement, et il
vous dit : « Mon fils, quand votre enfant vous maudira,
quand votre ami vous trahira, quand celui que vous aurez comblé de bienfaits vous accablera d'injures, quand
les embûches se multiplieront sous vos pas, quand les passions se déchaîneront autour de vous comme des tempêtes,
quand pour vous plaire le vieillard se fera vil, et quand
l'époux trahira l'épouse, et quand le prêtre trahira son
Dieu, ce sera la preuve que le moment est venu. » Et
après avoir prononcé ces paroles, mon père, Bernard
retomba sur sa couche, ses yeux se fermèrent, et il ex-
pira.

— Marguerite, Marguerite! interrompit Martin-Simon
en essuyant une larme, pourquoi donc évoquer ces tristes
souvenirs?

— Parce que, mon père, les signes précurseurs annon-
cés par Bernard sont arrivés ; parce que les crimes et les
trahisons nous entourent d'un cercle de plus en plus
étroit ; parce que déjà tout autour de vous le vieillard dés-
honore ses cheveux blancs ; l'époux chasse son épouse, le
prêtre blasphème son Dieu ; et votre fille elle-même ne
vient-elle pas de vous maudire dans son cœur? Oui, oui,
le jour est venu... Il faut détruire l'influence funeste qui
d'un moment à l'autre va tout frapper de mort sur ce modeste coin du monde... D'ailleurs, ne trouvez-vous pas
enfin que c'est une charge trop lourde, pour un homme
simple et bon tel que vous, d'être le dispensateur de cet
or, qui produit tout bien et tout mal sur la terre? Père,
vous avez fait assez de bien avec ce trésor ; prenez garde
de ne plus faire que du mal.

Martin-Simon était plongé dans de profondes méditations.

— Je n'ai rien oublié, Marguerite, dit-il enfin, et je
suis prêt à tenir ce serment que j'ai exigé de toi et que tu
eusses exigé de tes enfans... Cette promesse est toujours
présente à ma mémoire ; seulement je ne crois pas le
moment venu de renoncer au pouvoir immense que me
donne la découverte de mon père. Tu l'as dit, l'or est la
cause de tout bien et de tout mal, mais jusqu'ici le bien a
été plus grand que le mal, et je ne veux pas perdre encore ce moyen puissant d'agir sur la destinée des hommes.
Dans les circonstances actuelles, Bernard, tout triste et
tout misanthrope qu'il était, n'eût pu me conseiller la mesure rigoureuse dont tu parles, car les actions de grâce
des malheureux qu'il aurait consolés l'eussent empêché,
comme moi, d'entendre les imprécations des ingrats. Non,
non, Marguerite, je ne me résoudrai pas à ce sacrifice ;
songe à ce que j'ai fait, à ce que je veux faire encore...
Tiens, continua-t-il avec chaleur en conduisant sa fille
vers la fenêtre, d'où l'on apercevait le joli village du Bout-
du-Monde et sa riante vallée, regarde quelles incroyables
merveilles j'ai accomplies avec de l'or; là, il n'y avait
que des rocs arides, sans verdure, sans végétation, sans
autres habitans que des animaux sauvages... A ma voix,
le rocher est devenu fertile, la terre a produit des herbes
et des fleurs, des arbres et des fruits ; le désert a été
dompté. J'ai appelé une population entière dans ce coin
de terre jadis inhabitable, et j'ai changé en lieu d'abondance et de paix un lieu de misère et de désolation. Regarde ces braves gens qui sont là sur la place ; vois l'anxiété peinte sur leur visage parce qu'ils savent qu'un
nuage a obscurci pour un moment notre félicité. Femmes,
enfans, vieillards, tous nous aiment comme des membres
de leur propre famille... Tiens, ils viennent de nous apercevoir à travers les vitres de la fenêtre... entends-tu leurs
cris de joie et leurs bénédictions?...

Le bruit des événemens qui venaient de se passer chez
le roi du Pelvoux s'était en effet répandu dans le village.
Tous les habitans étaient accourus pour donner à leur
bailli des témoignages de sympathie et pour le défendre au
besoin, ce qui expliquait les acclamations dont Martin-
Simon venait de parler. Marguerite ne parut pas insen-

sible à ces preuves d'affection ; cependant elle regagna sa
place, et elle reprit avec force :

— Ces émotions sont bien douces, mon père ; mais je
n'en persiste pas moins à penser que notre secret pourrait
nous être fatal. Si votre générosité s'était exercée seulement sur des gens honnêtes et grossiers tels que ces montagnards, peut-être pourriez-vous retarder encore l'exécution de ce redoutable serment ; mais les habitans de ce
monde méchant qui nous est étranger ont été mis en
éveil...

— Allons ! interrompit Martin-Simon d'un air mécontent, tu veux parler de la bagatelle que j'ai donnée à ces
deux jeunes gens. De quelle manière, Marguerite, pou-
vais-je mieux employer nos richesses qu'en relevant une
ancienne et noble maison qui allait tomber par la faute
d'un jeune étourdi? Il est mon parent ; ne fallait-il pas le
tirer de l'abîme où il s'était jeté? Mon père lui-même, qui
aimait tant le père du chevalier, n'eût pu blâmer ma conduite envers ce jeune fou... Et cette imprudente enfant
qui avait tant sacrifié pour le suivre, n'était-ce pas aussi
une bonne œuvre que de la remettre dans le droit chemin ?... Marguerite, ne me reproche pas ce que j'ai fait ;
quoi qu'il doive arriver, nous avons accompli une action
louable, et je ne m'en repens pas.

La jeune fille se leva ; elle prit les mains de Martin-Simon dans les siennes, et, appuyant la tête sur son épaule,
elle lui dit avec un accent d'une douceur infinie :

— Vous êtes bon, mon père ; votre âme n'est remplie
que de bienveillantes et charitables pensées. En acquérant
la science des hommes, vous avez su conserver la simplicité de cœur, la candeur de l'enfant. Vous ne voulez voir
que des amis et des frères dans tous ceux qui vous entourent, et il n'y a peut-être que des traîtres et des ennemis... Eh bien ! continua-t-elle en s'animant et en se re-
dressant de toute sa hauteur, tandis que ses grands yeux
noirs brillaient d'un vif éclat, moi qui ne suis qu'une
jeune fille sans expérience, à demi sauvage, je vois clairement ce qui échappe à vos regards exercés ; toutes ces
âmes qui vous paraissent si vives, ténébreuses comme la
nuit, sont pour moi transparentes comme du verre, et je
vois s'agiter en elles des sentimens coupables qui m'ins-
pirent de l'horreur. Mon père, ne vous faites pas illusion :
on sait l'histoire de notre fortune. On la sait depuis quelques heures seulement, et déjà il nous faut trembler pour
nos richesses, pour notre vie, pour notre honneur! Mon
père, n'avez-vous pas peur de l'effroyable déchaînement
des passions qui rugissent déjà près de nous? Regardez :
partout des haines qui s'enveniment, des ambitions qui
grossissent, des trahisons qui se préparent; on rampe
sous nos pieds et on nous menace tour à tour ; les pièges
se multiplient sur notre chemin, et bientôt peut-être nous
ne pourrons plus les éviter... Le seul nom de cette mine
d'or fait fermenter toutes les têtes et battre tous les cœurs.
Pour elle on devient meurtrier ; car, sachez-le, mon père,
cet Eusèbe Noël, dont la probité semblait si sûre, s'est
découvert à moi ; c'est pour arracher à Raboisson son secret qu'il avait engagé la querelle. Pour elle on devient
calomniateur, intrigant, délateur, comme Michelot ; pour
elle on trahit ses vœux et on profane le caractère sacré
du prêtre, comme le prieur du Lautaret ; pour elle on devient lâche, menteur et parjure, comme votre brillant
chevalier de Peyras. Et moi-même, mon père, n'ai-je pas
subi aussi l'influence maligne que semble répandre ce
métal sur toute la contrée? N'en suis-je pas venue à
douter de vous?... Que vous faut-il de plus? Attendrez-
vous donc que notre heureuse vallée soit remplie de
deuil et de sang pour comprendre le danger?

Marguerite parlait avec chaleur et conviction ; Martin-
Simon se sentit ébranlé.

— Oui, je voudrais en vain me le dissimuler, ma fille,
reprit-il avec accablement, tu as peut-être raison... la fatale influence qui t'effraye a corrompu les cœurs autour
de moi ; je ne trouve plus ni reconnaissance dans ceux à
qui j'ai fait du bien, ni désintéressement dans ceux qui

m'en ont fait. Devant moi, les plus fiers deviennent des mendians qui tendent la main, tandis que les plus timides exigent et menacent... Cependant, je te l'avouerai, j'avais espéré que mon jeune parent, Marcellin de Peyras, n'était pas accessible à ces sentimens de basse avidité.

Marguerite raconta brièvement ce qui s'était passé le matin chez Eusèbe Noël, et répéta la conversation qu'elle avait eue avec le chevalier peu d'instans après.

— Ainsi donc, pas un seul, s'écria le roi du Pelvoux, pas un seul qui ait ressenti pour mes services passés quelque gratitude ! Que l'âme sordide d'un procureur se soit exaltée à la nouvelle que j'étais possesseur d'un trésor inestimable, cela s'explique sans peine ; mais qu'un jeune gentilhomme, étourdi et prodigue autrefois, ait poussé l'amour de l'or jusqu'à l'infamie, qu'un vieil et respectable moine, qui a fait vœu de pauvreté, se soit entendu avec un misérable pédagogue à moitié fou pour m'obliger à compter avec eux, voilà ce qui passe toute croyance, voilà ce qui pourrait donner de la haine contre l'humanité entière ! — Il reprit d'un ton plus calme, après une pause : — Ne m'as-tu pas dit, Marguerite, qu'ils attendaient ta réponse en ce moment ?

— Ils l'attendent, mon père, répliqua la jeune fille avec amertume, comme la bête affamée attend sa proie, avec impatience et fureur.

— Eh bien ! je la leur transmettrai moi-même... Mais l'heure s'avance, il est temps, ma fille, de nous préparer pour la cérémonie religieuse.

— Mon père, je croyais... monsieur de Peyras a manifesté une telle répugnance pour ce mariage...

— Je lèverai ses scrupules, dit Martin-Simon en souriant d'un air mélancolique ; cette passion qu'il a ressentie pour toi si subitement ne doit pas être bien profonde, et elle ne sera pas un obstacle sérieux à l'accomplissement de ses devoirs !

Marguerite rougit et baissa la tête.

— Mon père, reprit-elle avec timidité, je vous demanderai une grâce ; permettez-moi de ne pas assister à leur... à cette solennité. La fatigue et les émotions de la journée...

— Il suffit, mon enfant ; je t'excuserai donc auprès des invités... Allons, retire-toi ; il est temps que je m'habille pour conduire cette pauvre jeune fille à l'autel. Du reste, aie l'esprit en repos, j'arrangerai ces affaires qui semblent si embrouillées. Je vais, d'un seul coup, apaiser ces passions tumultueuses...

— Et comment cela, mon père ?

— En accomplissant le serment que j'ai fait à ton aïeul le baron Bernard... Va.

Peu d'instans après, Martin-Simon descendit dans la salle basse, revêtu d'un costume noir qu'il portait les jours de cérémonie. Il prit séparément Michelot, le chevalier et Eusèbe Noël, qui tous guettaient le moment favorable pour lui parler ; il leur dit seulement quelques mots à l'oreille, et de cet instant la plus parfaite harmonie régna comme par enchantement dans l'assemblée. Lorsque l'on partit pour l'église, la mariée était presque souriante, et le marié, sauf quelques distractions, paraissait galant et heureux ; il n'y avait jusqu'à la figure de Michelot et jusqu'au visage jaune d'Eusèbe Noël qui n'exprimassent une satisfaction sympathique. De son côté, Martin-Simon affectait une sérénité parfaite, et les montagnards, heureux de ce changement imprévu après les angoisses de la matinée, saluaient le cortège de leurs acclamations joyeuses. Ce fut sous les auspices que l'union du chevalier de Peyras et de mademoiselle de Blanchefort fut bénie par le prieur du Lautaret, dans la petite chapelle du Bout-du-Monde.

Lorsque l'on revint à la maison après la cérémonie, Marguerite prit Ernestine à part, et, déposant un baiser sur son front, elle lui dit d'une voix émue :

— Mademoiselle, j'ai été bien sévère pour vous, et vous avez supporté mes froideurs avec une inaltérable douceur. Aujourd'hui, quand tout accusait mon père, quand

moi-même je doutais de lui, vous seule avez eu le courage de le défendre... vous valez mieux que moi, et vous méritez tous les bonheurs, toutes les joies ! Cependant, ajouta-t-elle en baissant la voix, si votre sort dans l'avenir ne devait pas être aussi heureux que je le désire, souvenez-vous que vous avez une amie dans Marguerite Simon, et que vous et les vôtres vous pourrez compter sur elle dans l'adversité !

En même temps, comme si elle eût craint d'en trop dire, elle s'éloigna rapidement.

XIV

LA GROTTE.

La cérémonie religieuse s'était prolongée assez avant dans la journée, et elle avait été suivie d'un léger repas auquel assistèrent les principaux personnages de cette histoire. A l'issue de ce repas, pendant lequel on prit soin de ne faire aucune allusion aux événemens de la matinée, on se sépara, et bientôt tout redevint calme dans le village et dans la maison de Martin-Simon.

Alors Michelot fit des adieux secs et froids aux nouveaux époux, prit congé de son hôte qui semblait avoir entièrement oublié leur récente querelle, puis il monta à cheval, et partit en annonçant qu'il passerait la nuit à l'hospice du Lautaret.

Marcellin et Ernestine, du haut de la terrasse qui attenait à la maison, le suivirent des yeux jusqu'à ce qu'il eût disparu à l'extrémité du village.

— Enfin, dit le chevalier en s'asseyant sur le parapet de pierre à côté d'Ernestine, nous voici débarrassés de ce vieil intrigant qui nous a causé tant d'ennuis ! Je craignais de sa part quelque nouvelle machination pour perdre mon généreux parent ; mais ils ont l'air de s'entendre maintenant, et sans doute nous ne reverrons plus ici cette hideuse face de chicaneur. Je gage qu'il aura tiré quelques grosses sommes de Martin-Simon !

— Que puis-je répondre, Marcellin ? dit Ernestine avec tristesse ; depuis cette orageuse matinée, je ne comprends plus rien à ce qui se passe autour de moi... tous les visages ont une expression étrange que je ne puis m'expliquer... Vous-même, Marcellin, vous semblez éprouver une agitation que je ne vous ai jamais vue, et elle a un caractère si nouveau, que je ne saurais dire si c'est du regret ou de la joie.

— Oh ! c'est de la joie, Ernestine ! s'écria Peyras avec chaleur, je suis enfin au comble de mes vœux.

La jeune mariée sourit de plaisir, en même temps que de douces larmes brillaient dans ses yeux.

— Merci, Marcellin, mille fois merci pour cette bonne parole, dit-elle, c'est la première depuis que nous sommes unis par des liens indissolubles. Eh bien ! voyez comme j'étais ingrate !... ce matin encore mes soupçons m'étaient revenus : je... doutais de vous, de votre amour... mais pardonnez-moi, Marcellin, car j'étais folle.

Le chevalier la regarda d'un air de surprise. Évidemment ce n'était pas à son récent mariage qu'il avait voulu faire allusion en parlant de la joie qui éclatait sur son visage et dans tous ses mouvemens. Cependant il n'eut pas la cruauté de détromper la malheureuse Ernestine, et il répondit distraitement :

— Oui, oui, bien folle en vérité ; vous ne savez pas combien votre destinée va devenir digne d'envie ! Mais, continua-t-il en regardant le soleil qui commençait à s'abaisser vers le sommet des montagnes, excusez-moi, chère Ernestine, il faut que je vous quitte... Voici, je crois, le moment fixé pour terminer une affaire importante... je reviendrai bientôt.

Il déposa un froid baiser sur le front de sa femme, et se disposait à quitter la terrasse.

— Quoi! vous vous éloignez déjà de moi? dit Ernestine avec chagrin; quelle affaire peut vous réclamer si impérieusement dans un pareil jour? Marcellin, me cachez-vous donc encore quelque chose?

— Bientôt vous saurez tout, reprit le jeune homme avec une agitation fébrile; mais laissez-moi partir, il y va d'une fortune royale pour vous et pour moi; laissez-moi partir, et, à mon retour je serai maître d'une mine d'or...

Et il s'échappa, malgré les efforts d'Ernestine pour le retenir.

— Toujours cette mine d'or! murmura-t-elle avec abattement, je me trompais tout à l'heure... il ne pensait pas à moi. Oh! l'expiation sera longue et douloureuse!

Elle s'assit de nouveau sur le parapet, et versa des larmes amères.

Le chevalier rentra dans sa chambre, afin de prendre un costume plus convenable que ses vêtements de noces pour l'excursion qu'il méditait. Bientôt il sortit de la maison, habillé à peu près de la même manière que le jour de son arrivée chez son hôte; seulement il avait ajouté à son équipage un long bâton ferré, et enveloppé ses jambes de grossières guêtres bleues. Il marchait d'un pas inégal, mais rapide; et il se dirigeait vers la partie la plus âpre et la plus sauvage de cette contrée solitaire.

La maison de Martin-Simon était bâtie, comme nous l'avons dit, au pied d'une haute montagne qui se rattachait à la chaîne principale des Alpes françaises. Peyras suivit sans hésiter un petit sentier qui tournait la base de cette montagne, et bientôt il entra dans une gorge sombre, semblable à celles que nous avons déjà décrites. Le joli village lui-même se cacha graduellement à sa vue, à mesure qu'il s'enfonçait dans cet étroit passage; mais, en se retournant, il pouvait apercevoir encore une partie de la vallée si riante et si bien cultivée qui formait comme une oasis de verdure et de fertilité au milieu de ces déserts. Le soleil la colorait de ses tons les plus chauds, comme pour en faire ressortir les beautés merveilleuses, et pour donner plus de regret de la quitter.

Après quelques moments d'une marche pénible, Peyras atteignit une vallée secondaire dont le premier aspect était effrayant. Les montagnes surmontées de neiges et de glaciers qui l'entouraient étaient nues, déchardnées, comme sillonnées par la foudre. La vallée offrait elle-même l'image du chaos; elle était jonchée de pierres, de gros rochers, jouets des torrents et des avalanches. Pas un arbre, pas un brin d'herbe n'avait pu prendre racine sur ce sol ravagé, aucun insecte ne bourdonnait dans l'air; on ne voyait pas même un oiseau de proie planant avec ses longues ailes au sommet de ces pics glacées; pas une créature vivante ne respirait dans cette enceinte maudite, dont le soleil n'éclairait le fond que pendant une heure de la journée. C'était une nature morte, muette, inanimée; on se serait cru loin des hommes et de leurs habitations. si, à quelques pas, la gracieuse colonie du Bout-du-Monde n'eût fait contraste avec cet abîme inhospitalier.

Mais le chevalier n'accorda pas plus d'attention à cette triste solitude qu'à la belle contrée qu'il laissait derrière lui. Il suivait toujours le sentier, qui devenait de moins en moins distinct à travers les rochers et les éboulemens. Cependant les instructions que Marcellin avait reçues sans doute étaient trop précises pour qu'il pût s'égarer; il se dirigeait en droite ligne vers un bouquet de vieux sapins, d'autant plus remarquables qu'ils avaient seuls résisté aux perturbations épouvantables dont ce vallon gardait les traces. Ce fut seulement lorsqu'il fut arrivé en face de ces arbres séculaires qu'il s'arrêta et jeta des regards incertains autour de lui; mais cette hésitation dura peu; il venait d'apercevoir, sur le penchant de la montagne, l'entrée d'une grotte sombre que le surchappement d'un rocher cachait à demi.

— Je ne me suis pas trompé, murmura-t-il avec satisfaction; voici les sapins que l'on m'a indiqués, et voici la caverne où l'on m'a donné rendez-vous... Ce lieu est solitaire, et il n'est pas probable que nous y soyons dérangés. Sans doute, la mine n'est pas loin; on dit que l'or se trouve dans les endroits stériles et inhabitables, pareils à celui-ci... qui sait? dans cette grotte même peut-être...

Cette réflexion sembla donner une vigueur nouvelle à ses jambes. Il gravit presque en courant la pente assez raide qui le séparait de la caverne, et il se trouva bientôt sur une espèce de petite plate-forme qui en précédait l'entrée.

Là cependant il fut obligé de s'arrêter pour reprendre haleine, et il profita de ce moment pour examiner plus attentivement les lieux où il se trouvait. Partout autour de lui des pics inaccessibles, des surfaces lisses et verticales, des amas de pierres brutes et sans adhérence entre elles. De l'autre côté de la vallée se dressait dans toute sa sauvage majesté une montagne qui semblait être une annexe du mont Pelvoux, et qui s'unissait à lui vers la cime par un glacier dont les cristaux bleuâtres étincelaient au soleil. Elle était inabordable, excepté d'un côté; sur ce point, une longue traînée de rochers présentait des marches gigantesques dont la base s'appuyait sur le sol inférieur et dont le couronnement touchait aux glaces éternelles. On eût dit qu'un des sommets de ce cône majestueux ayant été brisé dans un jour d'orage ou pendant un tremblement de terre, les ruines s'étaient amoncelées sur ses flancs, tandis que les parties les plus légères étaient allées joncher le fond de l'abîme.

Le chevalier ayant repris haleine, voulut pénétrer dans la grotte qui lui avait été désignée comme lieu de rendez-vous. Elle était profonde, et il n'y régnait qu'un demi-jour; cependant, en approchant, Marcellin aperçut dans l'intérieur un homme assis sur une pierre et livré à de profondes réflexions. Au bruit qu'il fit, on se leva et on s'avança vers lui en disant avec précipitation:

— Monsieur Martin-Simon, est-ce vous enfin?

Mais aussitôt, reconnaissant son erreur, le personnage en question, qui n'était autre que Michelot, laissa échapper une exclamation de surprise. Marcellin lui-même ne pouvait en croire ses yeux.

— Encore vous, abominable intrigant? s'écria-t-il avec colère; comment vous trouvez-vous en cet endroit écarté lorsque tout le monde vous croit sur le chemin de Grenoble? Auriez-vous la pensée d'épier mes actions?

— C'est plutôt vous qui épiez les miennes, reprit Michelot avec non moins d'assurance, et ce n'est pas ici la place d'un voyageur qui devait coucher ce soir au Lautaret, ce n'est guère non plus celle d'un nouveau marié, qui devrait être en ce moment auprès de sa jeune épouse à lui jurer constance et fidélité.

— Vous osez me railler, je crois! dit Peyras furieux en tirant de sa poche un pistolet. Misérable! sors d'ici, ou sinon...

Mais Michelot montra aussi un pistolet qu'il dirigea contre la poitrine de son adversaire.

— Prenez garde, dit-il, et puis vous répondre sur le même ton; ainsi tenez-vous en repos, car la conversation pourrait tourner mal pour vous comme pour moi.

Peyras sourit avec mépris.

— Je ne m'attendais pas, dit-il, à voir de pareilles armes entre les mains d'un procureur.

— Ni moi entre les mains d'un gentilhomme; mais ne nous querellons pas, monsieur de Peyras, avant d'en avoir un sujet bien précis. Il ne s'agit peut-être que de s'entendre... N'y a-t-il rien qui vous frappe dans notre singulière rencontre?

— J'avais des motifs particuliers pour venir dans cet endroit.

— Et moi aussi.

— J'y attends quelqu'un.

— Et moi de même.

— Martin-Simon.

— C'est comme moi.

— Voilà qui est inconcevable ! Ce que Martin-Simon avait à me dire ne devait s'adresser qu'à moi.

— Je vous assure que le secret qu'il doit me communiquer est destiné à moi seul.

Un moment de silence suivit cette explication.

— On nous trompe, chevalier, dit Michelot avec agitation, et si vous vouliez me dire ce que notre hôte a promis de vous révéler ici...

— Que ne me dites-vous d'abord le motif qui vous amène dans cette grotte ?

— Il faut pourtant, reprit Michelot avec hésitation, que l'un de nous parle le premier. Eh bien ! j'avouerai que Martin-Simon doit me montrer... une mine d'or.

— Une mine d'or ! répéta Marcellin les yeux étincelans ; mais il m'a fait la même promesse, et je ne veux pas de partage !

— Vous m'avez prévenu ; je saurai maintenir mes droits ; je n'entends pas avoir d'autres associés que ceux que je pourrais m'adjoindre moi-même !

— Nous verrons bien qui l'emportera... Je suis parent du bailli, et je n'ai consenti au mariage de ce matin que sur l'assurance formelle...

— Cet homme ne m'est rien ; mais je possède des actes capables de le déshonorer et peut-être de le faire pendre, car la déposition de ce niais de maître d'école et de ce vieux frocard n'auraient aucune autorité devant les juges... J'ai promis de rendre ces actes dès que j'aurai vu la mine.

— J'espère cependant, monsieur, reprit le chevalier avec hauteur, que vous n'essayerez pas de forcer la volonté de Martin-Simon, mon parent, mon hôte et mon ami ?

— Il ne sera pas prudent de l'empêcher de tenir la parole qu'il m'a donnée ! répliqua le procureur d'un ton farouche. Tous les deux pressèrent convulsivement leur pistolet, dont ils ne s'étaient pas dessaisis, et se mesurèrent du regard. — Peut-être, dit enfin Michelot avec un sourire ironique, monsieur le chevalier, en se munissant de pareilles armes, n'avait-il pas l'intention d'accepter un partage, même avec son bien-aimé parent ?

— J'avais conçu un soupçon du même genre en voyant un pistolet entre les mains d'un procureur.

Nul ne sait comment se fût terminée cette scène, si en ce moment un bruit de pas ne se fût fait entendre près de l'entrée de la grotte.

— Le voici enfin, dit Peyras d'une voix sombre ; il faudra bien qu'il se prononce entre nous deux !

Ils cachèrent leurs armes et s'avancèrent au-devant de celui qu'ils prenaient pour Martin-Simon ; mais ils se heurtèrent contre deux nouveaux personnages qui entraient en courant dans la grotte, le maître d'école et le prieur des hospitaliers du Lautaret.

On s'observait avidement ; les arrivans semblaient aussi surpris qu'irrités ; Peyras et Michelot laissèrent échapper des imprécations et des blasphèmes.

— Ces deux hommes viennent ici dans le même but que nous ! s'écria le procureur avec rage ; Martin-Simon nous a tous ! trompés ! Il nous a promis à tous un trésor qu'il veut sans doute garder pour lui seul.

— Le croyez-vous, monsieur, le croyez-vous ? demanda Eusèbe Noël en cédant à cette distraction qui pour être affectée quelquefois n'était pas moins le fond même de son caractère ; serait-il possible qu'après avoir attendu vingt ans l'occasion favorable que j'ai trouvée ce matin, Martin-Simon me refusât la récompense qui m'est due ?... J'ai lui aussi bravé pour lui, mais...

— Eh ! comment eussiez-vous été capable d'un pareil dévouement, interrompit le prieur, si je n'avais été là pour vous encourager, pour vous soutenir de mon témoignage ? Que Martin-Simon ne tienne pas sa parole, ce n'est pas pour moi que j'ai à me plaindre, car j'ai fait vœu de pauvreté, et tout l'or de la terre ne pourrait changer le sort d'un humble religieux ; mais je regretterai pour

notre pieuse maison, pour l'œuvre bienfaisante dont nous sommes les ministres...

Michelot fit un signe d'intelligence à Peyras, comme pour l'engager à se liguer avec lui contre les nouveaux venus.

— Au diable les moines hypocrites ! dit-il avec brutalité ; allons, mon révérend père, assez de sermons comme cela ; montrez-nous les talons bien vite, et dites à votre couvent de prendre patience... Quant à vous, monsieur le magister, continua-t-il en se tournant vers Eusèbe Noël, souvenez-vous que votre déclaration de ce matin a été faite devant un grand nombre de témoins, et que vous devriez songer à votre sûreté. Il serait prudent de passer la frontière, si vous ne voulez être pendu seul, ou peut-être pendu de compagnie avec votre ami le roi du Pelvoux, dans le cas où, comme je le pense, ce serait lui qui vous aurait poussé à ce crime.

— Je braverai tout ! s'écria le maître d'école avec une véhémence qui tenait du délire ; je suis né sur un misérable grabat, j'ai vécu dans la pauvreté et la dépendance... j'ai passé ma vie à attendre le moment où je pourrais devenir riche, où j'aurais de l'or autant que j'en voudrais. Depuis quinze ans, j'ai cherché, par toutes sortes de ruses, à pénétrer le secret de Martin-Simon, pendant que je vivais de sa charité. Je suis las de mes vêtemens usés, de la pitié que j'inspire, de la place qu'on m'accorde avec dédain à une table étrangère... je veux faire envie à mon tour ! Que je voie cette mine d'or, que je la possède un instant, un seul, et je serai content ! Oui, Martin-Simon tiendra sa promesse, ou je me rétracterai, dussé-je mentir, dussé-je me parjurer !

— Je ne saurais approuver, dit le moine, ni le mensonge ni le parjure, mais je saurai punir la ruse indigne dont on s'est servi pour nous tromper.

— Assez de bavardage ! s'écria Michelot ; sortez d'ici à l'instant.

— Oui, sortez ! sortez ! répéta Peyras.

Et, par un arrangement tacite, ils montrèrent à la fois leurs armes à feu ; mais ni le maître d'école ni le religieux ne se laissèrent effrayer de cette démonstration menaçante, comme leur caractère bien connu de timidité pouvait le faire supposer.

— Approchez ! dit Eusèbe en se mettant à couvert derrière un bloc de granit tombé de la voûte et en brandissant un couteau.

— Puisqu'il le faut, dit le moine en ramassant résolûment le bâton ferré que Marcellin avait jeté en entrant dans la grotte, j'essayerai de me servir d'armes temporelles.

Et il brandit au-dessus de sa tête l'espèce d'épieu dont il s'était emparé.

Un silence farouche régna tout à coup ; on se regardait avec des yeux étincelans, on se défiait du geste... Un bruyant éclat de rire retentit derrière eux. Tout le monde se retourna, et l'on aperçut Martin-Simon.

— A merveille ! messieurs, à merveille ! s'écria le roi du Pelvoux avec un accent de raillerie ; vraiment, la plus touchante harmonie règne entre vous, et vous cherchez à vous rendre dignes des trésors que vous allez posséder !

— Que signifie cette plaisanterie ? demanda le chevalier, qui était le plus fougueux de tous ; il n'y a dans tout ceci qu'un malentendu, car mon parent sans doute y regarderait à deux fois avant de se jouer d'une parole donnée à un gentilhomme ?

— Comment donc ! chevalier, répondit Martin-Simon en affectant un air de gravité ; je sais trop bien ce que je dois d'égards à un gentilhomme si loyal et si franc, pour avoir seulement la pensée de lui manquer de parole.

Peyras, aveuglé par la passion, ne comprit pas l'ironie ; une expression de triomphe se peignit sur ses traits ; ses rivaux parurent consternés et indignés.

— Vous m'aviez fait la même promesse ! s'écria Michelot.

— Nous l'avions reçue, le prieur et moi, avant tous les autres, dit Eusèbe Noël.

— Allons ! débarrassons-nous de ces importuns ! reprit Marcellin en s'adressant à Martin-Simon ; je les traiterai suivant leurs mérites.

Les autres se mirent de nouveau sur la défensive ; le roi du Pelvoux s'interposa d'un air d'autorité.

— Un moment, messieurs, dit-il avec la même gravité qu'auparavant : je vous dois quelques mots d'explication. Vous m'avez manifesté tous le même désir, celui de voir la mine d'or d'où est sortie ma fortune, et vous m'avez placé, soit par un moyen, soit par un autre, dans la nécessité de vous révéler mon secret. Si j'avais dû faire un choix entre vous, donner la préférence à l'un au préjudice des autres, j'aurais pu me trouver fort embarrassé. Quel mauvais choix eût été possible entre un procureur faussaire et un moine hypocrite, un libertin dissipateur ou un vieux cuistre avare ? Le cas était embarrassant, vous en conviendrez. Aussi, pour trancher la difficulté, j'ai décidé de vous satisferais tous, et je ne me rétracte pas.

Les auditeurs se regardèrent ébahis.

— Vous nous avez trompés ! s'écria une voix.

— Je ne vous ai pas trompés ; que chacun de vous se rappelle les termes dont je me suis servi, il y a quelques heures ; je me suis engagé à lui montrer cette mine précieuse, mais je ne me suis pas engagé à ne la montrer qu'à lui... Si je veux confier ce secret à quatre personnes, n'en suis-je pas le maître ?

Cet argument était sans réplique, car aucun des assistans ne pouvait affirmer que Martin-Simon lui eût fait une promesse exclusive. Ils se mordaient les lèvres et donnaient les signes d'un cruel désappointement.

— Eh bien ! dit enfin le père hospitalier, qui semblait le moins avide, peut-être parce qu'il défendait seulement les intérêts de son couvent, nous ne sommes que quatre, et si réellement le filon était aussi riche qu'on le dit, il pourrait encore nous rendre tous opulens.

— Oui, répliqua Michelot en tirant lestement de sa poche un écritoire, et, puisqu'il faut nous résigner au partage, nous allons dresser séance tenante un petit acte dont je resterai dépositaire.

— J'y consens, dit le chevalier impétueusement ; mais je veux la moitié de la mine à moi seul.

— Et moi je veux mon quart tout entier ! s'écria le maître d'école.

— Ne vous pressez pas tant, messieurs, reprit Martin-Simon ; vous courriez risque d'avoir à recommencer le partage si tous ceux qui doivent y prétendre n'étaient pas présens... Heureusement vous n'aurez pas à attendre, car les voici.

En effet, douze ou quinze montagnards, des principaux habitans du Bout-du-Monde, parurent à l'entrée de la grotte, conduits par Marguerite et le bonhomme Jean.

Leur présence accrut encore l'indignation des premiers co-partageans de la mine d'or ; mais Martin Simon, sans s'inquiéter d'eux davantage, s'avança vers les villageois, qui hésitaient à entrer dans la grotte, ne sachant de quoi il s'agissait.

— Mes amis, leur dit-il avec sa bienveillance ordinaire, je vous ai réunis en cet endroit pour vous révéler un secret qui me pèse et trouble mon repos. Vous avez soupçonné depuis longtemps l'origine réelle de cette grande fortune dont je paraissais si peu soucieux ; et je reconnais enfin que vous avez deviné la vérité... Oui, mes amis, feu mon père, celui que l'on nommait l'*Esprit de la Montagne*, avait découvert, lorsqu'il errait sombre et désespéré dans ces solitudes, un filon d'or, dont il me révéla l'existence peu d'instans avant de mourir... C'est de cette mine qu'est sortie ma richesse. Tant que je l'ai pu, j'ai gardé le secret et j'ai dispensé de mon mieux à tous les infortunés qui m'approchaient ces biens dont je me considérais seulement comme le dépositaire. Aujourd'hui que votre tranquillité est assurée, il est temps peut-être que je songe à la

mienne. Vous avez entendu ce matin les odieuses accusations élevées contre moi ; je désire me soustraire à ces intrigues qui finiraient par m'accabler, et j'ai résolu de couper le mal dans sa racine. Si je me contentais de nier désormais, comme je l'ai fait jusqu'ici, que ce pays recèle un pareil trésor, on ne me croirait pas, on continuerait à me tendre des pièges ; je veux donc que vous connaissiez tous l'endroit où se trouve cette mine, que vous ayez tous autant de droits sur elle que j'en ai eu par le passé... Plus cet or aura de maîtres, moins il sera dangereux !

Un léger murmure courut dans l'auditoire : les montagnards, malgré la simplicité de leurs goûts et de leurs mœurs, furent vivement impressionnés de cette étrange nouvelle ; leurs yeux s'enflammèrent, et plusieurs d'entre eux donnèrent les signes d'une joie immodérée. Cette circonstance n'échappa pas à Marguerite.

— Vous le voyez, dit-elle tristement à Martin-Simon, eux aussi, eux si bons, si laborieux, si sobres, ils perdent la tête comme les autres ! Vous seul, mon père, étiez assez fort, assez généreux, pour accomplir cette grande œuvre de dévouement.

Martin-Simon soupira.

— Allons, mes amis, reprit-il à voix haute, et vous tous tant que vous êtes ici qui désirez avoir part à cet or, suivez-moi... Le jour baisse, et nous n'avons que le temps rigoureusement nécessaire pour arriver à la mine.

— Maître, demandèrent quelques-uns des assistans, où donc nous conduisez-vous ?

— Là, sur le Follet, dit Martin-Simon en désignant la montagne escarpée qui s'élevait de l'autre côté du vallon ; le filon d'or se trouve au-dessous du glacier, près de ce pic dont la base s'appuie sur les roches mobiles.

— Partons, s'écria-t-on de toutes parts.

Et on se dirigea en désordre vers la vallée.

— Cette montagne est bien élevée et bien raide, dit le procureur timidement.

— Je l'ai pourtant gravie, répliqua le roi du Pelvoux, dans des momens et des saisons moins favorables que ceux où nous sommes ; je l'ai gravi la nuit, par des temps d'orage, quand il était imprudent, pour ne pas dire téméraire, de s'aventurer sur les hauteurs... Oui, et ma pauvre Margot que voilà m'a attendu plus d'une fois pendant de longues heures dans cette grotte, désespérant de me revoir jamais ! Allez, cet or que je dépensais si vite était trempé de mes sueurs !

— Ces gens arriveront avant nous ! dit le chevalier en désignant les montagnards qui étaient déjà loin.

On doubla le pas, sans pour cela interrompre la conversation. Martin-Simon ne semblait plus se souvenir des motifs de haine qu'il avait contre les assistans, et il répondait avec sa bonhomie accoutumée à leurs observations.

— Mais, monsieur, demandait le prieur du Lautaret, qui avait relevé sa robe dans une de ses poches et qui marchait gaillardement à côté du roi du Pelvoux, comment aucun des gens du village ne vous a-t-il vu rôder de ce côté ? Il devait être bien difficile de cacher longtemps un pareil secret !

— D'abord mes voyages à la mine n'avaient lieu que la nuit, et ce canton ne produisant ni bois ni fourrage, n'est pas fréquenté par les habitans du Bout-du-Monde. Et puis qui vous dit que je n'aie pas été aperçu bien des fois quand j'allais et je venais dans ces parages ? seulement le pâtre simple et grossier devant qui je passais ne pouvait deviner ce que j'y venais faire ; il m'accusait de sorcellerie et c'était tout. Cependant, voici maître Eusèbe Noël qui, un jour, pensa me surprendre, lorsqu'il monta sur le Follet par distraction, comme je le crus alors, mais en réalité, j'imagine, pour épier mes démarches...

— Hélas ! je n'aperçus rien qui pût exciter mes soupçons, dit piteusement le maître d'école.

— Vous passâtes si près de la mine que je crus un moment que vous alliez la découvrir. Heureusement le brouillard des montagnes avait obscurci vos besicles ce jour-là, mon pauvre vieux pédagogue !

On était arrivé au pied du Follet, et on voyait déjà les montagnards grimper avec agilité le long de ses flancs. Quelques pierres qui se détachaient sous leurs pas venaient même rouler jusqu'aux retardataires. Marguerite s'arrêta et tira son père à l'écart.

— Toutes les précautions sont-elles bien prises, et aucun accident n'est-il possible ? murmura-t-elle.

— Oui, et n'oublie pas de te retirer dans la grotte dès que je donnerai le signal.

— J'y serai, mais, je vous en supplie, songez aussi à votre sûreté.

Après avoir échangé ces paroles mystérieuses, Martin-Simon rejoignit ses compagnons, et Marguerite s'assit pensive sur une roche.

XV

LE TRÉSOR.

L'ascension du mont Follet était beaucoup moins pénible et moins périlleuse qu'on ne le supposait d'en bas, grâce aux blocs superposés qui, s'élevant sans interruption de la base au sommet, formaient un escalier gigantesque. Les voyageurs crurent même remarquer plus d'une fois sur le roc des traces de travail, comme si l'on eût voulu indiquer grossièrement des degrés ; mais ces marches étaient si peu apparentes qu'on eût pu les prendre pour l'ouvrage de la nature. Martin-Simon semblait connaître parfaitement les endroits où il devait poser le pied le plus sûrement : il montait les pentes avec une aisance, une facilité qui étonnaient les montagnards eux-mêmes. Il n'en était pas ainsi à fait ainsi du chevalier et de Michelot, ni même du moine et du maître d'école, plus habitués que les deux citadins à de pareilles excursions. Ils hésitaient souvent, s'arrêtaient pour respirer, et restaient en arrière du gros de la troupe. Mais la cupidité leur rendait aussitôt des forces, et, haletans, couverts de sueur, ils se remettaient à gravir le versant avec courage.

On monta pendant une heure environ ; les moins alertes étaient encore assez loin du terme de leurs fatigues, lorsque des cris bruyans, répercutés d'échos en échos, annoncèrent l'arrivée de quelques jeunes gens au sommet tant désiré ; on redoubla d'efforts, et bientôt toute la troupe se trouva réunie autour de Martin-Simon, sur une espèce de plateau irrégulier d'où l'on dominait un immense horizon.

La montagne du Follet, vue à cette hauteur, présentait un aspect effrayant. Toutes les faces en étaient lisses, escarpées, presque perpendiculaires, et le chemin que les voyageurs venaient de suivre leur semblait si périlleux qu'ils se demandaient déjà comment ils allaient se hasarder à descendre. Ils se voyaient au point culminant d'un cône immense qui n'avait point d'égal dans tous les pics environnans, et qui n'avait de supérieur que le Pelvoux son voisin, dont les redoutables glaciers l'étreignaient déjà par la cime. Il y avait de quoi donner le vertige, si la pensée que cet affreux désert recélait une mine d'or n'eût préoccupé tous les esprits.

Aussi laissa-t-on à peine une minute aux retardataires pour respirer, et plusieurs voix demandèrent avec impatience à Martin-Simon :

— La mine d'or ! montrez-nous la mine d'or !

— Volontiers, mes amis, dit le père de Marguerite avec sérénité, en s'avançant vers l'endroit où le mont Follet s'attachait au Pelvoux.

— Ainsi donc, reprit avec chagrin le chevalier, qui le

suivait pas à pas, ce trésor est enfoui dans ce lieu inaccessible ? J'espérais...

— Vous espériez que l'exploitation en serait plus facile, n'est-ce pas ? dit Martin-Simon avec amertume ; mais qu'y faire, mon cher parent ? Ceux qui pourront venir plus tard chercher ici de l'or emploieront, s'ils le veulent, les mêmes moyens que moi... Je remplissais de minerai de grands sacs, que j'abandonnais sur le penchant de la montagne après les avoir bien fermés ; la nuit je venais enlever ces sacs et je les emportais au village ; alors je faisais le départ du métal par les procédés que mon père, habile métallurgiste, m'avait montrés ; un caveau de ma maison, dont ce misérable Raboisson découvrit l'existence, me servait de laboratoire ; et de temps en temps j'envoyais mes lingots au changeur Durand, de Grenoble, dont l'intérêt m'assurait la discrétion... C'est ainsi que mon père et moi-même nous sommes parvenus à jouir de nos richesses sans éveiller de soupçons.

En donnant ces détails, le roi du Pelvoux paraissait aussi calme que s'il n'eût pas dû renoncer bientôt à ce trésor dont il avait été seul maître jusqu'à ce jour.

On s'avança vers le glacier ; Martin-Simon fit halte devant un rocher plus grand que tous les autres et appartenant à ce système de débris qui s'étageaient sur le flanc du mont Follet. Ses compagnons, groupés autour de lui, attendaient avec anxiété ce qui allait se passer. Il écarta quelques pierres, disposées avec soin de manière à former une muraille mobile, et il découvrit enfin une cavité de cinq à six pieds de haut, dont la profondeur pouvait être de dix à douze. C'était la mine d'or.

Un cri d'admiration s'échappa de toutes les bouches ; on se précipita impétueusement pour voir dans sa forme primitive le précieux métal. Le filon était étroit et écrasé entre ses gangues, mais il semblait aussi pur que possible, et il contenait seulement un peu de cuivre dont les cristaux ajoutaient encore à sa richesse apparente. Le soleil couchant dardait ses rayons jusqu'au fond de la grotte ; des paillettes scintillaient à la voûte, aux parois latérales, au sol même ; on eût dit que la nature avare, obligée de livrer ses richesses aux hommes, voulait, pour se venger, éblouir leurs yeux, exciter leurs désirs jusqu'à la frénésie.

Les assistans étaient plongés dans une espèce de ravissement. Martin-Simon seul restait impassible ; il entra dans la grotte et s'empara de quelques outils de mineur qui étaient par terre.

— Voilà tout ce que j'emporterai d'ici, dit-il : ces outils me rappelleront mes travaux passés dans ce souterrain que mon père a commencé... Vous, mes amis, continua-t-il en s'adressant aux spectateurs, ne me demandez plus rien. Vous désiriez voir la source où Martin-Simon puisait sa richesse, la voici. Je vous cède mes droits sur ce métal. Seulement, quand l'avalanche aura détruit vos maisons, je ne pourrai plus les faire rebâtir ; quand la grêle aura saccagé les blés d'une famille, je ne pourrai plus nourrir la famille jusqu'à l'année suivante ; je ne pourrai plus doter les pauvres filles, faire réparer les chemins que les orages auront ravagés ; il n'y aura plus de protecteur, de bienfaiteur, de génie tutélaire au Bout-du-Monde... il n'y aura plus de roi du Pelvoux !

En même temps, il s'éloigna lentement, ses outils sur l'épaule, et alla s'asseoir sur le bord du plateau, laissant la grotte à la disposition de ceux qu'il avait amenés.

Ceux-ci se livrèrent alors sans contrainte à leur insatiable curiosité. Les uns se glissaient jusqu'au fond de la caverne et semblaient s'étonner que l'or ne se présentât pas à eux sous la forme d'une pièce jaune à l'effigie du roi Louis. Les autres, parmi lesquels se trouvait Eusèbe Noël, cherchaient à détacher avec leurs ongles des cristaux adhérens au rocher, ne se doutant guère que le métal qui brillait le plus n'était pas le plus précieux. D'autres enfin allaient et venaient d'un air scrutateur autour du rocher aurifère, tandis que le chevalier de Peyras et Michelot, debout à quelques pas, rêvaient aux moyens de se rendre seuls maîtres de cette riche proie.

Mais cette contemplation et cette extase ne devaient pas durer longtemps; bientôt Martin-Simon reparut et annonça qu'il fallait se mettre en route sur-le-champ, si l'on ne voulait être surpris par la nuit, ce qui eût rendu la descente du Follet très dangereuse. Les montagnards jetèrent un coup d'œil sur les nuages rouges qui brillaient au couchant, et reconnurent la justesse de cette observation; aussi se prépara-t-on à partir sur-le-champ.

— Monsieur Martin-Simon, dit le chevalier, toujours préoccupé de son but secret, avant de retourner au village, ne serait-il pas convenable de déterminer la part que vous voulez donner dans la propriété de cette mine à chacun de ceux qui sont ici? Songez aux discussions, aux querelles, aux haines sans fin que peuvent exciter des paroles vagues et obscures.

— Nous allons nous entendre sur ce sujet, répondit Martin-Simon légèrement, mais nous ne pouvons plus rester ici, et, puisqu'il faut absolument procéder aux partages ce soir, nous allons nous réunir à la caverne des Sapins... Vous entendez? ajouta-t-il en élevant la voix; tant pis pour celui qui ne se trouvera pas à la caverne avec les autres, il s'en repentira certainement!

Il prononça ces paroles d'un air railleur; cependant tout le monde promit d'être au rendez-vous, et on s'empressa de redescendre la montagne.

Martin-Simon ne voulut quitter le plateau que le dernier, afin de s'assurer que personne n'était resté ni dans la mine, ni dans les environs. Il poussa même la précaution jusqu'à compter les voyageurs, et il partit enfin, après avoir acquis la certitude que tous regagnaient la plaine aussi rapidement que le permettaient les difficultés du chemin.

On atteignit la vallée sans accident, et le reste du trajet jusqu'à la grotte des Sapins ne fut rien en comparaison des fatigues précédentes. Le jour, encore assez vif sur les hauteurs, avait déjà pris des teintes rembrunies au pied des montagnes. Comme l'on approchait du lieu de réunion, une ombre blanche se montra sur la plate-forme et effraya les superstitieux montagnards; ils crurent tout d'abord voir l'esprit gardien de la mine qu'ils venaient de visiter les menaçant de sa colère.

Le prétendu esprit n'était autre que Marguerite Simon, qui se posta en silence à l'entrée de la caverne et examina attentivement tous ceux qui passaient. Le chevalier et Michelot lui adressèrent plusieurs fois la parole; elle ne répondit pas et ne sembla même pas les avoir compris. Alors seulement on remarqua que Martin-Simon n'était plus avec le gros de la troupe depuis quelques instans.

Tout à coup un cri aigu et prolongé, pareil à ceux que poussent les pâtres lorsqu'ils s'appellent les uns les autres d'une grande distance, partit de l'autre côté de la vallée; Marguerite y répondit par un cri perçant; puis elle dit avec énergie aux montagnards qui l'entouraient :

— Rentrez, rentrez tous... il y a de la vie!

On obéit machinalement, mais aucun événement, aucun bruit ne vint d'abord justifier l'émotion de Marguerite.

Enfin, Martin-Simon hors d'haleine se précipita dans la caverne, en s'écriant d'une voix imposante :

— Que personne ne bouge s'il ne veut périr!

Pendant qu'il parlait encore, une détonation épouvantable se fit entendre; l'air fut violemment agité, la terre trembla; au même instant une pluie de pierres et de roches vint frapper le sol à coups redoublés. On courut à la plate-forme.

— Prenez garde! reprit Martin-Simon, si mes prévisions sont justes, le plus fort du danger n'est pas encore passé!

Mais la curiosité l'emporta, et tous les yeux se tournèrent vers le Follet, d'où l'explosion semblait venue.

Une mine, formée de plusieurs tonneaux de poudre, avait été pratiquée secrètement sous une énorme masse de granit, fondement principal de cette traînée de rochers qui rendait seule la montagne abordable. C'était à cette

poudre que Martin-Simon avait mis le feu, quand il était resté en arrière de la troupe. Un dôme immense de fumée s'élevait vers le ciel, et la grande quantité de pierres qui tombaient toujours annonçaient combien l'explosion avait été puissante.

Mais, comme l'avait dit le roi du Pelvoux, ce n'était là que le prélude d'une catastrophe plus terrible encore. Les gradins inférieurs manquant de point d'appui, à cause de la destruction de leur base commune, commencèrent à se détacher et à crouler avec fracas; le mouvement se propagea de proche en proche sur toute la ligne de ces rocs isolés sans adhérence entre eux, et bientôt tous s'agitèrent à la fois. On les voyait, chancelant d'abord sur les pentes, glisser avec lenteur; puis, partant avec une vitesse inconcevable, rebondir contre les pics majestueux, ces antiques glaciers qui formaient un assemblage si magnifique jusqu'aux limites de l'horizon.

Tous ceux qui assistaient à ce spectacle grandiose étaient muets et tremblans; il n'était pas de passion qui ne fût étouffée en ce moment par la terreur. Quelques-uns s'étaient réfugiés dans la grotte pour se préserver des pierres qui roulaient autour d'eux; d'autres, éperdus, se cachaient le visage dans leurs mains ou baissaient la tête et les épaules avec un instinct machinal plus fort que toute réflexion. Seuls, Martin-Simon et Marguerite contemplaient intrépidement les différentes phases de la grande catastrophe qu'ils avaient préparée; mais le père avait saisi la main de sa fille, et la serrait par un mouvement convulsif chaque fois qu'un choc plus fort ébranlait le sol.

Ce fracas épouvantable dura plusieurs minutes; au bout de ce temps, les détonations ne se succédèrent plus qu'à de longs intervalles, et enfin cessèrent tout à fait. L'écho s'éteignit, et un calme funèbre régna dans la nature. Cependant la fumée de l'énorme quantité de poudre qui venait de faire explosion, la poussière et le sable qui obscurcissaient l'atmosphère, ne permettaient pas d'apprécier parfaitement encore l'effet de ce vaste écroulement.

La brise du soir, un moment refoulée par la perturbation de ces masses colossales, finit par reprendre son cours et emporta ce voile léger. Alors le mont Follet apparut tout entier, se détachant en noir sur le ciel rougeâtre d'une soirée d'été. Les roches superposées qui servaient de chemin pour arriver au sommet n'existaient plus; le piton qui dominait le filon d'or et le protégeait contre les envahissemens du glacier voisin s'était abîmé; la montagne ne présentait plus sur toutes ses faces que des parois nues, verticales, absolument inaccessibles.

Les assistans étaient restés frappés de stupeur pendant que les Alpes entières semblaient près de les écraser sous leur chute. Quand le calme fut revenu, Martin-Simon le premier recouvra l'usage de ses facultés.

— Mon père, qui avait conçu l'idée de cette mine, était un habile ingénieur, s'écria-t-il avec enthousiasme, et il en avait calculé l'effet avec une précision merveilleuse. Je n'osais espérer un succès aussi complet, bien que j'eusse renouvelé moi-même les poudres il y a quelques mois... Regardez le Follet; qui pourrait maintenant, sans avoir l'aile et la griffe, parvenir à sa cime? Ce trésor qui venait de Dieu appartient désormais à Dieu seul... Hommes, allez le prendre!

— C'est une mauvaise action! dit le chevalier avec désespoir; ne valait-il pas mieux employer ce trésor utilement que d'en priver sans raison vos proches, vos amis, votre patrie, l'humanité entière?

Ces paroles trouvèrent de l'écho, et de toutes parts s'élevèrent des plaintes, des récriminations.

— Silence! reprit Martin-Simon d'un ton d'autorité, et laissez-moi répondre à ce jeune débauché dont l'amour de l'or paraît avoir étouffé tous les sentiments généreux depuis quelques heures... Est-il bien sûr, monsieur de Peyras, qu'aux yeux du sage et de l'ami véritable de l'humanité, j'aie commis une si grande faute? Que servirait à la société de posséder une plus grande quantité de ce métal jaune, cause de tant de malheurs et de tant de crimes? Si cette montagne fût restée abordable, croyez-vous que notre beau village du Bout-du-Monde n'eût pas bientôt ressenti l'influence de ce funeste voisinage? Croyez-vous que, dans ce pays de probité, de religion, de travail, une mine d'or n'eût pas répandu autour d'elle des exhalaisons malfaisantes qui eussent tout changé, tout vicié, tout flétri? Mais, je l'avouerai, j'avais encore d'autres raisons que celles dont je parle pour me déterminer à ce grand sacrifice... — On se pressa autour du roi du Pelvoux, afin de ne rien perdre de ses aveux. — Lorsque mon père eut découvert ce filon d'or, reprit-il, sa misanthropie le porta d'abord à s'en éloigner et à ne révéler à qui que ce fût le secret de sa découverte; il me le fit répéter à son lit de mort, et telle est la promesse sacrée que je viens d'accomplir devant vous... Quelle que soit votre opinion des hommes sur ma conduite, j'ai l'assurance d'avoir rempli un devoir, et je ne m'en repens pas.

— Dieu vous récompensera, mon excellent père, dit Marguerite respectueusement; il vous récompensera en vous donnant des jours longs et paisibles..... Si les habitans des villes vous blâment, voici du moins des gens simples et droits qui comprendront ce que votre sacrifice leur vaudra de bonheur.

La jeune fille avait raison de parler ainsi, car tout indice d'exaspération avait disparu chez les montagnards. Le vieux Jean s'approcha de Martin-Simon, et dit en lui secouant cordialement la main:

— Allez, allez, beau-frère, personne ne vous en veut. A la vérité, c'était bien tentant, une mine où l'on n'avait qu'à se baisser pour ramasser de quoi vivre tranquillement pendant six mois!... Mais, après tout, l'homme est fait pour travailler, et il vaut mieux être un indépendant ou un pâtre sous un beau ciel, en plein air, qu'un pauvre diable de mineur dans un trou obscur, comme une chauve-souris. Ainsi donc, beau-frère, vous avez agi sagement; et, pour ma part, je vous remercie de nous avoir préservés de toutes ces sauterelles d'étrangers qui se seraient abattus sur notre pauvre vallée, attirés par l'or du mont Follet.

Les autres habitans du Bout-du-Monde, à l'exemple de leur doyen, vinrent serrer la main au roi du Pelvoux. Peut-être plusieurs d'entre eux pensaient-ils encore avec regret à cette riche proie qu'on leur avait soustraite, mais ils n'en firent rien paraître, et toute espèce d'arrière-pensée à ce sujet cessa lorsque Martin-Simon ajouta:

— Je vous préviens, mes amis, que je n'ai pas l'intention de conserver plus longtemps le titre de propriétaire des fermes que vous exploitez. Je n'ai jamais été très sévère pour le payement de vos annuités, et, à dire le vrai, l'argent que je recevais de vous était employé pour le bien de la communauté. A partir de ce moment, vous êtes absolument maîtres des maisons que vous habitez et des terres que vous cultivez... Nous donnerons une forme légale à cette cession dès que vous le voudrez.

Des cris de joie, des battemens de mains accueillirent cette promesse. La pensée qu'ils allaient être désormais propriétaires des domaines dont ils n'avaient été jusque-là que fermiers transportait les villageois; ils accablèrent leur bailli de remerciemens empressés et tumultueux.

Cependant une conversation s'était établie à l'écart entre les quatre personnes qui s'étaient flattées un moment de posséder seules le secret du roi du Pelvoux. Lorsque l'attention de Martin-Simon se reporta sur elles, le chevalier gesticulait d'un air animé, et disait en montrant le mont Follet.

— Oui, je le répète, tout espoir n'est pas perdu de parvenir de nouveau à cette mine d'or et d'en reprendre l'exploitation. On fera des miracles, s'il le faut, et on fondra les rochers avec du vinaigre, comme autrefois Annibal au passage des Alpes... Dès que la certitude de l'existence de ce filon va se répandre, les savans et les ingénieurs de tous les pays accourront ici, et ce qui nous paraît impossible aujourd'hui deviendra facile avant quelques mois peut-être.

— *Quo non mortalia pectora cogis!* grommela le maître d'école piteusement.

— Si en effet cette exploitation devait être reprise plus tard, dit Michelot d'un air pensif, il serait bon de constater dès à présent nos droits de premiers inventeurs par un acte authentique.

Martin-Simon s'avança vers eux en souriant:

— Ne vous laissez pas abuser par une chimère, dit-il en secouant la tête; vous n'êtes pas familiarisés avec les montagnes; vous ne connaissez pas les conditions que doit réunir une mine pour être productive..... Regardez ces rochers qui jonchent en ce moment la vallée; croyez-vous qu'il soit possible de les faire disparaître ou de se frayer un passage au milieu d'eux, même en employant les moyens fabuleux dont parle monsieur de Peyras? et cette pyramide gigantesque, combien pensez-vous qu'il faudrait d'ouvriers seulement pendant vingt ans pour la rendre accessible à un cheval chargé? Mais ce n'est pas tout encore; pendant six mois de l'année une neige épaisse couvre le sommet du Follet, et il serait alors de la dernière témérité d'en essayer l'ascension; désormais ce lieu sera plus inhospitalier encore que par le passé... Avez-vous observé que parmi les rochers écroulés se trouvait un bloc énorme de granit qui contenait le glacier comme une barrière et l'empêchait de s'étendre vers la mine? Si vous aviez une idée de la marche de ces immenses amas de glaces et de neiges éternelles, vous comprendriez qu'avant deux années, à la première tempête peut-être, une avalanche aura recouvert la cime du Follet... Non, non, messieurs, ne vous arrêtez pas à ce rêve impossible! Il faudrait, pour arriver à reprendre l'exploitation, plus d'or que le mince filon dont il s'agit n'en pourrait produire pendant cent ans! Ne vous disputez donc pas cette richesse inutile; elle est à jamais perdue.

Ceux à qui s'adressaient ces observations baissaient la tête d'un air confus à mesure qu'ils voyaient tomber pièce à pièce leur dernière illusion. Mais bientôt ce sentiment de désappointement céda lui-même la place à d'autres sentimens plus honorables. Le charme sous lequel les tenait une pensée exclusive venait de se briser. Ils se demandaient déjà avec honte si, dans le délire de la fièvre qui venait de cesser, ils n'avaient pas dit ou fait des choses blâmables qu'il convenait de désavouer.

Le chevalier de Peyras surtout reconnut enfin ce qu'il y avait eu de coupable et de vil dans sa conduite depuis quelques heures. Il porta la main à son front, comme pour aider sa raison à repousser des images trompeuses, et parut sortir d'un songe pénible; puis, entraînant Martin-Simon dans un coin de la grotte, il dit d'une voix altérée;

— Pourrez-vous oublier, mon cher parent, mon bienfaiteur, combien j'ai été lâche et ingrat envers vous? Oh! par pitié, ne m'accablez pas de votre mépris! J'étais ivre, j'étais fou..... Maintenant mes yeux se sont dessillés et je rougis de moi-même... Je ne mérite plus d'être votre ami et celui des gens de bien... cependant j'ose implorer mon pardon.

Pendant qu'il prononçait ces paroles, de grosses larmes brillaient dans ses yeux. Son repentir était si profond et si sincère que Martin-Simon en fut touché.

— Allons, allons, jeune homme, ne vous affligez pas tant, dit-il avec sa bonté ordinaire, je fais la part d'une ardente imagination, d'une ambition qu'il est difficile à votre âge de contenir dans de sages limites..... Vos torts envers moi sont effacés; il serait heureux que vous n'en eussiez pas de plus graves envers une autre personne qui vous touche de plus près.

— Je sais de qui vous voulez parler, répliqua Marcellin avec confusion; j'ai été bien cruel envers cette pauvre Ernestine, car sans vous elle attendrait encore la réparation qui lui était due..... Mais, par grâce, laissez-moi espérer qu'elle ne connaîtra jamais toute la gravité de mes fautes!

— Il y aurait de la cruauté à lui faire maintenant une pareille confidence; mais, à votre tour, chevalier, promettez-moi de la rendre heureuse.

— Je le promets, je l'essayerai du moins..... Mais, mon noble parent, continua Peyras en baissant la voix, votre pardon et celui de cette pauvre Ernestine ne me suffisent pas : il est une autre personne que j'ai indignement traitée et qui doit me haïr, me mépriser...

— Elle vous pardonne aussi, dit quelqu'un à côté de lui; elle ne demande seulement, comme son père, que vous rendiez heureuse la femme à qui votre destinée est unie désormais.

C'était Marguerite, qui s'était tenue dans l'ombre de la grotte, et qui avait tout entendu. Le chevalier pressa contre ses lèvres la main de sa parente, qui la retira précipitamment.

En ce moment, Michelot s'avança vers ce petit groupe, et il dit au bailli, de ce ton mielleux auquel il avait renoncé depuis le matin :

— Je vais prendre congé de vous, mon cher hôte, et sans doute nous nous séparerons pas en ennemis. Cette sotte déclaration de Raboisson ne peut décidément être prise au sérieux, et je vous la remets, ainsi que les autres pièces à l'appui, pour en faire bonne justice.

Il présenta les papiers en question à Martin-Simon, qui les déchira après les avoir examinés d'un coup d'œil.

— J'avouerai, reprit le procureur du même ton, que ne vous connaissais pas et jugeant de vous seulement par vos manières mystérieuses, j'avais conçu quelques fâcheuses préventions; mais j'ai enfin reconnu mon erreur. Votre dernier sacrifice est si beau, si grand, que j'en suis véritablement émerveillé. Je ne croyais pas qu'un pareil désintéressement existât sur la terre, et, franchement, pour ma part, j'en eusse été tout à fait incapable!... Non, et je ne m'en défends pas, j'en eusse été incapable!... Aussi, l'admiration et l'estime que j'ai conçues pour vous m'ont-elles décidé à me désister de toutes poursuites...

— Oui, et la certitude qu'il ne vous servirait plus à rien de tourmenter un homme ruiné, interrompit Martin-Simon d'un ton goguenard; d'ailleurs, si vous me poursuiviez maintenant, certaine lettre de change pourrait bien être de nulle valeur....... J'apprécie votre générosité ce qu'elle vaut, maître Michelot; mais finissons-en. La nuit approche, et vous ne pouvez sans danger voyager dans les montagnes à cette heure avancée; restez avec nous jusqu'à demain, et alors nous nous séparerons, sans doute pour ne nous revoir jamais.

On allait sortir de la grotte quand Martin-Simon se heurta dans l'obscurité à un nouveau personnage qui venait d'entrer.

— Qu'est-ce encore? demanda-t-il avec impatience.

— Me adsum qui feci! répondit une voix gémissante que le roi du Pelvoux reconnut pour celle d'Eusèbe Noël.

— Quoi! c'est vous, vieil hypocrite! Eh bien! que me voulez-vous? Ne deviez-vous pas être content du repos et du bien-être que nous vous avions donné, vous que nous avions ramassé mendiant, mourant de faim sur la voie publique? Que vous a-t-il manqué pendant trente ans? Je vous traitais comme mon égal et mon ami; vous aviez place à mon foyer et à ma table; mais cela ne vous suffisait pas : il vous fallait une grande fortune, la fortune de votre bienfaiteur, et, pour la lui ravir, vous êtes fait menteur, hypocrite, espion!..... Pendant que je vous croyais simple et distrait, vous étiez rusé et attentif; pendant que je vous témoignais tant d'affection, vous cherchiez à me voler mes secrets!...

— Monsieur le bailli, interrompit le maître d'école d'un ton déchirant, ne m'accablez pas... J'ai été si longtemps pauvre, j'ai été abreuvé de tant d'humiliations, que j'éprouvais le désir ardent d'être envié à mon tour! Pardonnez-moi, je vous en supplie; je ne serai pas ingrat, nec si miserum fortuna Simonem finxit...

Ce latin, prononcé d'une voix sanglotante, avait quelque chose de si piteux et de si comique à la fois, que Martin-Simon ne put retenir un sourire.

— Laissez là votre jargon, pauvre fou; je m'étais toujours défié de vous, quand je vous voyais appeler Virgile à votre secours..... Allons! qu'attendez-vous de moi? Je n'ai pas le courage de tuer un vieux chien parce qu'il m'a mordu; mais je ne veux pas non plus le laisser au coin de mon foyer pour qu'il me morde encore à la première occasion..... D'ailleurs, on fera probablement une enquête au sujet de votre querelle avec Raboisson, et il est urgent que vous alliez passer quelques mois de l'autre côté de la frontière, jusqu'à ce que cette affaire soit assoupie. A votre retour, peut-être, pourrai-je supporter votre présence sans trop de colère; j'aurai soin que dans votre exil momentané vous ne manquiez de rien.

Eusèbe Noël s'inclina et se retira, les yeux baissés.

— J'ose croire, mon fils, dit un autre personnage d'un ton nazillard en s'adressant à Martin-Simon, que vous n'avez pas été scandalisé de mon zèle pour les intérêts de notre pieuse maison?... Il ne faudrait pas interpréter trop mal les mobiles de ma conduite; c'était au nom du pauvre et du voyageur que je demandais une part...

— Du diable si vous demandiez une part, interrompit le roi du Pelvoux en riant; vous demandiez bien le tout, si j'ai bonne mémoire! Et je ne vois guère comment votre hospice eût pu s'enrichir sans que les desservans s'en ressentissent un peu!... Allons, père prieur, ajouta-t-il avec mélodie, convenez-en, vous avez sacrifié au veau d'or avec les autres. J'ai renoncé à ce trésor, et je m'en réjouis, car avec un pareil talisman on prend une fâcheuse idée du monde!..... Quand un vieillard comme vous, qui a passé sa vie dans la pratique des bonnes œuvres, se laisse entraîner par des idées de convoitise, on doit être bien indulgent pour le vulgaire des hommes!

En parlant ainsi, il prit le bras de sa fille et sortit de la grotte. Le soleil était couché, mais le crépuscule éclairait la vallée, et déjà la lune se montrait au-dessus des montagnes. La troupe se mit en marche avec précaution, à travers les roches nombreuses qui encombraient le passage, et ne laissaient souvent entre elles qu'un étroit espace. En approchant du village, les montagnards s'étaient remis à causer avec vivacité; mais Peyras, Michelot et les deux vieillards gardaient le silence et n'osaient se regarder les uns les autres, comme des hommes graves qui se rencontrent le lendemain d'une orgie à laquelle tous ont pris part.

— Marguerite, disait Martin-Simon à sa fille, ce sacrifice a été plus pénible pour moi qu'on ne le pense... Néanmoins, je me sens léger et dispos, maintenant que je n'ai plus à cacher au reste des hommes un secret de cette importance, maintenant qu'une immense responsabilité ne pèse plus sur moi. Malheureusement, ma fille, peut-être l'événement qui vient de se passer aura-t-il des suites funestes pour notre petite colonie.

— Chassez cette pensée, mon père, et ne songez qu'au repos dans lequel s'écouleront vos jours désormais. Nous sommes riches encore, bien riches, et...

— Ne parle pas de cela, dit le bailli en baissant la voix; mais tu as raison, ma petite Margot, nous vivrons pour nous seuls, dans la simplicité et la paix du cœur. Tu épouseras quelque honnête garçon du voisinage, et je me verrai revivre dans mes petits-enfans...

Marguerite frissonna.

— Jamais! jamais, mon père! murmura-t-elle avec une sombre énergie.

— Et pourquoi, ma fille?

Elle resta un moment sans répondre.

— Mon père, dit-elle enfin de sa voix austère, en doutant une seule fois de vous, j'ai commis une faute que vous m'avez pardonnée, mais dont je garderai éternellement le remords... Ma vie vous sera consacrée, à vous que j'ai osé maudire dans un accès d'égarement. Je ne connaîtrai ni la joie d'être mère ni celle d'être épouse; je vivrai et je mourrai dans l'isolement et le repentir... D'ailleurs, ajouta-t-elle plus lentement, je ne pourrais jamais aimer une autre personne comme j'eusse aimé...

— Qui donc, Marguerite?

— Un homme que je méprise, mon père.

XV

ÉPILOGUE.

Trente ans environ après les événemens qui ont fait l'objet de ce récit, une petite caravane suivait le chemin qui conduisait de l'hospice du Lautaret au village du Bout-du-Monde. On était en automne, saison souvent orageuse dans les Alpes françaises, et le ciel était chargé de nuages. Un vent glacial, sans être violent, s'engouffrait dans les défilés et forçait les voyageurs à prendre quelques précautions contre le froid. La neige, qui en été couvrait seulement certains sommets, blanchissait maintenant la chaîne entière et menaçait d'envahir bientôt les régions inférieures. Rien n'égayait plus le paysage; les vallées étaient sans verdure, sans troupeaux et sans habitans; le soleil lui-même ne vivifiait plus par sa présence cette nature sauvage, abandonnée précocement aux ravages de l'hiver.

Une litière ou chaise couverte, portée par deux mulets, s'avançait d'abord; elle paraissait renfermer une personne malade, à en juger par la lenteur de la marche et les précautions que l'on prenait d'éviter les cahots. Une espèce de muletier, en costume du pays, dirigeait les bêtes de somme et les animait par momens de la voix et du fouet; du reste, cet homme était un guide à gages, étranger aux personnes qu'il accompagnait. Enfin, un jeune homme de figure noble et régulière venait le dernier, à cheval, enveloppé dans un ample manteau. Il s'approchait de temps en temps de la litière, et adressait des paroles d'encouragement à la personne que cachaient d'épais rideaux. D'autres fois, il gourmandait le conducteur lorsqu'un faux pas des chevaux ou un coup de fouet donné trop brusquement avait imprimé au brancard une forte secousse. Toutes ses pensées, toutes ses attentions étaient pour un compagnon invisible, dont la voix douce, sortant par intervalles des profondeurs de la litière, exprimait la douleur et la faiblesse.

Le jeune cavalier avait des manières distinguées; lorsque son manteau de voyage s'entr'ouvrait par hasard, ses vêtemens noirs, son habit sans boutons et garni de *pleureuses*, son épée dont la garde était d'acier bruni, annon-

caient qu'il était en grand deuil. Par la même raison, ses beaux cheveux blonds n'avaient pas de poudre et étaient retenus simplement dans une bourse de soie. Il maniait son cheval avec une dextérité qui décelait le gentilhomme.

La route avait sans doute été longue et pénible; les chevaux semblaient bien las, et des gémissemens, qui s'échappaient par momens de la litière, trahissaient la souffrance et l'épuisement de la personne qui en occupait l'intérieur. Déjà bien des fois le jeune voyageur avait interrogé son guide pour savoir à quelle distance on se trouvait encore du terme du voyage, bien des fois il avait promené son regard inquiet autour de lui, lorsque enfin une disposition particulière des rochers frappa son attention. Il poussa son cheval de manière à marcher de front avec la litière, ce que permettait en ce moment la largeur du chemin, et se penchant à l'une des portières, il dit avec vivacité:

— Ou je me trompe fort, ma mère, ou nous sommes enfin arrivés à notre destination, et vous allez pouvoir vous reposer de vos fatigues! Voici, autant que je puis en juger par la description que vous m'en avez faite si souvent, les deux pitons de rocher qui forment l'entrée de la vallée du Bout-du-Monde. Mais, hélas! peut-être trouverez-vous ici de bien tristes changemens!

Les rideaux de la portière s'écartèrent aussitôt; une dame en grand deuil, comme le jeune homme, et enveloppée de fourrures, se souleva péniblement sur les coussins dont elle était entourée. Elle avait cinquante ans environ, et certaines lignes de son visage pâle indiquaient encore qu'elle avait été belle; mais les chagrins et la maladie grave qui semblait la miner lui avaient donné une vieillesse prématurée. Elle promena un regard morne autour d'elle. La porte n'existait plus; une poutre vermoulue, adhérente au rocher, indiquait seule la place où cette porte se trouvait autrefois.

— Vous avez raison, Maurice, dit la voyageuse avec abattement, tout est bien changé ici, et ce que nous voyons au seuil de cette vallée n'est pas d'un augure favorable... C'est mauvais signe quand on trouve la porte de l'hôte qu'on vient visiter brisée et ouverte à tous venans!

Elle s'affaissa sur elle-même et retomba épuisée au fond de la litière.

— Mon excellente mère, dit Maurice avec tristesse, vous souffrez, je le vois... Oh! pourquoi avez-vous voulu entreprendre cette dangereuse excursion, malgré mes prières? Encore si nous étions sûrs de trouver ici les secours dont vous avez besoin!

— Ne songez pas à moi; qu'importe le reste si, avant de mourir, je puis vous assurer la protection de ceux que nous venons chercher ici? S'ils vous manquent ou s'ils vous repoussent, que vous restera-t-il sur la terre quand je ne serai plus?

— De grâce! ma mère, ne parlez pas ainsi, vous me déchirez le cœur! Vos inquiétudes exagérées à mon sujet aggravent votre mal. Il est vrai qu'à la mort de mon père, tout le patrimoine de nos ancêtres s'est trouvé occupé; mais notre nom est pur, j'ai reçu une bonne éducation, je suis jeune, plein de courage, je pourrai relever notre fortune. Votre confiance sans bornes dans ces parens éloignés que nous venons visiter m'afflige cruellement, car un dernier désenchantement vous porterait un coup mortel; et cependant, ajouta-t-il plus bas, il est sûr maintenant que notre démarche ne saurait avoir un résultat satisfaisant.

— Ne le croyez pas, Maurice, mon cher enfant! laissez-moi jusqu'à la fin cette espérance... Le jour où nous nous séparâmes, il y a bien longtemps, le parent dont je vous ai parlé toujours comme d'un bienfaiteur me fit promettre en secret de recourir à lui dans le cas où les fautes de votre père... dans le cas enfin où le fils et la veuve du baron de Peyras se trouveraient un jour aux prises avec le besoin. Il m'offrit son appui, Maurice, avec cette simplicité, cette loyauté, cette franchise qui n'appartenaient qu'à lui, et je sais ce que valait une parole de Martin-Simon?

— Oui, madame, mais vous ne songez pas que monsieur Martin-Simon devrait être bien vieux à l'heure où nous sommes, et que sans doute...

— Je vous comprends, et cette pensée m'est venue déjà, mais, à défaut de Martin-Simon, je crois pouvoir compter sur sa fille Marguerite, une austère et sainte personne, Maurice, qui me fit aussi une promesse solennelle le jour même de mon mariage... Mais regardez, mon fils, nous devons être bien près de ce charmant village où il m'eût été doux de passer ma vie, si votre père l'eût voulu.

On était arrivé, en effet, à l'extrémité du petit défilé qui servit d'avenue à l'allée du Bout-du-Monde. Le jeune homme s'arrêta et jeta un regard avide autour de lui, pour chercher les merveilles annoncées. De son côté, la voyageuse, dans laquelle on a sans doute reconnu la baronne de Peyras, s'empressa de se pencher à la portière pour revoir la gracieuse et paisible retraite qu'elle avait tant admirée autrefois... Un cri douloureux s'échappa de sa poitrine quand elle vit les tristes changemens opérés pendant son absence.

La vallée n'offrait plus aucune trace de culture. Le sol semblait avoir été bouleversé récemment par un tremblement de terre; des amas de pierres s'élevaient de toutes parts, à côté de profondes cavités évidemment faites de main d'homme; pas un pouce de terrain n'était plat et uni, tout avait été déchiré, retourné, ravagé.

Depuis longtemps, en effet, le bruit qu'une mine d'or existait dans le voisinage avait appelé au Bout-du-Monde une foule de spéculateurs, de gens avides, qui, en exaltant l'imagination des colons, en leur démontrant la possibilité de trouver un pareil trésor dans leur propriété, les avaient poussés à cette dévastation. Chacun avait défoncé son champ, creusé dans le roc tant qu'il avait eu de force et de courage; puis, lorsque l'on s'était aperçu de l'inutilité de ces efforts, il n'était plus temps de se repentir, et l'on était ruiné. La fable de la Poule aux Œufs d'or avait été une réalité pour les pauvres habitans de la vallée.

Bien plus, les chercheurs de mine n'avaient pas laissé un rocher à deux lieues à la ronde sans l'explorer, sans s'assurer qu'il ne recélait pas le précieux métal dont la présence s'était manifestée sur le mont Follet. On avait ainsi attaqué les pics énormes qui dominaient le village et le préservaient des avalanches si nombreuses et si terribles dans cette partie des Alpes. Ces barrières naturelles une fois rompues, l'avalanche s'était précipitée chaque hiver sur les habitations, renversant, écrasant tout sur son passage. La population avait dû fuir devant cet épouvantable fléau. Les bâtimens, abandonnés par leurs propriétaires, n'avaient pas tardé à s'écrouler. La maison si élégante et si coquette de l'ancien bailli, la petite église, les belles fermes si propres et si gaies, les jardins et leurs massifs de feuillage, tout avait disparu; il eût été difficile de retrouver exactement sur le roc nu la place qu'ils avaient occupée. Deux ou trois chaumières s'élevaient cependant encore près de l'endroit où les voyageurs s'étaient arrêtés, mais elles semblaient être l'asile de l'indigence. Du reste, pas un montagnard ne se montrait; ces lieux paraissaient condamnés au silence et à l'abandon.

En contemplant ce douloureux tableau, la baronne de Peyras versa des larmes amères.

— Vous avez dit vrai, mon fils, s'écria-t-elle avec désespoir, l'homme juste qui avait fait de ce désert affreux un séjour d'abondance et de paix n'existe plus depuis longtemps sans doute... L'aspect de cette dévastation a dû le tuer!

Maurice était descendu de cheval.

— Madame, dit-il doucement, vous le voyez, j'avais raison de prévoir quelque malencontre; mais, je vous en supplie, supportez cet événement avec courage. Tant que je vivrai, ma bonne mère n'aura besoin du secours et de l'appui de personne.

— Ce n'est pas sur moi et même sur vous que je pleure, dit la malade avec un léger accent de reproche; je n'ai d'abord pensé qu'à eux en présence de ce grand désastre.

Enfant, vous ne pouvez savoir ce que j'ai contracté d'obligations avec ceux qui ne sont plus.

Maurice baissa la tête sans répondre.

— Madame, reprit-il enfin, que devons-nous faire?

— Tout espoir n'est peut-être pas perdu, dit la baronne en s'essuyant les yeux; nous devons du moins à nos amis de nous informer de leur sort, ne fût-ce que pour révérer leur mémoire!... Interrogez les habitans de ces ruines; on ne peut ignorer ce que des personnages aussi importans que le roi du Pelvoux et sa fille Marguerite sont devenus.

Le jeune homme se dirigea vers les chaumières dont nous avons parlé. La baronne le suivit des yeux, mais bientôt elle laissa retomber les rideaux de sa litière, soit que le froid l'eût saisie, soit qu'elle ne pût supporter l'aspect désolé de ce lieu auquel se rattachaient pour elle tant de souvenirs.

Maurice atteignit bientôt les habitations; elles lui parurent encore plus pauvres qu'il ne l'avait imaginé. Les murs, élevés par des mains inhabiles, étaient lézardés et menaçaient ruine; les fenêtres, fermées avec de grossiers volets, ne laissaient pénétrer aucune lumière dans l'intérieur, et un trou fait au toit de chaume servait seul au passage de la fumée. Une repoussante malpropreté régnait à l'entour : tout enfin annonçait la misère la plus hideuse.

Le bruit des bottes éperonnées du voyageur attira sur le seuil d'une de ces chaumières un petit garçon de dix ou douze ans, à figure hâve et souffreteuse, couvert de haillons. Quoique ses traits exprimassent une certaine intelligence, Maurice hésita d'abord à s'adresser à lui. Cependant, ne voyant personne qui pût questionner de préférence, il s'avança vers l'enfant qui le regardait tout effaré.

— Pourrais-tu me dire, mon garçon, demanda-t-il, si l'on connaît ici un vieillard du nom de Martin-Simon de Peyras, ou quelque personne de sa famille?

L'enfant recula d'un air d'effroi, puis il appela sa mère, vieille femme à la démarche tremblotante, aux yeux éraillés, qui sortit des ténèbres de la cabane.

— Nous ne connaissons personne de ce nom, répondit-elle en examinant Maurice avec curiosité.

— Voilà qui est singulier! reprit le jeune homme comme s'il se parlait à lui-même; on a oublié jusqu'à son nom dans ces pays où il était autrefois adoré comme un Dieu! Mais... pardon, ma bonne femme, continua-t-il en s'adressant à la montagnarde, peut-être connaissez-vous la personne dont il s'agit sous le surnom qu'on lui avait donné... certainement vous avez entendu parler du roi du Pelvoux?

— Le roi du Pelvoux! répéta la vieille femme avec horreur en se signant.

— Sans doute; qu'y a-t-il dans ma question qui doive tant vous irriter?

La montagnarde ne répondit pas, et elle fit un mouvement comme pour rentrer avec son fils dans la chaumière.

— Mère, demanda l'enfant avec naïveté, le roi du Pelvoux n'était-il pas ce fameux sorcier dont vous m'avez raconté l'histoire, qui faisait des miracles avec le secours du démon, et que le diable a fini par étrangler, parce que leur pacte était fini?

— Oui, dit la ménagère en jetant un regard de travers sur Maurice, et c'est se moquer d'une chrétienne que de lui demander des choses auxquelles Satan seul peut répondre. Maudit soit le roi du Pelvoux et toute sa race!

Cette malédiction serra le cœur de Maurice, bien qu'il n'eût pas connu le bon et généreux Martin-Simon. Il reprit avec insistance, en glissant une pièce d'argent dans la main de la vieille :

— Il y a sans doute ici quelque malentendu. L'homme que je cherche était chéri et estimé dans cette contrée alors florissante; il était bailli de ce village, quand il y avait un village au lieu où nous sommes et il comblait de bienfaits tous ceux qui l'approchaient.

— Alors ce n'est pas du roi de Pelvoux que vous voulez parler, reprit la vieille un peu radoucie, car c'était un magicien qui avait tourné la tête aux gens du pays en leur faisant voir, avec le secours du démon, une mine d'or qui n'existe pas; si bien que les uns sont morts fous, les autres dans la plus profonde misère... Ensuite, monsieur, je suis ici depuis bien du temps; je ne sais pas grand'chose sur ce qui s'est passé avant moi. Peut-être les anciens habitants auraient-ils pu vous répondre, mais ils ont tous quitté la vallée depuis bien des années. Il faut être pauvres et abandonnés comme nous pour rester l'hiver dans ce vilain endroit, où nous risquons d'être engloutis sous la neige.

— Quoi! demanda Maurice, ne se trouve-t-il donc plus dans le voisinage aucun de ceux qui habitaient le village il y a trente ans?

— Aucun. Quand nous sommes arrivés, nous et les deux familles qui sont là-bas, cet endroit était désert; nous nous sommes logées comme nous avons pu dans les ruines.

Maurice garda le silence; il n'avait plus aucune question à faire, et cependant il hésitait encore à s'éloigner : il songeait au chagrin de la baronne lorsqu'elle apprendrait l'inutilité de ses recherches.

—Mère, dit tout à coup le petit garçon, pourquoi le monsieur ne va-t-il pas trouver la grande femme qui me fait toujours peur quand je la rencontre? On dit qu'elle habite sa grotte depuis bien longtemps!

— Quelle est cette femme? demanda Maurice avec intérêt.

— Une folle qui ne parle à personne et que personne ne connaît; elle vit seule, à un quart de lieue d'ici, dans un endroit sauvage; elle ne quitte son rocher que deux fois par mois, pour aller à la Grave chercher ses provisions. Elle n'a pas bonne réputation, et elle passe pour sorcière aussi bien que pour folle : peut-être ne vous dira-t-elle rien de bon, dans le cas où elle consentirait à dire quelque chose, car elle n'est pas parleuse... Mais Pierre a raison; elle habite le pays depuis plus longtemps que nous, et elle pourrait vous apprendre des nouvelles de ceux que vous cherchez.

— Mais, quel est le nom de cette pauvre créature?

— Oh, mon Dieu! vous lui donnerez le nom que vous voudrez; elle n'y tient pas... On l'appelle la Grande Femme, la Folle du Rocher, la Sorcière du Follet... Cependant, elle répond, m'a-t-on dit, plus volontiers au nom de Margot ou de Marguerite qu'à tout autre.

En entendant ce nom de Marguerite, Peyras tressaillit.

— Je vais aller la trouver sur-le-champ, dit-il avec précipitation, indiquez-moi le chemin.

— Le chemin n'est pas facile; mais, si vous le voulez, Pierre vous accompagnera, quoiqu'il ne se soucie pas de se trouver en présence de la folle.

—Il sera bien récompensé... De grâce, hâtons-nous! on m'attend à quelques pas d'ici, et le froid est rigoureux... Allons, mon garçon, partons vite!

Il glissa un écu à la mère et voulut emmener l'enfant, qui ne semblait pas charmé de la commission. Cependant Pierre s'arma d'un long bâton pour suivre le jeune gentilhomme.

— Encore un mot, dit la montagnarde, que l'argent de Maurice avait bien disposée pour lui; vous êtes un brave monsieur et je serais fâchée s'il vous arrivait malheur : eh bien! je vous conseille de ne pas irriter la folle... on la dit méchante, et elle pourrait vous jeter un sort.

Maurice revint en toute hâte à l'endroit où il avait laissé sa mère, afin de lui rendre compte du résultat de sa démarche. La baronne l'attendait avec impatience. Dès qu'il lui eut fait part de son projet, elle s'écria chaleureusement :

— Je vous accompagnerai, mon fils. C'est elle, j'en suis sûre; c'est la malheureuse Marguerite autrefois si belle, si riche, si respectée, qui habite maintenant le creux d'un rocher, en proie peut-être à la misère !

La petite caravane prit d'abord le sentier où avait eu lieu la conversation de Marcellin et de Marguerite à leur sortie de chez Eusèbe Noël. Puis on passa près de l'emplacement de la maison de Martin-Simon, dont il ne restait pas même des débris, et l'on gagna enfin le défilé sombre qui conduisait à la vallée du mont Follet; mais alors les difficultés du chemin devinrent telles, que l'on fut obligé de s'arrêter. Le vallon et la gorge étaient encombrés de pierres : les chevaux ne pouvaient plus se frayer un passage au milieu de ce chaos.

Là encore la rage des chercheurs de mine s'était exercée sans contrainte. Les masses imposantes tombées du Follet, dans la soirée mémorable dont nous avons raconté les événements, avaient été brisées pour en extraire le précieux métal, et leurs débris étaient amoncelés sur le sol. Le mont lui-même avait été attaqué, comme on pouvait en juger aux tranchées et aux sondages dont on voyait les traces à sa base, mais il avait bravé toutes les atteintes. Son cône était toujours aussi régulier, aussi lisse, aussi inaccessible qu'autrefois, et, comme l'avait prédit Martin-Simon, il était couronné maintenant de glaces éternelles.

Les voyageurs se trouvaient dans un grand embarras, vu l'état de souffrance de la baronne, qui ne lui permettait pas d'aller à pied jusqu'à l'habitation de la Folle du Rocher. Enfin il fut décidé qu'Ernestine resterait dans sa litière, sous la garde du muletier, tandis que son fils et le petit montagnard se rendraient seuls chez Marguerite. On établit la pauvre malade dans un enfoncement du sol, à l'abri du vent, et Maurice partit avec l'enfant, en promettant de revenir bientôt.

Ils se dirigèrent vers le bouquet de sapins qui existait encore au-dessus de la grotte habitée par l'inconnue, car cette grotte était celle où Martin-Simon avait jadis donné rendez-vous à ses hôtes. L'aspect de ces lieux n'avait pas changé comme celui de la vallée voisine; ils étaient aussi âpres, aussi désolés, aussi tristes qu'autrefois. Maurice, tout occupé des obstacles qui embarrassaient sa marche, n'avait encore pas songé à regarder au-dessus de lui, quand son guide, lui saisissant le bras, dit avec l'accent de la terreur :

— La voici !

Et il désignait du doigt une femme de haute taille, assise sur la plate-forme qui précédait la grotte.

Elle était enveloppée d'un long manteau de laine brune qui lui couvrait la tête, et elle restait complètement immobile. Son visage était tourné vers le mont Follet, de sorte que Maurice ne pouvait voir ses traits; mais il y avait dans son apparition subite au milieu de ces rocs stériles, dans sa pose grave et méditative, dans son costume grossier, dans sa stature extraordinaire, quelque chose qui frappait d'étonnement et de respect.

— Je n'ai pas besoin d'aller plus loin, dit l'enfant à voix basse, comme s'il eût craint que ses paroles n'arrivassent jusqu'à l'habitante de la grotte; je vais rejoindre la dame qui est restée en arrière, et nous vous attendrons... Dieu veuille qu'il ne vous arrive pas malheur !

En même temps, sans attendre la permission du voyageur, Pierre fit un signe de croix et s'enfuit aussi vite que le permettaient les difficultés du chemin.

Resté seul, Maurice ne put s'empêcher de ressentir une appréhension vague en songeant à la bizarrerie du personnage qu'il allait visiter; mais ce sentiment dura peu. Honteux d'avoir peur d'une femme, il se mit à gravir avec précipitation le penchant de la montagne et en quelques minutes il eut atteint le rocher sur lequel était assise la solitaire.

Il s'arrêta de nouveau, cherchant le moyen de l'aborder d'une manière convenable sans l'effrayer elle-même. Pendant qu'il réfléchissait, l'inconnue tourna la tête vers lui et le regarda fixement. Son visage était d'une maigreur effrayante, ses yeux étaient cavos, enfoncés, mais pleins d'une ardeur fiévreuse. Maurice par un sentiment de respect instinctif, se découvrit et allait lui adresser la parole, lorsque la solitaire poussa un cri déchirant :

— Lui, lui ici ! disait-elle d'un air égaré ; est-ce encore un rêve ? le verrai-je donc toujours ?

L'embarras de Maurice redoubla.

— Madame, balbutia-t-il, veuillez m'excuser si...

— Il parle ! dit la Folle du Rocher en tressaillant. Oui, j'ai reconnu le son de sa voix. C'est lui !... il est plus jeune, il est plus beau que jamais !... Et trente ans se sont écoulés depuis !... Oh ! je suis folle ! ils ont raison, je suis devenue folle !

Elle se leva brusquement, et elle voulut rentrer dans la caverne sans jeter les yeux sur le jeune Peyras, comme si elle eût dû rencontrer de ce côté un fantôme évoqué par son imagination malade. Maurice ne conservait plus de doute que cette malheureuse femme n'eût l'esprit dérangé ; cependant il résolut de tenter un dernier effort.

— Je vous en supplie, madame, reprit-il, écoutez-moi... Je ne compte pas troubler longtemps votre solitude ; mais on m'a dit que seul dans ce pays vous pouviez me donner des nouvelles de Martin-Simon de Peyras ou de sa fille Marguerite.

L'inconnue s'était arrêtée à l'entrée de la grotte ; en entendant prononcer les noms de Martin-Simon et de Marguerite, elle s'élança vers le jeune homme, et lui dit d'une voix tremblante, mais qui annonçait déjà des idées plus calmes :

— Vous n'êtes pas celui que je croyais... Qui êtes-vous donc ? une étrange ressemblance m'avait fait penser... Qui êtes-vous vous qui parlez de Martin-Simon et de Marguerite de Peyras ?

— Je devine, madame, que vous avez le droit de m'adresser cette question... Je suis Maurice de Peyras, fils du baron Marcellin.

Une agitation extraordinaire se peignit sur les traits de la solitaire.

— Vous êtes son fils ? répliqua-t-elle ; j'aurais dû m'en douter à cette étonnante ressemblance... Mais lui, où est-il ? que fait-il ? pourquoi n'est-il pas venu ?

— Si vous parlez de mon père, madame, répliqua Maurice en baissant les yeux, ces vêtements de deuil doivent vous apprendre...

La Folle du Rocher garda un moment le silence.

— Il est mort ! dit-elle d'une voix sourde ; et sans doute il n'a jamais eu un souvenir pour... Mais, continua-t-elle avec vivacité, vous ne me dites rien de votre mère, jeune homme ; elle a été malheureuse, n'est-ce pas ? Avouez qu'il l'a rendue bien malheureuse ?

Jusque-là Maurice s'était laissé dominer par une autorité presque irrésistible ; mais à cette question si précise et faite avec une sorte de joie maligne, il reprit avec dignité :

—Avant de répondre à aucune question sur ma famille, il serait bon, madame, que je susse plus précisément qui m'interroge.

La solitaire le regarda avec étonnement.

— C'est vrai, c'est vrai, reprit-elle ; vous ne savez pas qui je suis ; vous ne pouvez pas le savoir... et ceux qui m'ont vue autrefois ne pourraient reconnaître aujourd'hui la pauvre Marguerite de Peyras.

Elle s'assit sur le rocher, et, se couvrant le visage avec son manteau, elle versa d'abondantes larmes. Maurice n'essaya pas de lui adresser d'inutiles consolations, mais des larmes sympathiques mouillèrent ses yeux. Marguerite s'en aperçut :

— Vous êtes bon, dit-elle en se rapprochant de lui, vous pleurez, et cependant vous ne pouvez comprendre combien nos malheurs méritent de pitié ! Regardez là-bas... il y avait un pays riche et fertile, un village délicieux, une population tranquille et heureuse, et il n'y a plus qu'un désert affreux, inhabitable ! Mon père était le plus probe, le plus estimé, le plus bienveillant des hommes, et mon père est mort de colère et de douleur en voyant l'ouvrage dont il était si fier détruit et renversé

pour toujours !... Moi, j'étais une belle et fière jeune fille devant laquelle tous les fronts s'inclinaient, et voyez ce que je suis devenue... une pauvre mendiante, habitant le creux d'un rocher, accusée de folie et de sortilége parce que je n'ai voulu ni quitter ces lieux où j'ai connu d'heureux jours, ni me mêler à d'avares et stupides étrangers ! Notre nom a été flétri, calomnié, exécré ! Et pour me consoler de la noire ingratitude des hommes, je n'ai que la vue de ce trésor que nous pouvions leur donner... et qu'ils n'auront jamais !

Elle montrait par un geste farouche le sommet du mont Follet où se trouvait la mine d'or.

— Quoi ! mademoiselle, demanda Maurice avec un sentiment de profonde pitié, ne vous est-il resté ni parens ni amis pour vous consoler ?

— Parens, amis, tout fut dispersé après la fatale catastrophe ; tous quittèrent un pays maudit où le sol ne pouvait plus fournir à leurs besoins, où le climat menaçait à chaque instant leur vie. Moi seule je suis demeurée fidèle à la religion des souvenirs.—Elle s'arrêta oppressée et reprit après une pause : — Oui, notre charge a été bien lourde, et elle a excédé depuis longtemps les forces de mon père. Que n'a-t-elle aussi déjà excédé les miennes !... Mais ne parlons plus de mon père ni de moi. Le récit de notre abaissement, de nos souffrances, ne pourrait être qu'importun au fils du baron de Peyras... Vous, jeune homme, vous êtes né au milieu de l'opulence et des grandeurs ! Votre père était ambitieux ; nous avons appris qu'il avait quitté autrefois un pays qui n'offrait pas un assez large théâtre à ses désirs. Il a dû mourir comblé de biens et de dignités !...

— Vous vous trompez, mademoiselle ; la mauvaise fortune a frappé notre famille comme la vôtre. Mon père, avant de mourir, a connu les privations, presque le besoin... Ma mère, qui est à quelques pas d'ici, a partagé ses chagrins.

Marguerite resta sombre et muette.

— Je comprends, dit-elle enfin ; votre père aimait le plaisir, le luxe, et le sort lui a été contraire dans ce Paris qui était le but de ses espérances... La preuve bien tout à l'heure que votre mère avait été malheureuse ! Je le savais, je l'avais prévu, et cette pensée me consolait... Mais, continua-t-elle brusquement, ne m'avez-vous pas dit qu'elle était ici ?

— En effet ; elle est faible, elle ne peut marcher ; les difficultés du chemin l'ont obligée de s'arrêter à l'entrée de la vallée. Si vous étiez assez bonne...

— Je ne la verrai pas, interrompit Marguerite en frémissant ; je ne dois pas la voir. L'entrevue serait trop pénible et pour elle et pour moi ! Elle a sans doute soupçonné un secret... Non, je ne dois pas la voir ! Mais, dites-moi, jeune homme, pour faire un si long voyage, malade comme elle est, il lui faut un autre motif que celui de visiter des parens oubliés depuis trente ans ?

— Mademoiselle, je ne sais si je dois vous avouer...

— Parlez, parlez.

— Ma mère pensait...

— Eh bien ! que pensait-elle ?

— Madame la baronne, se croyant près de sa fin, venait chercher ici des protecteurs pour son fils... pour moi.

— Je m'en doutais, dit Marguerite avec ironie ; nous avions comblé de bienfaits le père et l'aïeul ; le tour de l'enfant devait venir !

Maurice fit un geste de dignité.

— L'enfant ne demandait que des conseils et de l'affection, reprit-il avec une certaine arrogance, et on était libre de les lui refuser.

Cette fierté ne parut pas déplaire à Marguerite.

— Il est hautain comme lui, murmura-t-elle. — Jeune homme, reprit-elle après une nouvelle pause, on s'est souvenu d'une promesse sacrée faite par mon père et par moi ; cette promesse ne sera pas vaine. Quoique je sois pauvre en apparence, je possède encore les moyens de relever une noble famille ; j'ai prévu ce qui arrive, et je

me suis tenue prête à vous être utile encore une fois...
Vous avez sans doute un cheval ; allez le chercher... En
prenant sur la gauche, vous trouverez un passage pour
lui au milieu des roches. Vous le conduirez jusqu'au pied
de la montagne, et vous pourrez le charger sans qu'on
vous voie.

— Mais, mademoiselle...

— Allez, dit-elle avec un geste impérieux.

Maurice obéit sans pouvoir s'en défendre, et redescendit
le sentier. La solitaire le suivit un moment des yeux en
branlant la tête et en prononçant des paroles inintelligibles ; puis elle rentra précipitamment chez elle.

La grotte habitée par la fille de Martin-Simon était
d'une austérité qui rappelait les demeures des anciens
Saxons, ou celles des ermites de la Thébaïde. Cependant,
depuis l'époque où elle avait été le théâtre des événemens
de cette histoire, elle avait subi quelques changemens.
L'entrée en avait été fermée par une maçonnerie grossière, dans laquelle était scellée une lourde porte en chêne.
Cette porte donnait seule un peu de lumière dans la
caverne, où l'on apercevait quelques meubles misérables.

Marguerite alluma une lampe, et, s'armant d'une bêche,
s'avança vers un angle obscur de sa demeure souterraine.
Là elle déposa sa lampe à terre, et creusa le sol avec activité. Bientôt elle mit à découvert un petit baril cerclé en
fer dont le bois vermoulu devait avoir été exposé pendant
bien des années à l'humidité. Marguerite réunit tous ses
efforts pour le retirer de la fosse.

— C'est le dernier débris de notre opulence passée,
murmurait-elle ; quand je l'ai enfoui dans cet endroit, je
songeais à *lui*... C'est son fils qui l'aura ! J'étais gardienne
de ce dépôt ; je le lui rends... Je craignais encore pour ce
trésor les voleurs et les assassins ; qu'ils viennent, maintenant, je ne les craindrai plus !

Pendant qu'elle prononçait ces paroles, on entra doucement dans la grotte, dont elle avait laissé la porte entr'ouverte. Tout à coup une voix douce s'écria sur le ton d'une
profonde émotion :

— Marguerite, ma chère Marguerite, est-ce vous ?

La solitaire recula vivement et laissa tomber sa bêche.
A la faible clarté qui éclairait cette partie de la grotte,
elle venait de reconnaître Ernestine, pâle, vieillie, appuyée
sur son fils qui dirigeait sa marche chancelante. Le visage de Marguerite se colora d'un rouge ardent.

— Je ne voulais pas la voir ! s'écria-t-elle avec force en
s'adressant à Maurice ; monsieur, c'est cruauté de mettre
ainsi en présence deux malheureuses femmes si différentes maintenant de ce qu'elles étaient autrefois.

— Oh ! ne blâmez pas mon fils ! dit Ernestine d'un ton
suppliant ; j'ai insisté pour venir troubler votre repos...
j'espérais que, malgré votre goût pour la retraite, vous ne
resteriez pas insensible aux remercîmens d'une mère
dont vous voulez protéger l'enfant, aux preuves d'affection d'une parente, d'une ancienne amie !

Marguerite ne répondit pas d'abord ; elle examinait attentivement sa rivale, et, en voyant ses joues creuses, ses
yeux éteints, ses cheveux blancs, ses vêtemens de deuil
elle semblait chercher en elle la belle et fraîche jeune
fille de trente ans auparavant. Ernestine, de son côté, était
épouvantée des ravages que le temps avait fait sur la
beauté grave et fière de la fille du roi du Pelvoux.

— Elle a raison, reprit enfin Marguerite, comme si elle
se parlait à elle-même, nous sommes parentes, et elle m'a
peut-être aimée dans son cœur... D'ailleurs, elle défendit
mon père le jour où je l'accusais moi-même !

Elle se tut brusquement, s'apercevant peut-être que,
suivant l'habitude des solitaires, elle venait d'exprimer
tout haut sa pensée. Elle ramassa sa lampe, et, conduisant
la mère et le fils dans la partie habitée de la grotte, elle
dit avec une politesse emphatique :

— Que ma parente soit la bienvenue dans la pauvre
demeure de Marguerite de Peyras ! — Elle fit asseoir Ernestine sur un fauteuil de bois qui semblait être sa place

habituelle, et s'assit elle-même sur un escabeau à ses
pieds. La mère de Maurice était glacée par les manières
bizarres de son hôtesse ; son embarras redoubla quand
Marguerite reprit avec un sourire amer : — Ma parente
me pardonnera de ne pas la recevoir plus somptueuse-
ment ; je ne suis plus la fille du roi du Pelvoux, mais une
recluse qui achève tristement ses jours dans le creux d'un
rocher... Cependant tout ce qui est ici appartient à ma
parente, et s'il est quelque chose que je puisse faire pour
lui être agréable, elle n'a qu'à parler.

— Je voulais vous remercier, Marguerite, dit Ernestine avec effort, de l'appui que vous avez promis à Maurice.

— Vous m'y faites penser, madame, tout est prêt ; votre fils peut emporter ce qui lui appartient.

Et elle montra le baril qu'elle venait de déterrer.

— Prenez, dit-elle ; la charge est lourde, mais il est bien
peu d'hommes qui voudraient s'en plaindre : c'est de l'or,
jeune homme, et, si vos désirs sont bornés, vous pourrez
être heureux.

Maurice n'osait accepter un don présenté d'une manière
si extraordinaire ; mais une nouvelle insistance le décida.
Subjugué par cette femme singulière, il transporta le précieux fardeau vers l'entrée de la grotte. Alors Marguerite,
toujours avec la même politesse froide et en quelque sorte
automatique, se tourna vers la baronne :

— Je remercie ma parente de sa visite, reprit-elle, et
je suis fâchée de n'avoir pu lui procurer les secours que
sa maladie et sa faiblesse la mettaient en droit d'attendre
chez moi ; mais il est tard, et il lui sera difficile de retourner ce soir à l'hospice du Lautaret, si elle tarde davantage à se remettre en chemin... D'ailleurs, il n'est pas
prudent de voyager la nuit avec un pareil trésor, continua-t-elle en désignant le baril d'or qui était resté aux
pieds de Maurice.

Ernestine se leva en chancelant et prit la main de Marguerite.

— Nous ne nous séparerons pas ainsi, dit la baronne
en fondant en larmes. Mon amie, le temps, qui a changé
tant de choses autour de vous, a-t-il donc aussi changé
votre cœur ? Je vous aimais, moi, je vous aime encore, et
je ne puis comprendre pourquoi vous me haïssez... Si autrefois, il y a bien longtemps, j'ai commis une faute qui
excita votre sévérité, votre mépris peut-être, j'ai bien
cruellement expié cette faute, je vous le jure.

— Je ne suis pas votre juge, répliqua Marguerite d'un
ton farouche ; mais, je vous en supplie, ne revenons pas
sur le passé... Nous sommes l'une et l'autre tombées dans
l'affliction ; à quoi sert de nous attendrir, vous sur mes
maux, moi sur les vôtres ? Chacune de nous a bien assez
de ses chagrins !

— Marguerite, dit Ernestine d'un air de douceur qui
contrastait avec le sombre désespoir de la solitaire, il a
fallu de bien grands malheurs, de bien vives souffrances
pour aigrir ainsi votre âme... Eh bien ! puisque vous le
voulez, ne touchons pas à des blessures encore saignantes ;
laissons le passé, j'y consens, et parlons du présent... Si
je suis entrée ici malgré vous, quand mon fils m'a eu raconté dans quel état il vous avait trouvée, c'est que je ne
saurais vous abandonner dans ce désert... Nous accepte-
rons vos bienfaits, mais à une condition... c'est que vous
viendrez partager l'aisance que nous vous devrons...

— Vous prévenez ma pensée, madame, dit Maurice avec
chaleur ; quant à moi, je refuserais les dons d'une parente que j'aurais laissée dans un dénûment pareil à celui
que nous voyons.

Marguerite les regarda l'un après l'autre en silence,
puis elle dit avec moins d'amertume :

— Ce jeune homme a un noble cœur, et vous, madame,
je le sais, vous êtes bonne et compatissante. Pourquoi
s'est-il élevé entre nous un obstacle invisible qui nous sé-
pare ? Merci de votre pitié... mais je dois rester ici.

— Et pourquoi refuseriez-vous de venir partager notre
sort ? Je suis en proie à un mal terrible, et mes jours sont

comptés ; ne voulez-vous pas servir de guide à mon pauvre Maurice ? Ah ! il vous aimera, j'en suis sûre, car vous n'êtes pas pour lui une étrangère, il vous connaît depuis longtemps : le baron et moi, nous lui avons souvent parlé de vous, de votre père...

— Vous parliez de moi quelquefois ? Et sans doute, jeune homme, on vous disait que j'étais dure, hautaine...

— On me disait que vous étiez juste, généreuse, dévouée ! s'écria Maurice de Peyras ; de grâce, mademoiselle, renoncez à la vie insupportable que vous menez dans cet affreux rocher ; écoutez nos prières... Bien que je ne partage pas les fatales prévisions de mon excellente mère, consentez à venir vivre avec nous ; vous serez entourée de respect et d'affection ; vous retrouverez enfin loin d'ici le calme dont vous ne pouvez jouir dans ce pays, si rempli pour vous de cuisans souvenirs ?...

Pendant qu'il parlait, l'expression hostile qui s'était montrée jusque-là sur les traits de Marguerite s'effaçait graduellement ; elle le contemplait avec complaisance ; elle souriait, non plus de son sourire ordinaire, qui était empreint d'une amère tristesse, mais d'un sourire amical, plein de douceur.

— Il ressemble à son père, en même temps qu'il a l'âme tendre de sa mère ! — dit-elle avec une satisfaction ineffable. Puis elle se redressa avec fermeté : — Non, reprit-elle, cessez de me presser, mes parens, mes amis ; Marguerite de Peyras doit vivre et mourir dans ce pays où elle est née !... Qu'ai-je à faire dans ce monde que je ne connais pas, maintenant que j'existe seulement par la mémoire ? De quel droit irais-je embarrasser votre vie d'une créature morose, capricieuse, fantasque, telle que moi ? Non, partez ; retournez dans ces villes pour lesquelles vous êtes faits, et où vous pouvez encore trouver d'heureux jours. Moi je dois rester ici, où tout est en harmonie avec ma douleur, où tout est morne, triste, désolé comme mon âme... Parfois ce désert m'offre de ravissantes visions auxquelles je ne pourrais renoncer ; je me reporte par la pensée aux temps qui ne sont plus ; je revois notre fraîche vallée couverte de vergers et de moissons, notre village si gai, j'entends les chants joyeux de nos montagnards, et je souris à mon père qui se montre au bout du sentier... Ce sont là des rêves délicieux que Dieu m'envoie quelquefois, et après lesquels je voudrais mourir. Pourrais-je emporter ces beaux rêves avec moi ?... D'ailleurs, continua-t-elle avec ironie, en baissant la voix, ceux qui vous ont indiqué ma demeure ont dû vous apprendre que ma pauvre tête... Mais vous avez dû vous en apercevoir, ajouta-t-elle en regardant fixement ses auditeurs ; souvent ma raison s'égare, et alors il faut que je sois seule, il faut que je voie ces rochers, ces glaciers, ces montagnes ; il faut que je gémisse, il faut que je pleure... Si vous m'emmeniez avec vous, je vous échapperais, et je reviendrais ici dès que je ne sentirais plus l'odeur des sapins et du serpolet !

— Ernestine et son fils étaient stupéfaits du mélange d'égarement et de raison qui perçait dans les paroles de leur parente. Ils allaient cependant redoubler d'instances pour la décider à quitter sa solitude, quand un grondement lointain se fit entendre. Marguerite se leva : — Entendez-vous ? dit-elle, le vent s'élève, et peut-être deviendra-t-il

un ouragan avant la nuit. Il faut partir ; vous n'êtes peut-être déjà restés que trop longtemps... Partez, partez, vous dis-je ; je ne pourrais donner l'hospitalité à une pauvre malade dans cet antre malsain ; je ne pourrais offrir que du pain noir et de l'eau du torrent voisin à ce jeune gentilhomme... vous me forceriez à rougir de ma misère et de mon dénûment ! Mon enfant, chargez-vous de cet or jusqu'à l'endroit où vous attendent vos chevaux. Quant à moi, ajouta-t-elle résolûment, je soutiendrai votre mère, qui ne saurait marcher sans appui.

— Marguerite !

— Mademoiselle !

— Paix ! interrompit la solitaire, ma résolution est prise, je n'en changerai pas.

Maurice et sa mère insistèrent encore pour vaincre cette détermination. Mais le vent continuait à gronder d'une manière menaçante, et ils savaient trop ce qu'ils avaient à craindre, s'ils étaient surpris par l'ouragan dans les défilés de ces montagnes, pour ne pas comprendre la nécessité de partir sur-le-champ. Le jeune de Peyras se chargea donc du baril d'or, pendant que Marguerite soutenait Ernestine, et ils redescendirent vers la vallée. Quand on fut arrivé à l'endroit où étaient les guides, et quand on eut chargé sur un des chevaux le riche présent, Marguerite fit un signe de la main à la mère et au fils, et voulut s'éloigner.

La baronne la retint par sa mante.

— Marguerite ! dit-elle, les larmes aux yeux, laissez-moi du moins espérer que notre réunion deviendra possible plus tard ?

— Jamais !

— Permettez-moi de vous envoyer dans votre triste demeure quelques objets indispensables dont vous êtes privée...

— Je les refuserais... Je dois vivre dans les privations et la solitude ; je dois continuer ma vie d'expiation.

— Une expiation ! vous si pure !

— Quoi ! vous ne savez pas ? reprit Marguerite avec un sourire amer. J'ai à me punir d'avoir ressenti un amour coupable et d'avoir maudit mon père !... — Un moment de silence s'ensuivit ; puis la solitaire dit à Ernestine : — Vivez longtemps. — Et à Maurice : — Soyez heureux !

Et elle s'enfuit.

La petite caravane se remit en marche ; comme elle allait sortir de la vallée, la mère et le fils jetèrent un dernier regard vers la grotte des Sapins.

Marguerite se montrait encore debout sur son rocher ; elle était dans une immobilité complète, et semblait suivre des yeux ces derniers amis qui s'éloignaient pour toujours.

Le vent se jouait dans les plis flottans de sa mante ; ses cheveux gris, épars sur ses épaules, sa haute taille, son geste sculptural, lui donnaient une apparence fantastique et surnaturelle au milieu de cet âpre paysage.

— Adieu ! adieu ! répétèrent les voyageurs, en sanglotant.

Mais personne ne répondit, et la solitaire disparut au détour du chemin.

Paris. — Imprimerie J. Voisvenel, rue Chauchat, 14.

www.ingramcontent.com/pod-product-compliance
Lightning Source LLC
LaVergne TN
LVHW050303090426
835511LV00039B/1179